McDougal Littell

PASAPORTE AL MUNDO 21

¡En español!

Cuaderno de actividades

McDougal Littell

A HOUGHTON MIFFLIN COMPANY

Evanston, Illinois • Boston • Dallas

Illustration Credits

Carlos Castellanos
Ruth Flanigan
Michael Lenn

ISBN-13: 978-0-618-34934-0   ISBN-10: 0-618-34934-0

8 9 10 -MJT- 07 08

Contenido

To the Teacher

Organization

The **Cuaderno de actividades** is organized by unit, by lesson, and by skill. Each lesson consists of the following sections.

¡A escuchar!

This section contains student activity sheets to accompany the audio CD program, which includes listening comprehension activities; accentuation, pronunciation, and spelling practice; and grammar review.

¡A escribir!

This section provides guided and extended writing practice, consisting of a function driven, contextualized review of the lesson grammar.

Vocabulario activo

In this section, students find the active vocabulary lists and vocabulary practice activities of the lesson. In addition, students are asked to regenerate previously learned vocabulary and expressions in a systematic manner. This way, they create extended personalized active vocabulary lists which support the specific writing functions of each lesson.

Composición

Each lesson ends with a composition practice activity. The writing topics presented allow students to be creative, expressing their own opinions about some aspect of the cultural content of the lesson.

¡A escuchar!

The **¡A escuchar!** section consists of three parts: **Gente del Mundo 21, Gramática en contexto,** and **Acentuación y ortografía** (which in the later units become **Pronunciación y ortografía**).

Gente del Mundo 21

In this section, students complete real-life listening activities based on one of the personalities studied in the **Gente del Mundo 21** section of the student text. These activities review what the students learned about the individual and often give additional information about the featured writer, politician, singer, etc. Real-life listening formats, such as radio programs, TV news reports, or experts lecturing, are always used. Student comprehension is checked by using a *true / false / insufficient information* format.

Gramática en contexto

This section reinforces the lesson's grammatical structures in fucntional contexts. A conscious effort is made to recycle functions previously learned, such as ordering a meal, describing people and things, extending invitations, or going shopping. At the same time, new lesson functions are practiced, like narrating in present, past, and time, expressing hopes and desires, and making recommendations. Illustrations are used throughout this section to both support listening comprehension and make it more challenging.

Acentuación y ortografía / Pronunciación y ortografía

In this section students complete a thorough review of accentuation, including exercises on syllabification, diphthongs, triphthongs, and homophony. The pronunciation sections focus on letter/sound relationships and provide extensive listening and writing practice with words that are difficult to spell, using such combinations as **b/v, c/s/z, q/k, g/j, ll/y, r/rr, h,** and **x.** The last part of this section is the **Dictado,** a five to eight sentence paragraph read as dictation. The **Dictado** topics always review cultural information presented in the lesson.

Suggestions for Working with ¡A escuchar!

Have students listen to the **¡A escuchar!** audio CDs as they complete each lesson. There is much flexibility as to how the CDs can be used.

- Listen to them in class after completing their corresponding sections in the student text.

- Assign them to be done in the language lab, if you have one.

- Always try to review the correct answers with the class after they have worked with the CDs. One way is to write the correct answer on a transparency and have students check each other's or their own work.

- Vary how and when you have students work with the CDs. For example, do the *Dictado* in class sometimes; assign it as homework other times.

¡A escribir!

The **¡A escribir!** section also consists of three parts: **Gramática en contexto, Vocabulario activo,** and **Composición.**

Gramática en contexto

Like its counterpart with the same name in **¡A escuchar!,** this section continues to review the lesson's grammatical structures in functional contexts while recycling functions previously learned. It generally consists of contextualized and personalized fill-in-the blank exercises, and sentence completion and transformation practice, giving students the writing exposure needed with the grammatical concepts being reviewed. When appropriate, **Vocabulario útil** boxes appear, to help students recall vocabulary previously learned.

Vocabulario activo

Here students will find the active vocabulary lists of the lesson, identical to those at the beginning of each lesson in the Teacher's Edition. Additional space is provided under each vocabulary heading to allow students to add other new words they have learned in the lesson readings and to regenerate related active vocabulary and expressions previously learned. By allowing students to personalize their active vocabulary lists in this manner, students are encouraged to see the active vocabulary not as a finite list to be memorized, but as a personal vocabulary to be constantly expanded to meet their individual needs. Practice with the active vocabulary is provided in a variety of formats: matching columns, identifying word families, cooperative crossword puzzles, word searches and so on.

Composición

This section makes up the last part of **¡A escribir!,** and gives students open-ended communicative topics for creative personalized writing. The topics are designed to challenge student creativity by having them express their own opinions or give their own interpretations of historical or literacy events in the lesson. A conscious effort is made to have students practice the writing strategies and functions taught in the **Escribamos ahora** section of the unit they are studying.

Suggestions for Working with ¡A escribir!

Have students do the **¡A escribir!** exercises as they complete the corresponding sections in their student texts. How and when they do the exercises is a matter of the instructor's preference. The following are some suggestions.

- Assign the **Gramática en contexto** exercises as homework, or do them in class, after you complete the corresponding sections in the student text.

- Write the answers to the **Gramática en contexto** exercises on a transparency and have students check their own or their classmates' work before turning it in to you.

- Have students add new words to their **Vocabulario activo** lists every time they complete a **Del pasado al presente** reading and again when they complete a **Lectura.** This may be done in class or assigned as homework.

- Allow time for students to compare lists, to see if they care to "borrow" any new words from their classmates' lists.

- Assign the **Composición** as homework one or two days before completing a lesson. Collect and grade them holistically, using either the second or a combination of the second and third approaches presented in the Teaching Suggestions in the front section of the Teacher's Edition.

- Do not spend a lot of time grading the **Cuaderno de actividades** exercises. Students will benefit more if you have them grade their own or their classmates' work. If graded holistically, the compositions should not take much time and should serve to motivate students to develop more fluency in writing.

¡A escuchar!

Gente del Mundo 21

A   **Sammy Sosa.** Escucha lo que les dice un profesor de educación física a sus alumnos sobre uno de los beisbolistas más famosos de los últimos tiempos. Escucha con atención y luego marca si cada oración que sigue es **cierta** (C), **falsa** (F) o si no tiene relación con lo que escuchaste (N/R).

C   (F)   N/R   1. En las ligas de béisbol de Estados Unidos hay muchos jugadores de Argentina y de Perú.

C   (F)   N/R   2. Sammy Sosa nació en Puerto Rico y se hizo famoso jugando en Chicago.

C   F   (N/R)   3. La familia de Sammy Sosa lo ayudó para que se hiciera beisbolista profesional.

(C)   F   N/R   4. En la temporada de 1998, Sammy Sosa marcó el récord de jonrones.

C   (F)   N/R   5. Sammy Sosa creó una fundación para ayudar a los deportistas de Europa.

(C)   F   N/R   6. La República Dominicana y Estados Unidos le dieron la ayuda necesaria para convertirse en una estrella del béisbol.

Gramática en contexto: *narración descriptiva*

B **Los hispanos de Chicago.** Escucha si el siguiente texto acerca de la
población hispana de Chicago y luego selecciona la opción correcta para
completar las siguientes oraciones. Escucha una vez más para verificar
tus respuestas.

1. Chicago es la ... ciudad más poblada de EE.UU.

   a. primera

   b. segunda

   c. tercera

2. En Chicago, los hispanos representan el ... por ciento de la población

   total.

   a. 10

   b. 20

   c. 25

3. Hay una fuerte concentración de población mexicana en...

   a. Pilsen

   b. Juárez

   c. La Chiquita

4. La "Fiesta del Sol" se celebra todos los años en el mes de...

   a. agosto

   b. mayo

   c. octubre

5. En Chicago, desde 1982 existe...

   a. un teatro mexicano

   b. una biblioteca hispana

   c. un museo de arte mexicano

Nombre _____

Fecha _____

C **Mirando edificios.** Escucha las siguientes oraciones y coloca una marca
(**X**) debajo del dibujo correspondiente a cada una. Escucha una vez más
para verificar tus respuestas.

1.

A. _____

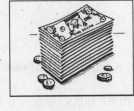
B. _____

2.

A. _____

B. _____

3.
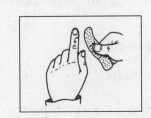
A. _____

B. _____

4.

A. _____

B. _____

5

A. _____

B. _____

Separación en sílabas

D **Sílabas.** Todas las palabras se dividen en sílabas. Una sílaba es la letra o letras que forman un sonido independiente dentro de una palabra. Para pronunciar y deletrear correctamente, es importante saber separar en sílabas. Hay varias reglas que determinan cómo se forman las sílabas en español. Estas reglas hacen referencia tanto a las **vocales (a, e, i, o, u)** como a las **consonantes** (cualquier letra del alfabeto que no sea vocal).

Regla N° 1: Todas las sílabas tienen por lo menos una vocal.

Estudia la división en sílabas de las siguientes palabras mientras la narradora las lee.

Tina:	Ti-na	gitano:	gi-ta-no
cinco:	cin-co	alfabeto:	al-fa-be-to

Regla N° 2: La mayoría de las sílabas en español comienza con una consonante.

moro:	mo-ro	romano:	ro-ma-no
lucha:	lu-cha	mexicano:	me-xi-ca-no

Una excepción a esta regla son las palabras que comienzan con una vocal. Obviamente la primera sílaba de estas palabras tiene que comenzar con una vocal y no con una consonante.

Ahora estudia la división en sílabas de las siguientes palabras mientras el narrador las lee.

Ana:	**A**-na	elegir:	**e**-le-gir
elefante:	**e**-le-fan-te	ayuda:	**a**-yu-da

Regla N° 3: Cuando la **l** o la **r** sigue una **b, c, d, f, g, p** o **t**, forman agrupaciones que nunca se separan.

Estudia cómo estas agrupaciones no se dividen en las siguientes palabras mientras la narradora las lee.

po**bl**ado:	po-**bl**a-do	**dr**ogas:	**dr**ó-gas
bracero:	**br**a-ce-ro	an**gl**o:	an-**gl**o
es**cr**itor:	es-**cr**i-tor	ac**tr**iz:	ac-**tr**iz
flojo:	**fl**o-jo	ex**pl**orar:	ex-**pl**o-rar

Regla N° 4: Cualquier otra agrupación de consonantes siempre se separa en dos sílabas.

Estudia cómo estas agrupaciones se dividen en las siguientes palabras mientras la narradora las lee.

azteca:	**az-te-ca**	excepto:	**ex-cep-to**
mestizo:	**mes-ti-zo**	alcalde:	**al-cal-de**
diversidad:	**di-ver-si-dad**	urbano:	**ur-ba-no**

Regla N° 5: Las agrupaciones de tres consonantes siempre se dividen en dos sílabas, manteniendo las agrupaciones indicadas en la regla N° 3 y evitando la agrupación de la letra **s** antes de otra consonante.

Estudia la división en sílabas de las siguientes palabras mientras la narradora las lee.

instante:	**ins-tan-te**	construcción:	**cons-truc-ción**
empleo:	**em-ple-o**	extraño:	**ex-tra-ño**
estrenar:	**es-tre-nar**	hombre:	**hom-bre**

E **Separación.** Divide en sílabas las palabras que escucharás a continuación.

1. comunidad
2. extranjero
3. empobrecer
4. celta
5. nombrar
6. abdicar
7. protestante
8. oro

9. musulmana
10. crisis
11. destructivo
12. imponer
13. calidad
14. complejidad
15. inflación
16. jardines

F **Dictado.** Escucha el siguiente dictado e intenta escribir lo más que puedas. El dictado se repetirá una vez más para que revises tu párrafo.

Lengua multinacional

El español o castellano es hoy una de las lenguas mas habladas en el mundo. Nació en una pequeña región de españa llamada castilla. El español se ha convertido En la lengua común de un importante Sector De la communidad. Al rededor de 360 millonares personas hablan el idioma que tiene. ladín que se habla en la peninsula idiotica desde la comprista romana para también incluye palabras de origen iberico celta y árabe. Asi la ~~leng~~ lengua e española la historia

Haci la lengua española refleja la historia histores peninsia

¡A escribir!

Gramática en contexto: *descripción*

G **Influencia de las lenguas amerindias.** Escribe el plural de los siguientes animales y plantas, cuyo nombre proviene de las lenguas indígenas americanas.

1. aguacate _____
2. alpaca _____
3. cacahuate _____
4. cacao _____
5. caimán _____
6. cóndor _____
7. coyote _____
8. iguana _____
9. jaguar _____
10. nopal _____
11. puma _____
12. tomate _____

H **Lenguas de España.** Completa el siguiente texto con el **artículo definido** apropiado. Escribe **X** si no se necesita ningún artículo. Presta atención a la contracción del artículo definido y en ese caso agrega solamente la letra que falta.

_____ (1) lengua oficial de España es

_____ (2) español. Sin embargo, además de esta lengua,

la gente habla _____ (3) gallego,

_____ (4) catalán y _____ (5) vasco.

_____ (6) tres primeras son lenguas derivadas de

_____ (7) latín, mientras que

_____ (8) última es una lengua cuyo origen se desconoce.

I   **Edward James Olmos.** Completa el siguiente texto con el **artículo definido** o **indefinido** apropiado. Escribe **X** si no se necesita ningún artículo.

Edward James Olmos es _____ (1) actor. Es _____ (2) actor hispano.

Tiene fama tanto en _____ (3) cine y en _____ (4) teatro como en

_____ (5) televisión. Realiza _____ (6) valiosa labor en favor de

_____ (7) jóvenes de _____ (8) comunidad latina.

J   **Diversiones.** Debajo de cada dibujo, escribe lo que tú y tus amigos hacen.

MODELO   Presente

Elena baila en una fiesta

Elena

Vocabulario útil

asistir a partidos   ir a la playa
alquilar un video   ir de compras
bailar en una fiesta   montar en bicicleta
cenar en un restaurante   nadar en la piscina
correr por el parque   tocar la guitarra
escuchar la radio   tomar sol

Gabriel

1. _toca la guitarra_

Cristina

2. _asisto a partidos_

Nombre _____

Fecha _____

Yo

3. montando en bicicleta
_____

Julia y Ricardo

4. cenas en un restaurante
_____

Tú

5. nadas en la piscina
_____

Jimena y yo

6. corremos por el parque
_____

Los hermanos Ruiz

7. toman sol
_____

K **Rutina del semestre.** ¿Cuál es la rutina diaria de este estudiante? Para saberlo, completa el siguiente texto con el **presente de indicativo** de los verbos indicados entre paréntesis.

Este semestre yo _____estudio_____ (1. estudiar) y

_____trabajo_____ (2. trabajar). Después de la escuela,

_____leo_____ (3. leer) mis libros de texto y

_____hago_____ (4. hacer) la tarea. A veces

_____escucho_____ (5. escuchar) música o

_____miro_____ (6. mirar) la televisión mientras

_____preparo_____ (7. preparar) mi almuerzo. Más tarde

_____paso_____ (8. pasar) unas horas en un restaurante

local trabajando como mesero. Con este trabajo

_____gano_____ (9. ganar) algunos dólares y también

_____ahorro_____ (10. ahorrar) un poco. Claro,

_____echo_____ (11. echar) de menos las reuniones con

mis amigos, pero me _____junto_____ (12. juntar) con ellos

los fines de semana.

Vocabulario activo

A continuación se encuentra el vocabulario activo de la sección **El español: pasaporte al Mundo 21** de la Lección preliminar. En los espacios en blanco, añade otras palabras que hayas aprendido en esta lección, relacionadas con cada tópico y que crees que te serán útiles.

Fuentes culturales

árabe   Arabic

azteca   Aztec

cristiano(a)   Christian

europeo(a)   European

gitano(a)   Gypsy

griego(a)   Greek

ibero(a)   Iberian

_____

_____

indígena   Native

judío(a)   Jewish

mestizo(a)   mixed blood

moro(a)   Moorish

negro(a)   African

romano(a)   Roman

_____

_____

Realidad multicultural

comunidad   community

desafío   challenge

diversidad   diversity

empobrecer   to make poor

encuentro   encounter

excluir   exclude

filosofía   philosophy

incluir   to include

lucha   fight/struggle

multicultural   multicultural

multirracial   multiracial

perfil   profile

sentimiento   sentiment (feeling)

traicionar   to betray

voluntad   desire

_____

Diversidad multirracial. Completa el siguiente juego de palabras con los nombres que aparecen a continuación, de las diferentes razas, regiones y culturas que han contribuido al mundo hispánico. Luego escribe la letra del número correspondiente indicado en los espacios en blanco para contestar la pregunta.

AFRICANO   GITANO   MESTIZO   CRISTIANO   EUROPEO
ÁRABE   GRIEGO   MORO   INDÍGENA   JUDÍO
AZTECA   IBERO   NEGRO   ROMANO

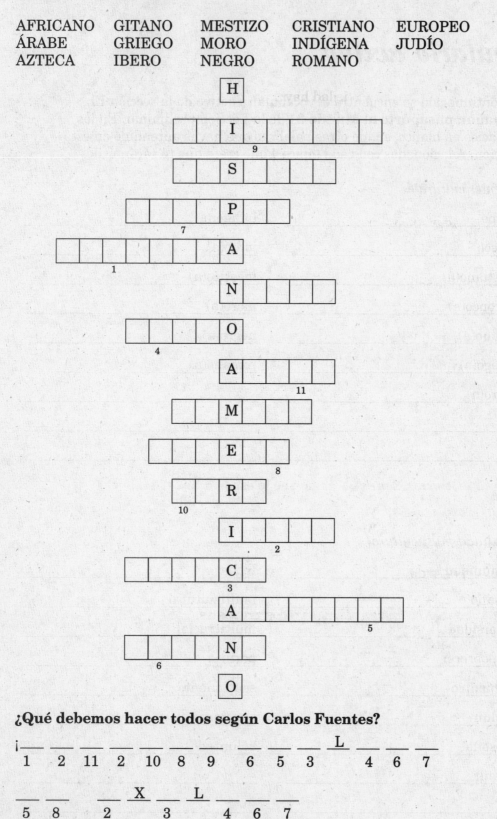

¿Qué debemos hacer todos según Carlos Fuentes?

¡ __ __ __ __ __ __ __ __ __ __ **L** __ __ __
   1   2   11   2   10   8   9   6   5   3   4   6   7

__ __   __ **X** __ **L** __ __ __
5   8   2   3   4   6   7

M **La sociedad.** Selecciona la opción correcta para completar las siguientes oraciones.

1. Cuando hay mucha variedad hay...

   a. diversidad

   b. sentimiento

   c. comunidad

2. No ser fiel o leal es...

   a. incluir

   b. traicionar

   c. luchar

3. Echar a una persona de una sociedad es...

   a. empobrecer

   b. incluir

   c. excluir

4. Dos personas que se ven cuando no lo esperaban tienen...

   a. un encuentro

   b. una voluntad

   c. un desafío

5. El combate entre dos personas o dos grupos es...

   a. un perfil

   b. una filosofía

   c. una lucha

Composición: *opiniones sobre el idioma*

 El español: pasaporte al mundo. En una hoja en blanco, escribe una breve composición sobre las ventajas de saber español en la actualidad. ¿Crees que es importante saber esta lengua en Estados Unidos? ¿Por qué? ¿Qué es lo que más te gusta de ella? ¿Cómo piensas usar el español en el futuro?

¡A escuchar!

Gente del Mundo 21

A **Carlos Santana.** Ahora vas a tener la oportunidad de aprender algo más sobre la vida del guitarrista Carlos Santana. Escucha con atención y luego marca si cada oración que sigue es **cierta (C)**, **falsa (F)** o si no tiene relación con lo que escuchaste **(N/R)**.

C   F   N/R   **1.** Carlos Santana es el único músico en su familia.

C   F   N/R   **2.** Santana presentó su banda por primera vez en California.

C   F   N/R   **3.** Todas las canciones de Santana son en inglés y en su banda solamente hay guitarristas.

C   F   N/R   **4.** Carlos Santana ha tocado en conciertos a beneficio.

C   F   N/R   **5.** En su última gira, Santana tocó en veintidós países.

Gramática en contexto: *descripción*

B   **Mis amigos.** Escucha la descripción de Óscar, Josefina, Lorenzo y Ana, y describe el nombre correspondiente debajo del dibujo que representa a cada uno.

1. _____   2. _____

3. _____   4. _____

C   **Mi clase de español.** En cada una de las siguientes descripciones, haz una marca (**X**) sobre la palabra que no aparece en la descripción que vas a escuchar. Escucha una vez más para verificar tus respuestas.

1. Mi sala de clases de español es...

   clara   colorida   espaciosa   grande

2. Mi profesora de español es...

   distraída   divertida   inteligente   simpática

3. Algunos de mis compañeros son...

   estudiosos   respetuosos   trabajadores   serios

4. Otros compañeros son...

   antipáticos   descuidados   descorteses   perezosos

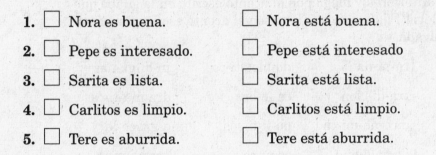
D **Niños.** Vas a escuchar descripciones de varios niños. Basándote en la descripción que escuchas, haz una marca (**X**) antes de la oración correspondiente. Escucha una vez más para verificar tus respuestas.

1. ☐ Nora es buena.   ☐ Nora está buena.
2. ☐ Pepe es interesado.   ☐ Pepe está interesado
3. ☐ Sarita es lista.   ☐ Sarita está lista.
4. ☐ Carlitos es limpio.   ☐ Carlitos está limpio.
5. ☐ Tere es aburrida.   ☐ Tere está aburrida.

Acentuación y ortografía

E **El "golpe".** En español, todas las palabras de más de una sílaba tienen una sílaba que se pronuncia con más fuerza o énfasis que las demás. Esta fuerza de pronunciación se llama acento prosódico o "golpe". Hay dos reglas o principios generales que indican dónde llevan el "golpe" la mayoría de las palabras de dos o más sílabas.

Regla Nº 1: Las palabras que terminan en **vocal, n** o **s**, llevan el "golpe" en la penúltima sílaba. Escucha al narrador pronunciar las siguientes palabras con el "golpe" en la penúltima sílaba.

ma-no   pro-fe-**so**-res   ca-**mi**-nan

Regla Nº 2: Las palabras que terminan en **consonante,** excepto **n** o **s,** llevan el "golpe" en la última sílaba. Escucha al narrador pronunciar las siguientes palabras con el "golpe" en la última sílaba.

na-**riz**   u-ni-ver-si-**dad**   ob-ser-**var**

Ahora escucha al narrador pronunciar las palabras que siguen y subraya la sílaba que lleva el golpe. Ten presente las dos reglas que acabas de aprender.

es-tu-dian-til   re-a-li-dad   o-ri-gi-na-rio   glo-ri-fi-car

Val-dez   al-cal-de   ga-bi-ne-te   sin-di-cal

i-ni-cia-dor   re-loj   pre-mios   o-ri-gen

ca-si   re-cre-a-cio-nes   ca-ma-ra-da   fe-rro-ca-rril

F **Acento escrito.** Todas las palabras que no siguen las dos reglas anteriores llevan acento **ortográfico** o **escrito**. El acento escrito se coloca sobre la vocal de la sílaba que se pronuncia con más fuerza o énfasis. Escucha al narrador pronunciar las siguientes palabras que llevan acento escrito. La sílaba subrayada indica donde iría el "golpe" según las dos reglas anteriores.

ma-**má**   in-for-<u>ma</u>-**ción**   Ro-**drí**-<u>guez</u>

Ahora escucha al narrador pronunciar las siguientes palabras que requieren acento escrito. Subraya la sílaba que llevaría el golpe según las dos reglas anteriores y luego pon el acento escrito en la sílaba que realmente lo lleva. Fíjate que la sílaba con el acento escrito nunca es la sílaba subrayada.

con-tes-to	ra-pi-da	do-mes-ti-co	in-di-ge-nas
prin-ci-pe	tra-di-cion	ce-le-bra-cion	dra-ma-ti-cas
li-der	e-co-no-mi-ca	po-li-ti-cos	a-gri-co-la
an-glo-sa-jon	de-ca-das	et-ni-co	pro-po-si-to

G **Dictado.** Escucha el siguiente dictado e intenta escribir lo más que puedas. El dictado se repetirá una vez más para que revises tu párrafo.

Los chicanos

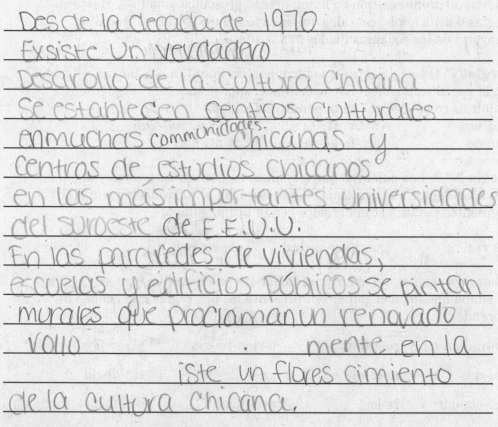

Desde la decada de 1970
Exsiste un verdadero
Desarollo de la cultura chicana
Se establecen centros culturales
en muchas communidades. Chicanas y
centros de estudios chicanos
en las más importantes universidades
del suroeste de E.E.U.U.
En las paracedes de viviendas,
escuelas y edificios públicos se pintan
murales que proclaman un renovado
vollo   mente en la
            iste un flores cimiento
de la cultura chicana.

¡A escribir!

Gramática en contexto: *descripción*

H **¿Cómo son?** Describe a los siguientes personajes y personas.

MODELO

Sandra Cisneros
Sandra Cisneros es alta, guapa e inteligente.

Vocabulario útil	
cómico	alto
bajo	delgado
gordo	grande
guapo	tímido
atlético	viejo
joven	fuerte
inteligente	honesto
deshonesto	divertido

Sabine Ulibarrí

1. Sabine Ulibarrí es bajo, honesto e delgado.

Adolfo Miller

2. Adolfo Miller es guapo, alto e fuerte.

Don Anselmo

3. Don Anselmo es grande, bajo e gordo.

Víctor

4. Víctor es guapo, atlético e inteligente

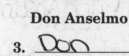

Francisquita, la madre

5. Francisquita, la madre es alto, inteligente e honesto.

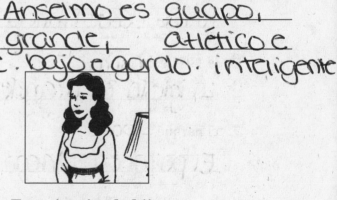

Francisquita, la hija

6. Francisquita, la hija es honesto, bajo e honesto.

I **Tierra Amarilla.** ¿Cómo crees tú que es el pueblo de Tierra Amarilla en Nuevo México, donde tuvo lugar el cuento de "Adolfo Miller"? Descríbelo.

MODELO *el pueblo de Tierra Amarilla*
El pueblo de Tierra Amarilla es sencillo, pequeño, tranquilo.

Vocabulario útil			
grande	pequeño	atractivo	moderno
viejo	bonito	feo	largo
corto	apacible	elegante	sencillo
caro	barato	bueno	malo
activo	tranquilo	exótico	extenso

1. la calle principal — main street
   La calle principal es importante, grande, moderna.

2. el centro de la ciudad — the center of the city
   El centro de la ciudad es bonito, bueno, largo.

3. las calles del centro — town streets
   Los calles del centro es feas, malas, extensas.

4. la tienda de don Anselmo — store of Don Anselmo
   La tienda de don Anselmo es atractiva, elegante, buena.

5. la escuela de Francisquita — school that she attended
   La escuela de Francisquita es bonita, tranquilo, grande.

6. la iglesia — church
   La iglesia es grande, tranquila, buena.

7. el parque — park
   El parque es largo, grande, bonito.

8. los alrededores del pueblo —
   Los alrededores del pueblo es pequeños, bonitos, buenos.

J   **Estados de ánimo.** Víctor acaba de descubrir que Adolfo Miller se ha escapado con todo el dinero. Inmediatamente les comunica esto a don Anselmo y a la familia. ¿Cómo se sienten estas personas al saber la noticia?

MODELO

Víctor

Víctor se
siente enojado.

Vocabulario útil	
contento	triste
decepcionado	furioso
satisfecho	enojado
preocupado	sorprendido

Don Anselmo   **Francisquita, la madre**   **Francisquita, la hija**

1. _____   2. _____   3. _____

_____   _____   _____

_____   _____   _____

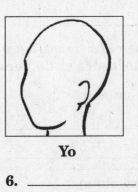

Adolfo Miller   **Yo**

5. _____   6. _____

_____   _____

_____   _____

Viajeros. Algunos amigos hispanos que tienes viajan por diferentes países. Usando este mapa, indica en qué país se encuentran en este momento.

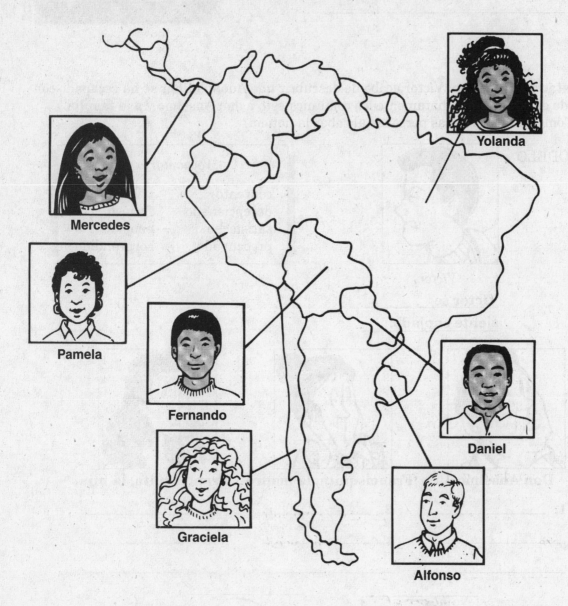

MODELO   *Mercedes (venezolana)*
Mercedes es de Venezuela, pero ahora está en Panamá.

1. Alfonso (ecuatoriano)

   _____

   _____

2. Pamela (argentina)

   _____

   _____

3. Graciela (panameña)

_____

_____

4. Fernando (paraguayo)

_____

_____

5. Daniel (colombiano)

_____

_____

6. Yolanda (mexicana)

_____

_____

L **Hombre de negocios.** Completa la siguiente descripción de Víctor, el tío de Sabine Ulibarrí, usando la forma apropiada del **presente de indicativo** de los verbos **ser** o **estar**.

Mi tío Víctor _____ (1) un hombre de negocios que

siempre _____ (2) muy ocupado.

_____ (3) muy listo para los negocios. Tiene una cadena

de ranchos en Nuevo México y Colorado, y hoy _____ (4)

listo para comprar tres más en Arizona. _____ (5) muy

activo, siempre _____ (6) haciendo cosas; de vez en

cuando, noto que _____ (7) un poco cansado. Él dice que

_____ (8) un hombre feliz; con la vida que lleva nunca

_____ (9) aburrido.

Vocabulario activo

A continuación se encuentra el vocabulario activo de las secciones **Gente del Mundo 21** y **Del pasado al presente** de la Lección 1. En los espacios en blanco, añade otras palabras que hayas aprendido en esta lección, relacionadas con cada tópico y que crees que te serán útiles.

Gente del Mundo 21

actor, actriz ~~Same Hayek~~ *Edward James Almos*

actuación *performance*

chicano(a) *Carlos Santana*

colaborar *Contribute*

cuentista *Guy Garcia*

escritor(a) *Sandra Cisneros*

inventora *Ellen Ochoa*

legendarias

músico *Carlos Santana*

poeta *Sandra Cisneros*

traducidas

Del pasado al presente

Los orígenes

adquirir *aquire*

anglosajón, anglosajona *Texas*   *anglosaxon → Colonizer*

colonizador(a) *anglosajones*

explorar

ferrocarril *ofrecía*   *railroad*

garantía *no fueron*   *guarante*

guerra *mexico*   *war*
respetadas

poblar *populate*

territorio *Texas*   *territory*

tierra *NM, CO, WY, AR*   *land*

tratado *Guadalupe Hidago*   *treaty*

El rápido desarrollo del suroeste y El programa de braceros

(margen: mexican farm workers)

bracero _trabajar en el campo_

(margen: illegal immigrant)

familiar _~~nacido~~ nacidos aquí_

indocumentado(a) _de México a E.E.U.U. aumentó y sigue hasta hoy día._

repatriado(a) _mucho con familiares nacidos aquí._

vecino(a) _neighbor_

El Movimiento Chicano y El presente

(margen: conciencia, civil rights, strike)

Aztlán _aztecas significa originarios de Aztlán_

conciencia _____

derecho civil _dirigido por_

huelga _con gran éxito contra los productores de uva CA_

La Causa _____

M.E.Ch.A _Movimiento Estudiantil Chicano Aztlán_

Martin Luther King los mexicoamericanos empezaron a organizarse para mejorar su condición.

méxicoamericano(a) _____

orgullo étnico _ethnic pride_

pasado indígena _past_

raza _race_

sindicato _union_

tradición colonizadora _pasado indígena que en la tradición colonizadora._

M **Lógica.** En cada grupo de palabras, subraya la palabra que no esté relacionada con el resto.

1. poeta   inventora   músico   cuentista   escritor

2. sindicato   huelga   La Causa   ferrocarril   derecho civil

3. cuentista   novelista   actor   poeta   anglosajón

4. inmigrante   iniciador   migratorio   bracero   campesino

5. raza   chicano   angloamericano   Aztlán   M.E.Ch.A.

N **Definiciones.** Indica qué frase de la segunda columna describe correctamente cada palabra de la primera.

_____ **1.** huelga   **a.** origen o linaje

_____ **2.** sindicato   **b.** persona que regresa a su país

_____ **3.** ferrocarril   **c.** persona que habita cerca de Ud.

_____ **4.** tierras   **d.** garantías de los ciudadanos

_____ **5.** guerra   **e.** organización chicana

_____ **6.** vecino   **f.** abandono voluntario del trabajo

_____ **7.** M.E.Ch.A.   **g.** propiedad

_____ **8.** raza   **h.** combate

_____ **9.** repatriado   **i.** tren

_____ **10.** derechos civiles **j.** unión de obreros

Composición: *autodescripción*

Ñ **Amigos por correspondencia.** Una amiga tuya te ha dado una hoja para que escribas una autodescripción, que ella luego mandará a la sección "Amigos por correspondencia" de una conocida revista juvenil de gran circulación en Latinoamérica. En una hoja en blanco, escribe un párrafo en el que describas tu edad, tu apariencia física, tus pasatiempos favoritos, tus intereses generales. Intenta ser original haciendo referencias a las cualidades que más te caracterizan y a las actividades que más te interesan.

¡A escuchar!

Gente del Mundo 21

A   **Esperando a Rosie Pérez.** Ahora vas a tener la oportunidad de escuchar a dos comentaristas de la radio en español que asisten a la ceremonia de la entrega de los premios "Óscar". Escucha con atención lo que dicen y luego marca si cada oración que sigue es **cierta (C)**, **falsa (F)** o si no tiene relación con lo que escuchaste **(N/R)**.

C   F   N/R   **1.** Los comentaristas de la radio están en la entrada del Teatro Chino, en Hollywood, donde va a tener lugar la entrega de los premios "Oscar".

C   F   N/R   **2.** Rosie Pérez ha sido nominada para un premio "Oscar" por su actuación en la película titulada *Fearless*.

C   F   N/R   **3.** La actriz nació en San Juan de Puerto Rico pero su familia se mudó a Los Ángeles.

C   F   N/R   **4.** Rosie Pérez estudió biología marina en la Universidad Estatal de California de Los Ángeles.

C   F   N/R   **5.** Un actor latino acompaña Rosie Pérez a la entrega de premios.

C   F   N/R   **6.** Lo que más le sorprendió a uno de los comentaristas es su elegante vestido negro.

Gramática en contexto: *hacer una invitación, pedir en un restaurante y descripción*

B | **Planes.** Escucha la conversación entre Sofía y Pedro y luego indica si las oraciones que siguen son **ciertas (C)** o **falsas (F).** Escucha una vez más para verificar tus respuestas.

C   F   **1.** Probablemente estamos en verano.

C   F   **2.** Al comienzo, Sofía propone ir a casa de Teresa.

C   F   **3.** Hay una piscina en la casa de Teresa.

C   F   **4.** La casa de Teresa está cerca de la playa.

C   F   **5.** Al final, Pedro y Sofía deciden ir a casa de Teresa, no a la playa.

C | **Almuerzo.** Un grupo de amigos almuerzan en un restaurante puertorriqueño y le indican al camarero lo que desean comer. Para cada plato, indica si alguien lo ha pedido (**Sí**) o no (**No**). Escucha los pedidos una vez más para verificar tus respuestas.

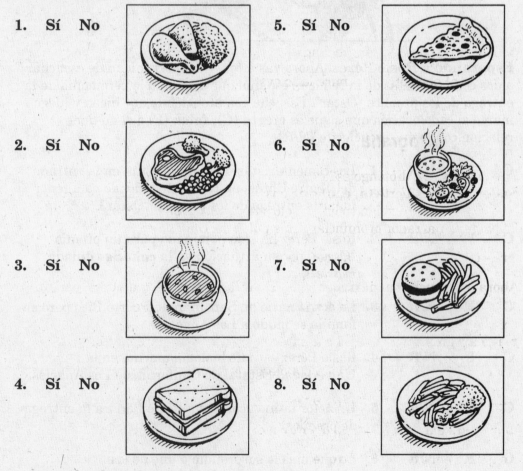

1. Sí No

2. Sí No

3. Sí No

4. Sí No

5. Sí No

6. Sí No

7. Sí No

8. Sí No

D **¡Una profesional.** Escucha la siguiente descripción y luego haz una marca (**X**) sobre las palabras que completan correctamente la información. Escucha una vez más para verificar tus respuestas.

1. La persona que habla es...

   socióloga   psicóloga   enfermera

2. Tiene...

   27 años   17 años   37 años

3. Su lugar de nacimiento es...

   Nueva Jersey   Puerto Rico   Nueva York

4. En su práctica profesional atiende a...

   Jóvenes   niños   ancianos

5. En sus horas libres, para distraerse, a veces...

   juega al béisbol   mira la televisión   practica el tenis

Acentuación y ortografía

E **Diptongos.** Un diptongo es la combinación de una vocal débil (**i, u**) con cualquier vocal fuerte (**a, e, o**) o de dos vocales débiles en una sílaba. Los diptongos se pronuncian como un solo sonido en las sílabas donde ocurren. Escucha al narrador pronunciar estas palabras con diptongos.

gra - **cia**s   a - **cei** - te   **cui** - da - do

Ahora, al escuchar al narrador pronunciar las siguientes palabras, pon un círculo alrededor de cada diptongo.

bailarina	inaugurar	veinte
Julia	ciudadano	fuerzas
barrio	profesional	boricuas
movimiento	puertorriqueño	científicos
regimiento	premio	elocuente

F   **Separación en dos sílabas.** Un diptongo con un acento escrito sobre la vocal débil (**i, u**) forma dos sílabas distintas. Escucha al narrador pronunciar estas palabras con diptongos separados en dos sílabas por un acento escrito.

me - lo - **dí** - a   **ma - íz**   **ba - úl**

Ahora, al escuchar al narrador pronunciar las siguientes palabras, pon un acento escrito en aquéllas donde se rompe el diptongo en dos sílabas.

escenario	desafio	judio
todavia	tainos	cuatro
ciudadania	refugiado	pais
periodicos	categoria	miembros
literaria	diferencia	Raul

G   **¡A deletrear!** Ahora escribe cada palabra que el narrador pronuncie. Va a decir cada palabra dos veces. Luego va a repetir la lista completa una vez más.

1. _____   4. _____

2. _____   5. _____

3. _____   6. _____

H   **Dictado.** Escucha el siguiente dictado e intenta escribir lo más que puedas. El dictado se repetirá una vez más para que revises tu párrafo.

Los puertorriqueños en EE.UU.

_____

_____

_____

_____

_____

_____

_____

_____

_____

_____

¡A escribir!

Gramática en contexto: *hacer una invitación, pedir en un restaurante y descripción*

I **Desfile puertorriqueño.** Un amigo te invita a ir al Desfile Anual Puertorriqueño. Completa la siguiente conversación con la forma apropiada del verbo indicado entre paréntesis.

AMIGO: Esta tarde _____ (1. ir/nosotros) al Desfile

Anual Puertorriqueño en el centro.

¿_____ (2. Querer/tú) venir con nosotros?

TÚ: No _____ (3. saber/tú) cuánto lo

_____ (4. sentir), pero hoy no

_____ (5. poder/yo).

_____ (6. Jugar/yo) al béisbol a las cuatro y

media y mis compañeros de equipo

_____ (7. contar) conmigo;

_____ (8. tener/nosotros) un partido muy

importante.

AMIGO: Bueno, ¿quizás la próxima vez?

Te _____ (9. perder) el espectáculo del año.

TÚ: Sí, ya lo sé. Pero, ¿qué voy a hacer? Ya tengo un compromiso.

Oye, muchas gracias por la invitación.

Después del desfile. Tú y tus amigos van a almorzar a un restaurante. Completa la siguiente conversación eligiendo el verbo apropiado entre los que figuran al final de cada sección.

CAMARERO: Muy buenas tardes. ¿Una mesa para cuatro?

TÚ: Sí, por favor.

(Al llegar a la mesa)

CAMERERO: Aquí _____ (1) Uds. el menú. Les

_____ (2) el menú del día.

_____ (3) seleccionar sopa o ensalada y un

plato principal; _____ (4) también postre y

café. Y _____ (5) un precio fijo muy

razonable. _____ (6) en seguida.

incluye / tienen / pueden / vuelvo / recomiendo / tiene

(El grupo decide qué va a pedir)

TERESA: _____ (7) que _____ (8) a

comer un sándwich con una bebida. No

_____ (9) mucha hambre.

MAURICIO: Yo _____ (10) pedir lo que

_____ (11) siempre en un restaurante

puertorriqueño: arroz con pollo. Y un refresco.

voy / pido / tengo / creo / pienso

TÚ: Mauricio _____ (12) con su plato favorito;

nadie lo _____ (13) de cambiar de menú.

Yo _____ (14) el menú del día.

quiero /sigue /convence

CAROLINA: Yo no _____ (15) qué pedir. ¿Qué me

_____ (16)?

MAURICIO: Si te _____ (17) el lechón,

_____ (18) que aquí lo

_____ (19) muy bien.

agrada / hacen / sé /entiendo /sugieren

K **Presentación.** Un amigo puertorriqueño a quien sólo conoces por correspondencia te pide que le hables brevemente de ti. ¿Qué le escribes?

_____ (1. Ser) estudiante. Todavía no

_____ (2. Tener) veinte años. Cuando termine mis

estudios _____ (3. querer) ser dentista. Ahora, me

_____ (4. satisfacer) la vida simple que llevo. Por las

mañanas_____ (5. ir) a mis clases y por las tardes

_____ (6. hacer) mis tareas, _____

(7. salir) con mis amigos o me _____ (8. distraer) en casa

escuchando música o leyendo. Un par de días por semana y los fines de

semana _____ (9. conducir) hasta un restaurante donde

_____ (10. tener) un empleo a tiempo parcial.

_____ (11. Estar) contento con la vida que llevo.

Vocabulario activo

A continuación se encuentra el vocabulario de las secciones **Gente del Mundo 21** y **Del pasado al presente** de la Lección 2. En los espacios en blanco, añade otras palabras que hayas aprendido en esta lección, relacionadas con cada tópico y que crees que te serán útiles.

Gente del Mundo 21

acelerado(a) _____

artístico _____

autor(a) _____

cantante _____

comunitarias _____

dedicado(a) _____

_____

_____

_____

_____

_____

escritor(a) _____

inspirado _____

protagonizado _____

reconocido _____

_____

_____

_____

_____

_____

Del pasado al presente

El Barrio de Nueva York

bodega _____

botánica _____

canal de televisión _____

El Barrio _____

_____

_____

_____

esquina _____

Este de Harlem _____

vibrante _____

_____

_____

_____

_____

Nombre _____

Fecha _____

Ciudadanos estadounidenses y *Una población joven*

ciudadanía _____

ciudadano(a) _____

condecorado(a) _____

desafío _____

educativo(a) _____

estereotipo _____

_____

_____

_____

_____

_____

fuerzas armadas _____

grupo étnico _____

reclutar _____

regimiento _____

superar _____

_____

_____

_____

_____

_____

La situación actual

boricua _____

emigración _____

enriquecer _____

esperanza _____

_____

_____

_____

_____

_____

inaugurar _____

investigador(a) científico(a) _____

_____

_____

_____

_____

_____

_____

Copyright © McDougal Littell, Inc.

Cuaderno de actividades 35

L **Lógica.** En cada grupo de palabras, subraya la palabra que no esté relacionada con el resto.

1. dedicado   comunitarias inspirado   acelerado protagonizado

2. autor   cantante   acelerado   escritor   artístico

3. Este de Harlem   emigración   ciudadanos   nivel   boricuas

4. barrio   vibrante   tratado   esquina   grupos étnicos

5. fuerzas   reclutar   regimiento   vecino   condecorados
   armadas

M **Definiciones.** Indica cuál es la palabra que se define en cada caso.

1. Describe algo famoso o familiar.

   a. esperanza
   b. reconocido
   c. enriquecer

2. Lugar destinado para guardar el vino pero que en *"Spanish Harlem"* es una tienda de comestibles.

   a. esquina
   b. botica
   c. bodega

3. Acción y efecto de provocar.

   a. desafío
   b. reclutar
   c. superar

4. Persona que ha recibido una medalla o una cruz.

   a. actor
   b. condecorado
   c. cantante

5. Habitante de un pueblo o una metrópoli.

   a. ciudadano
   b. autor
   c. repatriado

Composición: *autodescripción*

N **Jugador de béisbol.** En una hoja en blanco, describe en detalle todas las actividades que haces o puedes hacer cuando asistes a un juego de béisbol. Ya que se trata de una costumbre o hábito usa el **presente de indicativo** para los verbos. Puedes ser un espectador aficionado a este deporte o un jugador famoso de tu equipo favorito de béisbol.

¡A escuchar!
Gente del Mundo 21

A **Actor cubanoamericano.** Ahora vas a tener la oportunidad de escuchar la conversación que tienen dos amigas cubanoamericanas después de ver una película de Andy García en un teatro de Miami. Escucha con atención lo que dicen y luego marca si cada oración que sigue es **cierta (C), falsa (F)** o si no tiene relación con lo que escuchaste **(N/R)**.

C   F   N/R   **1.** Las amigas fueron juntas al cine a ver la película *El Padrino, Parte III*.

C   F   N/R   **2.** A una de las amigas no le gustó la actuación de Andy García.

C   F   N/R   **3.** Ambas amigas están de acuerdo en que este actor es muy guapo.

C   F   N/R   **4.** Las amigas se sorprenden de que el actor cobre un millón de dólares por actuar en una película.

C   F   N/R   **5.** Una de las amigas comenta que Andy García ha hecho únicamente papeles de personajes hispanos.

C   F   N/R   **6.** Una de las amigas dice que Andy García es más cubano que cualquiera y que su cultura es la base de su éxito.

Gramática en contexto: *descripción y comparación*

B **¿Qué fruta va a llevar?** A Nicolás le han pedido que lleve la fruta para una pequeña fiesta en casa de unos amigos. Escucha mientras decide qué llevar y haz un círculo alrededor del dibujo que corresponda a la fruta seleccionada. Escucha una vez más para verificar tus respuestas.

1.
 A  B 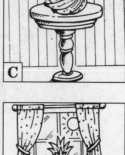 C

2.
 A  B  C

3.
 A  B  C

4.
 A  B  C

5.
 A  B  C

C **Mi familia.** Al escuchar a Beatriz describir a su familia, haz un círculo alrededor del dibujo que corresponda a cada descripción. Escucha una vez más para verificar tus respuestas.

1.

2.

3.

4.

5.

Islas caribeñas. Vas a escuchar información en la que se compara Cuba con Puerto Rico. Para cada una de las comparaciones que aparecen a continuación, haz un círculo alrededor de **Sí,** si los datos que escuchas coinciden con la comparación escrita; haz un círculo alrededor de **No,** si no escuchas nada acerca de ese tema. Escucha una vez más para verificar tus respuestas.

Sí   No   **1.** Cuba es más grande que Puerto Rico.

Sí   No   **2.** Cuba tiene más playas que Puerto Rico.

Sí   No   **3.** El turismo genera más dinero en Puerto Rico que en Cuba.

Sí   No   **4.** Proporcionalmente, hay más carreteras pavimentadas en Puerto Rico que en Cuba.

Sí   No   **5.** Hay más influencia de las culturas africanas en Cuba que en Puerto Rico.

Sí   No   **6.** La Habana tiene menos habitantes que San Juan.

Sí   No   **7.** Proporcionalmente, las zonas urbanas de Cuba tienen tantos habitantes como las zonas urbanas de Puerto Rico.

Sí   No   **8.** Puerto Rico tiene menos habitantes que Cuba.

Acentuación y ortografía

Triptongos. Un triptongo es la combinación de tres vocales: una vocal fuerte (**a, e, o**) en medio de vocales débiles (**i, u**). Los triptongos pueden ocurrir en varias combinaciones: **iau, uai, uau, uei, iai, iei,** etc. Los triptongos se pronuncian como una sola sílaba en las palabras donde ocurren. Escucha al narrador pronunciar las siguientes palabras con triptongos.

financi**iái**s   g**uau**   desaf**iái**s   m**iau**

La **y** tiene valor de vocal. Cuando aparece después de una vocal fuerte precedida por una débil, forma un triptongo. Escucha a la narradora pronunciar las siguientes palabras con una **y** final.

b**uey**   Urug**uay**   Parag**uay**

Ahora escucha a los narradores leer algunos verbos, en la segunda persona del plural (**vosotros**), junto con algunos sustantivos. En ambos casos, las palabras contienen triptongos. Luego, escribe las letras que faltan en cada palabra.

1. d e s a f ___ ___ ___ s

2. c a r a g ___ ___ ___

3. d e n u n c ___ ___ ___ s

4. r e n u n c ___ ___ ___ s

5. a n u n c ___ ___ ___ s

6. b ___ ___ ___

7. i n i c ___ ___ ___ s

8. a v e r i g ___ ___ ___ s

F **Separación en sílabas.** El triptongo siempre se pronuncia en una sola sílaba. Ahora al escuchar a los narradores pronunciar las siguientes palabras con triptongos, escribe el número de sílabas de cada palabra.

1. _____   3. _____   5. _____   7. _____

2. _____   4. _____   6. _____   8. _____

G **Repaso.** Escucha al narrador pronunciar las siguientes palabras y ponles un acento escrito si lo necesitan.

1. filosofo   3. diptongo   5. examen   7. faciles   9. ortografico

2. diccionario   4. numero   6. carcel   8. huesped   10. periodico

H **Dictado.** Escucha el siguiente dictado e intenta escribir lo más que puedas. El dictado se repetirá una vez más para que revises tu párrafo.

Miami: una ciudad hispanohablante

_____

_____

_____

_____

_____

_____

_____

_____

_____

_____

_____

_____

¡A escribir!

Gramática en contexto: *hacer compras y comparaciones*

I   **¡De compras en Miami!** Estás de vacaciones en Miami y hoy debes seleccionar un regalo de cumpleaños para tu mejor amiga pero no sabes qué elegir. ¿Qué le preguntas a la dependienta?

MODELO

¿Compro esa pulsera o este collar? o

¿Compro este collar o esa pulsera?

Vocabulario útil			
anillo	osito de peluche	gato de peluche	casete
pulsera	collar	libro de cocina	aretes
cachucha	libro de ejercicios	disco compacto	sombrero

1. _____

_____

2. _____

_____

3. _____

_____

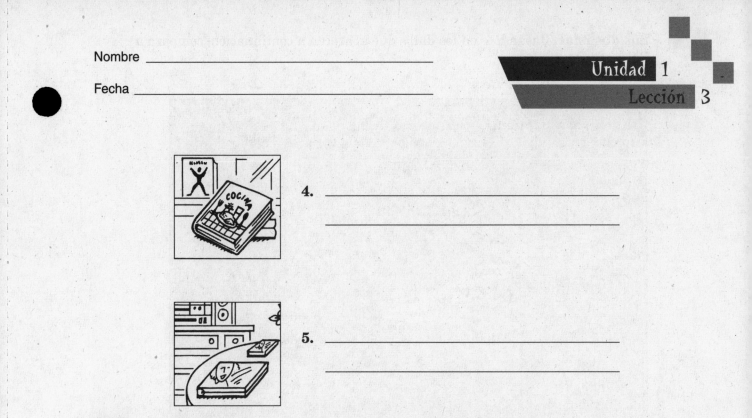

4. _____
_____

5. _____
_____

J **Ficha personal.** Basándote en la información que aparece a continuación, haz comparaciones entre tu hermana y tú.

	mi hermana	Yo
Edad	22 años	17 años
Estatura	1,50 m	1,65 m
Peso	45 kilos	52 kilos
Trabajo	40 horas por semana	15 horas por semana
Vestidos	elegantes	informales
Ir al cine	dos veces por semana	dos veces por semana

MODELO *joven*
Soy más joven que mi hermana o
Mi hermana es menos joven que yo.

1. alto(a): _____

2. elegante: _____

3. trabajar: _____

4. pesar: _____

5. ir al cine: _____

K **Las dos islas.** Basándote en los datos que aparecen a continuación, compara a Cuba con Puerto Rico.

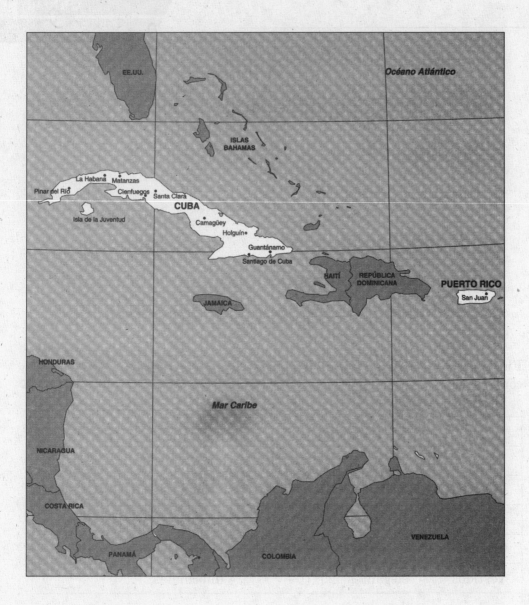

CUBA

Población: 11.184.023 hab. (2001)
Tasa de crecimiento de la población: .37% (2001)
Extensión: 110.860 km
Población urbana: 72%
Capital: La Habana, 2.077.00 hab.
Ingreso por turismo: $250.000.000 (1990)
Carreteras pavimentadas: 29.820 km

PUERTO RICO

Población: 3.937.316 hab. (2001)
Tasa de crecimiento de la población: .54% (2001)
Extensión: 9.104 km^2
Población urbana: 67%
Capital: San Juan, 437.735 hab.
Ingreso por turismo: $1.370.000.000 (1990)
Carreteras pavimentadas: 14.400 km

MODELO   *grande*
**Cuba es más grande que Puerto Rico. Es casi diez veces
más grande.**

1. habitantes de la isla

_____

_____

2. habitantes de la capital

_____

_____

3. crecimiento de la población

_____

_____

4. ingresos por turismo

_____

_____

5. porcentaje de personas que viven en las ciudades

_____

_____

6. carreteras pavimentadas

_____

_____

Vocabulario activo

A continuación se encuentra el vocabulario activo de las secciones **Gente del Mundo 21** y **Del pasado al presente** de la Lección 3. En los espacios en blanco, añade otras palabras que hayas aprendido en esta lección, relacionadas con cada tópico y que crees que te serán útiles.

Gente del Mundo 21

alejando

capacidad

coalición

cubanoamericano(a)

elegido(a)

elegir

entusiamo

partidista

penetrante

telelocutora

título

Del pasado al presente

Los primeros refugiados cubanos y Muchas fuentes de trabajo

empleado(a)

exilio

fuente de trabajo

lograr

proporcionar

recién llegado(a)

sistema comunista

vivienda

Los marielitos

adaptación _____

apoyo _____

clase media _____

clase menos acomodada _____

embarcarse _____

marielito _____

_____ _____

_____ _____

_____ _____

_____ _____

_____ _____

_____ _____

_____ _____

El éxito cubano

banquero(a) _____

bilingüe _____

financiero(a) _____

fervientemente _____

preocupación _____

régimen _____

transacción _____

vehemente _____

_____ _____

_____ _____

_____ _____

_____ _____

_____ _____

Chessie Calloway

Descripciones. Indica con qué verbo o frase de la segunda columna se describe cada verbo de la primera.

_____ e 1. lograr *achieve*   **a.** subirse a un barco *to go in ship*

_____ 2. apoyar *help*   **b.** distribuir *distribute*

_____ a 3. embarcarse *to embark*   **c.** seleccionar *choose*

_____ 4. alejarse *distance*   **d.** cambiarse *exchange*

_____ 5. proporcionar *supply*   **e.** alcanzar *to reach*

_____ b 6. adaptarse *adapt*   **f.** profundizar *profound*

_____ 7. elegir *elect*   **g.** moverse *move*

_____ 8. penetrar *penetrate*   **h.** sostener *maintain*

Refugiados. Escribe las siguientes características de los refugiados cubanos bajo la categoría apropiada.

exilio   incentivos de trabajo
banqueros   fuentes de trabajo
bilingües   clase media
éxito   adaptación lenta
cubanoamericanos   125.000 se embarcaron

Primeros refugiados	*Todos los refugiados cubanos*	*Marielitos*
_____	_____	_____
_____	_____	_____
_____	_____	_____
_____	_____	_____
_____	_____	_____

Composición: *descripción*

Ayudante de productor. Trabajas para el productor de un programa de entrevistas y comentarios muy popular en la televisión hispana de EE.UU. En un futuro programa se hará un reportaje sobre los cubanoamericanos. Tu tarea es identificar a la persona que van a entrevistar y preparar en una hoja en blanco, preguntas apropiadas para esa persona. Debe haber suficientes preguntas para una entrevista de quince minutos. Es mejor que sobren preguntas y no que falten. ¡Suerte en tu nueva carrera de ayudante de productor!

¡A escuchar!

Gente del Mundo 21

A **Los Reyes Católicos.** En uno de los salones de la Alhambra, el palacio musulmán en Granada, España, una guía explica a un grupo de estudiantes el importante papel que tuvieron los Reyes Católicos en la historia de España. Escucha con atención lo que dice y luego marca si cada oración que sigue es **cierta (C)**, **falsa (F)** o si no tiene relación con lo que escuchaste **(N/R)**.

C   F   N/R   1. Isabel de Castilla y Fernando de Aragón, conocidos como los Reyes Católicos, se casaron en 1492.

C   F   N/R   2. Los Reyes Católicos terminaron la Reconquista de España al tomar Granada, el último reino visigodo de la Península Ibérica.

C   F   N/R   3. Los Reyes Católicos lograron la unidad política y territorial de España.

C   F   N/R   4. En el Palacio de la Alhambra, los Reyes Católicos recibieron a Cristóbal Colón, quien les explicó su plan de viajar hacia el Occidente.

C   F   N/R   5. En 1492, los Reyes Católicos les permitieron a los judíos seguir practicando su religión en España.

Gramática en contexto: *explicar lo qué pasó*

B **Narración confusa.** Un policía escucha a Teresa, testigo de un accidente. Teresa está tan nerviosa que al hablar del accidente que tuvo su amigo Julián, también habla de sí misma. Indica con un círculo en la palabra apropiada, si las oraciones que escuchas se refieren a Julián o a Teresa. Escucha una vez más para verificar tus respuestas.

Julián	*Teresa*
1. cruzó	cruzo
2. prestó	presto
3. prestó	presto
4. miró	miro
5. miró	miro
6. atropelló	atropello
7. quedó	quedo
8. quedó	quedo

C **El Cid.** Indica si los datos que aparecen a continuación se mencionan (**Sí**) o no (**No**) en el siguiente texto acerca del Cid, héroe nacional español. Escucha un vez más para verificar tus respuestas.

Sí **No** **1.** El Cid nació en 1044.

Sí **No** **2.** El Cid murió en 1099.

Sí **No** **3.** El rey Alfonso X desterró al Cid.

Sí **No** **4.** Después del destierro, el Cid no reconoció más al rey Alfonso como su rey.

Sí **No** **5.** El Cid conquistó la ciudad de Valencia.

Sí **No** **6.** El Cid conquistó también la ciudad de Granada.

Sí **No** **7.** Los musulmanes gobernaron Valencia antes que el Cid.

D **Ayer.** Escucha mientras Marisa le pregunta a su mamá sobre lo que ves en los dibujos. Coloca una **X** debajo del dibujo que coincida con la respuesta que escuchas. Escucha una vez más para verificar tus respuestas.

1.

A. _____   **B.** _____   **C.** _____

2.

A. _____ B. _____ C. _____

3.

 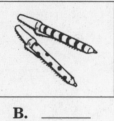 

A. _____ B. _____ C. _____

4.

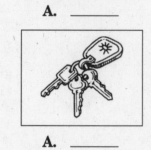 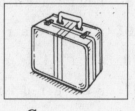 

A. _____ B. _____ C. _____

5.

 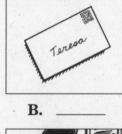 

A. _____ B. _____ C. _____

6.

A. _____ B. _____ C. _____

7.

A. _____ B. _____ C. _____

Acentuación y ortografía

Copyright © McDougal Littell, Inc.

E **Repaso de acentuación.** Al escuchar a la narradora pronunciar las siguientes palabras: 1) divídelas en sílabas, 2) subraya la sílaba que debiera llevar el golpe según las dos reglas de acentuación y 3) coloca el acento ortográfico donde se necesite.

MODELO *politica*
po/lí/<u>ti</u>/ca

1. h e r o e

2. i n v a s i o n

3. R e c o n q u i s t a

4. a r a b e

5. j u d i o s

6. p r o t e s t a n t i s m o

7. e f i c a z

8. i n f l a c i o n

9. a b d i c a r

10. c r i s i s

11. s e f a r d i t a s

12. e p i c o

13. u n i d a d

14. p e n i n s u l a

15. p r o s p e r o

16. i m p e r i o

17. i s l a m i c o

18. h e r e n c i a

19. e x p u l s i o n

20. t o l e r a n c i a

F **Acento escrito.** Ahora escucha a los narradores leer las siguientes oraciones y coloca el acento ortográfico sobre las palabras que lo requieran.

1. El sabado tendremos que ir al medico en la Clinica Lujan.

2. Mis examenes fueron faciles pero el examen de quimica de Monica fue muy dificil.

3. El joven de ojos azules es frances pero los otros jovenes son

puertorriqueños.

4. Los Lopez, los Garcia y los Valdez estan contentisimos porque se

sacaron la loteria.

5. Su tia se sento en el jardin a descansar mientras el comia.

G **Dictado.** Escucha el siguiente dictado e intenta escribir lo más que puedas. El dictado se repetirá una vez más para que revises tu párrafo.

La España musulmana

_____

_____

_____

_____

_____

_____

_____

_____

_____

_____

_____

_____

_____

_____

¡A escribir!

Gramática en contexto: *descripción*

H   **Cervantes.** Completa la siguiente biografía de Miguel de Cervantes, autor de *Don Quijote*.

Miguel de Cervantes Saavedra _____ (1. nacer) en 1547 y

_____ (2. fallecer) el 23 de abril de 1616.

_____ (3. Escribir) novelas, poemas y obras de teatro. La

primera parte de su novela *El ingenioso hidalgo don Quijote de la*

Mancha, su obra más famosa, _____ (4. aparecer) en

1605 y la segunda un poco antes de su muerte (1615). Hijo de una familia

pobre, _____ (5. entrar) en el ejercito como soldado.

_____ (6. Perder) la mano izquierda en la batalla de

Lepanto (1571) y _____ (7. pasar) cinco años de su vida

prisionero en Argelia (1575-1580). Cuando _____

(8. volver) a España, _____ (9. trabajar) para el gobierno

en varios puestos, pero nunca _____ (10. lograr) ganar

suficiente dinero para tener independencia económica. En los últimos años

de su vida, un benefactor lo _____ (11. ayudar), lo cual

le _____ (12. permitir) dedicarse más plenamente a la

literatura.

I   **Preguntas.** Contesta las siguientes preguntas acerca de la historia de don Quijote.

MODELO   *¿Entendiste la historia de don Quijote?*
           Sí, la entendí perfectamente. o
           No, no la entendí muy bien.

1. ¿Leíste la aventura de los molinos?

   _____

2. ¿Buscaste las palabras desconocidas en el diccionario?

   _____

3. ¿Contestaste las preguntas?

   _____

4. ¿Averiguaste la fecha de publicación de otras obras de Cervantes?

_____

5. ¿Alcanzaste a terminar el resumen de la historia?

_____

6. ¿Le mostraste el resumen a algún (alguna) compañero(a)?

_____

7. ¿Incorporaste sus observaciones en la copia final?

_____

J **Reacciones.** ¿Cómo reaccionaron algunos de tus amigos después de ver una película de Pedro Almodóvar?

MODELO   *a Marisela / fascinar / la película*
A Marisela le fascinó la película.

1. a David / impresionar / el comienzo

_____

2. a las hermanas Rivas / encantar / la historia

_____

3. a Yolanda / entusiasmar / las imágenes

_____

4. a Gabriel / ofender un poco / algunas escenas

_____

5. a mí / gustar mucho / la actuación de los protagonistas

_____

6. a Enrique / no agradar / los actores secundarios

_____

7. a todos nosotros / interesar / la película

_____

Encuentros. ¿Qué vieron tus padres durante su paseo por la universidad?

Vocabulario útil

ardilla	profesor	rector	biblioteca
jóvenes	edificio	física	perros
pasto	grupo	delante	árbol

MODELO

Vimos una ardilla en un árbol.

1. _____

2. _____

3. _____

4. _____

5. _____

Vocabulario activo

A continuación se encuentra el vocabulario activo de las secciones **Gente del Mundo 21** y **Del pasado al presente** de la Lección 1. En los espacios en blanco, añade otras palabras que hayas aprendido en esta lección, relacionadas con cada tópico y que crees que te serán útiles.

Gente del Mundo 21

antiguo(a) _____

castellano(a) _____

descendiente _____

héroe, heroína _____

héroe épico _____

ley _____

protagonista _____

_____

_____

_____

Reconquista _____

reina _____

reino _____

rey _____

Reyes Católicos _____

siglo _____

trono _____

_____

_____

_____

Del pasado al presente

Los primeros pobladores

celta _____

costa mediterránea _____

cueva de Altamira _____

desarrollo _____

_____

_____

_____

_____

fenicio(a) _____

invasión _____

navegación _____

península _____

_____

_____

_____

_____

La Hispania romana

acueducto _____	islámico(a) _____
ayuda _____	musulmán, musulmana _____
carretera _____	procedente _____
conquistar _____	próspero(a) _____
crisis _____	puente _____
cristianismo _____	tolerancia _____
Imperio Romano _____	visigodo(a) _____
_____	_____
_____	_____

La Reconquista

expulsión _____	tropa _____
rehusar _____	unidad política _____
sefardita _____	unidad territorial _____
_____	_____
_____	_____

España como potencia mundial

abdicar _____	inflación _____
caída _____	oro _____
colapso _____	plata _____
dominio _____	poder militar _____
eficaz _____	protestantismo _____
emperador(a) _____	reunir _____
extenso(a) _____	sobresaliente _____
herencia _____	_____
_____	_____

L **Palabras cruzadas.** Completa este juego de palabras con nombres de invasores de la Península Ibérica.

INVASORES DE LA PENÍSULA

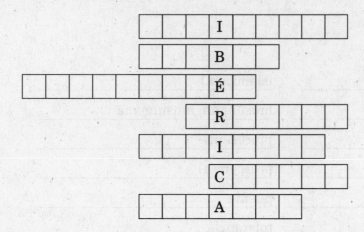

M **Relación.** Indica qué expresión de la segunda columna está relacionada con cada palabra de la primera.

_____ **1.** árabe   **a.** cien años

_____ **2.** rey   **b.** El Cid

_____ **3.** fenicios   **c.** romanos

_____ **4.** siglo   **d.** musulmán

_____ **5.** judíos   **e.** protestantismo

_____ **6.** héroe épico   **f.** puentes

_____ **7.** cueva de Altamira **g.** navegación

_____ **8.** acueductos   **h.** primeros habitantes

_____ **9.** cristianismo   **i.** sefarditas

_____ **10.** carreteras   **j.** trono

Composición: *descripción imaginaria*

N **Una carta de Cervantes.** En una hoja en blanco, escribe una breve carta imaginaria en la que Miguel de Cervantes Saavedra le describe a un amigo, un escritor de Toledo, la aventura de los molinos de viento que acaba de escribir como parte de su novela *El ingenioso hidalgo don Quijote de la Mancha.* Imagina el estado de ánimo de Cervantes al escribir esta carta. ¿Cómo explicaría lo que acaba de escribir?

Nombre _____

Fecha _____

Unidad 2
Lección 2

¡A escuchar!

Gente del Mundo 21

A **Antonio Banderas.** Ahora vas a tener la oportunidad de escuchar a unos comentaristas de la radio que anuncian los éxitos obtenidos por un actor malagueño. Escucha con atención lo que dicen y luego marca si cada oración que sigue es **cierta (C)**, **falsa (F)** o si no tiene relación con lo que escuchaste **(N/R)**.

C F N/R 1. La comentarista es de Radio Málaga, localizada en la ciudad del mismo nombre en España, donde nació Antonio Banderas.

C F N/R 2. Antonio Banderas es uno de los directores más importantes del cine español contemporáneo.

C F N/R 3. Ha actuado en películas de Hollywood como *Los reyes del mambo,* filmada en 1991, y *Filadelfia,* filmada en 1993.

C F N/R 4. Fue descubierto por el director español Carlos Saura.

C F N/R 5. Ha aparecido en varias películas de Pedro Almodóvar, como por ejemplo *Matador, La ley del deseo* y *Átame.*

C F N/R 6. La comentarista señala que muchos críticos de cine opinan que la estatura ha favorecido mucho a Antonio Banderas en su carrera de actor.

Copyright © McDougal Littell, Inc.

Gramática en contexto: *hablar de gustos y del pasado*

B   **Robo en el banco.** Escucha la siguiente información que dan en el
noticiero de la televisión e indica si las oraciones son **ciertas (C)** o **falsas
(F)**. Escucha una vez más para verificar tus respuestas.

   C   F   **1.** La policía recibió la llamada a las diez de la mañana.

   C   F   **2.** Hubo un robo en el Banco Americano.

   C   F   **3.** El ladrón fue un hombre de aproximadamente veinticinco
años.

   C   F   **4.** Robó más de siete mil dólares.

   C   F   **5.** El ladrón salió del banco y huyó a pie.

C   **Gustos en televisión.** Escucha lo que dice Ángela acerca de los
programas de la televisión e indica si los programas que figuran a
continuación le agradan **(A)** o le desagradan **(D)**. Escucha una vez más
para verificar tus respuestas.

   A   D   **1.** programas de ciencia

   A   D   **2.** programas de videos musicales

   A   D   **3.** programas de noticias

   A   D   **4.** programas de deportes

   A   D   **5.** telenovelas

   A   D   **6.** programas cómicos

   A   D   **7.** programas de detectives

D   **García Lorca.** Escucha los siguientes datos acerca de la vida del poeta
Federico García Lorca. Cada oración que figura a continuación puede ser
completada con dos de las opciones dadas; indica con una **X** la letra de la
opción incorrecta.

Vocabulario útil

derecho: *ciencia legal*   letras: *humanidades*
carrera: *profesión*   romance: *composición poética*
gitano: *una raza de nómadas*   residir: *vivir*
partidario: *afiliado*

---

1. Federico García Lorca nació...

   a. en Fuente Vaqueros

   b. en 1898

   c. en el norte de España

2. Estudió...

   a. psicología

   b. filosofía y letras

   c. derecho

3. Fue amigo de...

   a. Rafael Alberti

   b. Pablo Picasso

   c. Luis Buñuel

4. Dos obras de poemas de García Lorca son...

   a. *Poeta en Nueva York*

   b. *Bodas de sangre*

   c. *Primer romancero gitano*

5. En 1929 vivió en...

   a. Madrid

   b. Estados Unidos

   c. Nueva York

6. Murió...

   a. a comienzos de la Guerra Civil Española

   b. en el año 1936

   c. durante la Segunda Guerra Mundial

Acentuación y ortografía

E **Palabras que cambian de significado.** Hay palabras parecidas que tienen distintos significados según: 1) donde vaya el golpe y 2) si requieren acento ortográfico. Ahora presta atención a la ortografía y al cambio de golpe en estas palabras mientras la narradora las pronuncia.

ánimo	animo	animó
célebre	celebre	celebré
depósito	deposito	depositó
estímulo	estimulo	estimuló
hábito	habito	habitó
práctico	practico	practicó
título	titulo	tituló

Ahora escucha mientras el narrador lee estas palabras parecidas. Escribe el acento donde sea necesario.

1.	crítico	critico	criticó
2.	dialogo	dialogó	diálogo
3.	domesticó	doméstico	domestico
4.	equivoco	equívoco	equivocó
5.	filósofo	filosofó	filosofo
6.	líquido	liquido	liquidó
7.	numero	número	numeró
8.	pacifico	pacificó	pacífico
9.	publico	público	publicó
10.	transitó	tránsito	transito

F **Acento escrito.** Ahora escucha a la narradora leer estas oraciones y coloca el acento ortográfico sobre las palabras que lo requieran.

1. Hoy publico mi libro para que lo pueda leer el publico.

2. No es necesario que yo participe esta vez, participe el sabado pasado.

3. Cuando lo magnifico con el microscopio, pueden ver lo magnifico que es.

4. No entiendo como el calculo debe ayudarme cuando calculo.

5. Pues ahora yo critico todo lo que el critico critico.

G **Dictado.** Escucha el siguiente dictado e intenta escribir lo más que puedas. El dictado se repetirá una vez más para que revises tu párrafo.

Juan Carlos de Borbón

_____

_____

_____

_____

_____

_____

_____

_____

_____

_____

_____

_____

_____

_____

_____

_____

_____

_____

¡A escribir!

Gramática en contexto: *hablar de gustos y del pasado*

 Los gustos de la familia. Di lo que le gusta hacer a cada uno de los miembros de tu familia.

MODELO

A mi abuela le encanta coser.

Vocabulario útil

encantar	gustar	fascinar
coser	dormir	armar rompecabezas
el biberón	correr	piano
comida china	programas deportivos	sofá

1. _____

_____

2. _____

_____

3. _____
_____

4. _____
_____

5. _____
_____

6. _____
_____

I **Fue un día atípico.** ¿Qué le dices a un amigo para explicarle que ayer tu hermana tuvo un día atípico?

MODELO   *Generalmente se despierta temprano.*
              Pero ayer se despertó muy tarde.

1. Siempre consigue un lugar para estacionar el coche cerca del trabajo.

_____

_____

2. Generalmente se siente bien.

_____

_____

3. Nunca se duerme en el trabajo.

_____

_____

4. Por lo general se concentra en su trabajo y no se distrae.

_____

_____

5. Siempre tiene tiempo para almorzar.

_____

_____

6. Normalmente resuelve rápidamente los problemas de la oficina.

_____

_____

7. Generalmente vuelve a casa tarde.

_____

_____

Nombre _____

Fecha _____

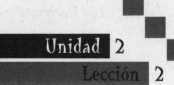

Unidad 2

Lección 2

Vocabulario activo

A continuación se encuentra el vocabulario activo de las secciones **Gente del Mundo 21** y **Del pasado al presente** de la Lección 2. En los espacios en blanco, añade otras palabras que hayas aprendido en esta lección, relacionadas con cada tópico y que crees que te serán útiles.

Gente del Mundo 21

campeonato _____

estrellato _____

golfista _____

iberoamericano(a) _____

infantil _____

ingresar _____

_____

_____

_____

_____

nieto(a) _____

premio _____

recuperarse _____

sucesor(a) _____

torneo _____

_____

_____

_____

_____

Del pasado al presente

El Siglo de Oro

calidad _____

comedia _____

decadencia _____

excepcional _____

idealismo _____

_____

_____

_____

poeta místico _____

realismo _____

sobresalir _____

tragedia _____

_____

_____

_____

_____

Copyright © McDougal Littell, Inc.

Cuaderno de actividades   69

Los Borbones y *La invasión francesa*

academia _____	jardines _____
avenida _____	modas _____
colonia _____	monarquía _____
imponer _____	neoclásico(a) _____
invadir _____	testimonio _____

_____

_____

_____

_____

España: Siglo XX

coronar _____	industrializado(a) _____
destino _____	rebelión _____
Guerra Civil _____	

_____

_____

_____

J **Crucigrama.** Completa este crucigrama usando las claves verticales y horizontales.

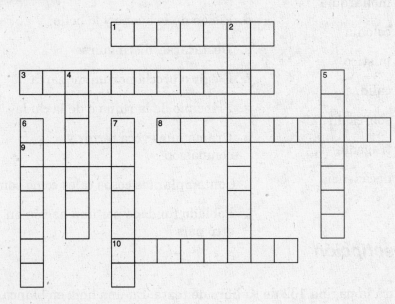

Claves horizontales

1. calle principal

3. estupendo, singular

8. deterioro, corrupción

9. hijo de tu hijo

10. ganadora de un campeonato

Claves verticales

2. autor de obras dramáticas

4. teatro cómico

5. heredero, continuador

6. conquistar, penetrar

7. rey, emperador

Relación. Indica qué descripción de la segunda columna está relacionada con cada palabra de la primera.

_____ 1. idealismo

_____ 2. realismo

_____ 3. coronar

_____ 4. monarquía

_____ 5. colonia

_____ 6. místico

_____ 7. calidad

_____ 8. sobresalir

_____ 9. tragedia

_____ 10. decadencia

a. Gobierno ejercido por un solo jefe

b. Conjunto de cualidades o importancia de una persona o cosa

c. Espiritual, contemplativo

d. Visión de lo bueno y lo bello

e. Destacarse, distinguirse

f. Elegir o proclamar un monarca

g. Principio de la ruina o de la caída

h. Drama que evoca terror y compasión

i. Contemplar las cosas tales como son

j. Poblado fundado por una nación en otro país

Composición: *descripción*

Guernica. Mira la página 102 de tu libro de texto. En una hoja en blanco, describe en detalle algunas secciones del cuadro *Guernica*, del pintor español Pablo Picasso. Esta pintura está considerada como una de las obras maestras del arte moderno y tiene como tema principal el bombardeo y la destrucción del pueblo vasco de Guernica en 1937, durante la Guerra Civil Española. ¿Qué figuras puedes reconocer en el cuadro? ¿Qué emociones proyectan estas imágenes?

Nombre _____

Fecha _____

Unidad 2

Lección 3

¡A escuchar!

Gente del Mundo 21

Antes de entrar al cine. Escucha con atención lo que discute una pareja de jóvenes novios antes de entrar a un cine de Sevilla para ver *Tacones lejanos,* una película de Pedro Almodóvar. Luego marca si cada oración que sigue es **cierta (C), falsa (F)** o si no tiene relación con lo que escuchaste **(N/R).**

C   F   N/R   **1.** La pareja de novios decide finalmente alquilar una película de Pedro Almodóvar en una tienda de videos.

C   F   N/R   **2.** Los novios discuten también la serie de televisión que Almodóvar hará para la televisión española.

C   F   N/R   **3.** *Mujeres al borde de un ataque de nervios* ganó el premio "Óscar" otorgado a la mejor película en lengua extranjera en 1988.

C   F   N/R   **4.** Al novio no le gustan las películas de Pedro Almodóvar.

C   F   N/R   **5.** En vez de ir al cine, el novio prefiere alquilar los videos de las películas para verlas en casa.

C   F   N/R   **6.** La novia quiere ser una de las primeras personas en ver *Tacones lejanos* para contársela a sus amigas.

Gramática en contexto: *hablar de lo que pasó y expresar opiniones impersonales*

B **Domingos del pasado.** Escucha lo que dice Nora acerca de cómo pasaba los días domingos cuando era pequeña y luego indica si las oraciones que siguen son **ciertas (C)** o **falsas (F)**. Escucha una vez más para verificar tus respuestas.

> *Vocabulario útil*
>
> misa: servicio *religioso*
> interminable: *sin fin*
> lento: *despacio*

C   F   **1.** Antes de la misa, paseaban por la plaza.

C   F   **2.** Casi siempre un pariente almorzaba con la familia.

C   F   **3.** Los almuerzos no duraban mucho tiempo.

C   F   **4.** Después del almuerzo, a veces iban a ver una película.

C   F   **5.** El día domingo era un día lleno de aburrimiento.

C **Opiniones impersonales.** Escucha lo que dice un hombre de noventa años cuando le preguntan qué debe hacer uno para vivir mucho tiempo. Indica si las frases impersonales que aparecen a continuación fueron mencionadas **(Sí)** o no **(No)** por el anciano. Escucha una vez más para verificar tus respuestas.

Sí   No   **1.** No comer mucha carne.

Sí   No   **2.** Comer frutas y verduras.

Sí   No   **3.** Hacer ejercicio con regularidad.

Sí   No   **4.** Practicar la natación.

Sí   No   **5.** Visitar al médico.

Sí   No   **6.** Acostarse siempre muy temprano.

Sí   No   **7.** Tener antepasados de larga vida.

D **Robo.** Escucha el siguiente diálogo y luego completa las oraciones que
siguen. Escucha una vez más para verificar tus respuestas.

> ### Vocabulario útil
>
> dar un paseo: *caminar*   gozar: *disfrutar*
> chocar: *pegar violentamente*   marido: *esposo*
> gritar: *llamar en voz alta*   darse cuenta: *descubrir*
> cartera: *bolso*   ladrón: *persona que roba*
> apresar: *capturar*   echar a perder: *arruinar*

1. Ramiro caminaba...

   a. por el centro de la ciudad

   b. por el campo

   c. por el parque

2. Una señora se cayó al suelo porque...

   a. un muchacho chocó contra ella

   b. chocó contra un árbol

   c. tropezó con Ramiro, accidentalmente

3. La señora gritaba porque...

   a. conocía al muchacho

   b. sentía mucho dolor

   c. le habían robado la cartera

4. La policía...

   a. no llegó nunca

   b. llegó pero no detuvo al ladrón

   c. interrogó al esposo y a Ramiro

5. Ramiro piensa que el paseo...

   a. fue una mala idea

   b. fue agradable a pesar de todo

   c. fue una experiencia tranquilizadora

Acentuación y ortografía

E **Palabras parecidas.** Hay palabras que se pronuncian igual y, con la excepción del acento ortográfico, se escriben igual pero tienen diferente significado y función en la oración. Estudia esta lista de palabras parecidas mientras la narradora las pronuncia.

aun	*even*	aún	*still, yet*
de	*of*	dé	*give*
el	*the*	él	*he*
mas	*but*	más	*more*
mi	*my*	mí	*me*
se	*himself, herself, etc.*	sé	*I know, be*
si	*if*	sí	*yes*
solo	*alone*	sólo	*only*
te	*you*	té	*tea*
tu	*your*	tú	*you*

Ahora mientras el narrador pronuncia cada palabra, escríbela de dos maneras distintas, al lado de la función gramatical apropiada.

MODELO   Escuchas: *tu*
               Escribes: __**tú**__ pronombre sujeto __**tu**__ adjetivo posesivo

1. _____ artículo definido: *the*   _____ pronombre sujeto: *he*

2. _____ pronombre personal: *me*   _____ adjetivo posesivo: *my*

3. _____ preposición: *of*   _____ forma verbal: *give*

4. _____ pronombre reflexivo: *himself, herself, itself, themselves*   _____ forma verbal: *I know, be*

5. _____ conjunción: *but*   _____ adverbio de cantidad: *more*

6. _____ sustantivo: *tea*   _____ pronombre personal: *you*

7. _____ conjunción: *if*   _____ adverbio afirmativo: *yes*

8. _____ adjetivo: *even*   _____ adverbio de tiempo: *still, yet*

9. _____ adverbio de modo: *only*   _____ adjetivo: *alone*

F **¿Cuál corresponde?** Escucha a la narradora leer las siguientes oraciones y complétalas con las palabras apropiadas.

1. Éste es _____ material que traje para _____.

2. ¿_____ compraste un regalo para _____ prima?

3. _____ amigo trajo este libro para _____.

4. Quiere que le _____ café _____ México.

5. No _____ si él _____ puede quedar a comer.

6. _____ llama, dile que _____ lo acompañamos.

G **Dictado.** Escucha el siguiente dictado e intenta escribir lo más que puedas. El dictado se repetirá una vez más para que revises tu párrafo.

Tacones lejanos

_____

_____

_____

_____

_____

_____

_____

_____

_____

_____

_____

_____

_____

_____

_____

_____

_____

_____

_____

_____

¡A escribir!

Gramática en contexto: *explicar lo que hicimos y vimos*

H **Exageraciones paternas.** ¿Cómo era la vida del padre de tu mejor amigo cuando asistía a la escuela primaria? Para saberlo, completa este párrafo con el **imperfecto** de los verbos indicados entre paréntesis.

Cuando yo _____ (1. ser) pequeño _____

(2. vivir / nosotros) en una granja en las afueras del pueblo. Yo

_____ (3. levantarse) todos los días a las cinco y media

de la mañana, _____ (4. alimentar) a las gallinas que

_____ (5. tener / nosotros), _____

(6. arreglarse), _____ (7. tomar) el desayuno y

_____ (8. salir) hacia la escuela. La escuela no

_____ (9. estar) cerca de la casa y en ese entonces no

_____ (10. haber) autobuses; yo _____

(11. deber) caminar para llegar a la escuela. En los días de invierno,

_____ (12. ser) más difícil todavía, porque

_____ (13. hacer) un frío terrible. ¡Ah! y cuando

_____ (14. nevar) _____

(15. necesitar / yo) más tiempo para llegar a la escuela. Hoy en día, todo es

demasiado fácil. Ustedes son una generación de niños mimados.

I **Resoluciones.** Di lo que empezaron a hacer las siguientes personas para mantenerse en forma.

MODELO

Manuel / empezar
Manuel empezó a hacer ejercicio.

Vocabulario útil	
jugar al golf	ponerse a régimen
caminar	hacer ejercicios aeróbicos
nadar	montar en bicicleta
escalar rocas	levantar pesas

Nombre _____

Fecha _____

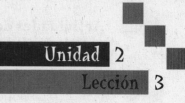

Unidad 2
Lección 3

1. Papá / volver

_____

_____

2. Mamá / decidirse

_____

_____

3. Mi hermanita / aprender

_____

_____

4. Los mellizos / aprender

_____

_____

5. Yo / ...

_____

_____

J **Actividades de verano.** Di lo que hacían las siguientes personas el domingo pasado por la tarde.

MODELO

Pedrito
Pedrito pescaba.

Vocabulario útil

tomar sol
acampar en las montañas
andar a caballo
montar en bicicleta
nadar en la piscina
levantar pesas
practicar esquí acuático
ir de compras
dar un paseo
escalar montañas
bañar al perro

Lola y Arturo

1. _____

_____

_____

Los hijos de Benito

2. _____

_____

_____

Marcela y unos amigos

3. _____

_____

_____

Carlitos

1. _____

_____

_____

Gloria

2. _____

_____

_____

?

Yo

3. _____

_____

_____

Vocabulario activo

A continuación se encuentra el vocabulario activo de la sección **El nuevo cine español** de la Lección 3. En los espacios en blanco, añade otras palabras que hayas aprendido en esta lección, relacionadas con cada tópico y que crees que te serán útiles.

El nuevo cine español

complejidad _____ espejo _____

contemporáneo(a) _____ extranjero(a) _____

convertirse _____ reflejar _____

_____ _____

_____ _____

_____ _____

_____ _____

_____ _____

_____ _____

_____ _____

_____ _____

K **Lógica.** En cada grupo de palabras, subraya la palabra que no esté relacionada con las otras palabras.

1. complejidad   dificultad   completo   confusión

2. contemporáneo   conocido   moderno   actual

3. convertirse   transformarse   cambiarse   inspirarse

4. espejo   cristal   reflexión   grueso

5. extranjero   extra   forastero   gringo

6. reflejar   reflectar   enflaquecer   brillar

7. renovación   creación   reparación   cambio

Composición: *reseña*

L **Una película interesante.** En una hoja en blanco, escribe una breve reseña *(film review)* de una de las películas de Pedro Almodóvar, o de algún otro cineasta, que hayas visto recientemente. Describe a los protagonistas de la película. ¿Cuál es el tema principal? ¿Qué es lo que más te gustó? En una escala de cero a cinco estrellas, ¿cuántas estrellas le darías a esta película? Explica por qué.

¡A escuchar!

Gente del Mundo 21

 Elena Poniatowska. Una pareja de jóvenes estudiantes mexicanos de la Universidad Nacional Autónoma de México (U.N.A.M.) asiste a un acto en conmemoración de la masacre de Tlatelolco. Escucha con atención lo que dicen y luego marca si cada oración que sigue es **cierta (C)**, **falsa (F)** o si no tiene relación con lo que escuchaste **(N/R)**.

C	F	N/R	
C	F	N/R	**1.** Lo que más les impresionó del acto a Manuel y a Angélica fue la lectura que hizo Elena Poniatowska de su libro *La noche de Tlatelolco*.
C	F	N/R	**2.** Elena Poniatowska es una escritora francesa que nació en Polonia y que visita frecuentemente México.
C	F	N/R	**3.** Se han vendido más de 100.000 ejemplares de su libro *La noche de Tlatelolco*.
C	F	N/R	**4.** La masacre de Tlatelolco ocurrió el 2 de octubre de 1968, unos días antes de los Juegos Panamericanos en México.
C	F	N/R	**5.** Aunque no se sabe realmente cuántas personas murieron aquella noche, muchos testigos calculan que fueron más de trescientas, la mayoría estudiantes.

Gramática en contexto: *narración*

Hernán Cortés. Escucha la siguiente narración acerca de Hernán Cortés y luego contesta las preguntas que figuran a continuación. Escucha una vez más para verificar tus respuestas.

1. Hernán Cortés llegó a México en 1519, en el mes de...

    a. junio

    b. abril

    c. agosto

2. Cuando llegó a México, Cortés tenía...

    a. veinticuatro años de edad

    b. cuarenta y cuatro años de edad

    c. treinta y cuatro años de edad

3. Cortés llevaba...

    a. cañones

    b. vacas

    c. cinco mil soldados

4. Cortés llegó a Tenochtitlán por primera vez en...

    a. 1519

    b. 1520

    c. 1521

5. Tenochtitlán cayó en poder de Cortés a fines de...

    a. noviembre de 1521

    b. junio de 1521

    c. agosto de 1521

C   **Frida Kahlo.** En el Museo de Frida Kahlo, en Coyoacán, un área de la Ciudad de México, una guía le explica a un grupo de turistas la vida de la pintora Frida Kahlo. Escucha con atención lo que dice y luego marca si cada oración que sigue es **cierta (C)** o **falsa (F)**.

C   F   **1.** Frida Kahlo nació en 1910.

C   F   **2.** Nació en Teotihuacán.

C   F   **3.** A los dieciocho años sufrió un serio accidente.

C   F   **4.** Se casó con Diego Rivera.

C   F   **5.** El matrimonio fue muy feliz.

C   F   **6.** Su casa es actualmente un museo.

D   **Inés y su hermana.** Escucha las comparaciones que hace Inés entre los gustos de su hermana y sus propios gustos. Indica con una **X** quién hace las actividades que aparecen a continuación.

Inés   *Su hermana*

☐   ☐   **1.** andar a caballo

☐   ☐   **2.** caminar

☐   ☐   **3.** escuchar música

☐   ☐   **4.** leer

☐   ☐   **5.** ver películas de amor

☐   ☐   **6.** ver películas de ciencia ficción

Acentuación y ortografía

E   **Adjetivos y pronombres demostrativos.** Los adjetivos demostrativos nunca llevan acento escrito. En cambio, los pronombres demostrativos siempre lo llevan, excepto **eso** y **esto** por ser neutros (no requieren sustantivo). Escucha y estudia estos ejemplos mientras el narrador los lee.

Adjectivos demostrativos	Pronombres demostrativos
Estos libros son míos.	**Éstos** son los tuyos.
Esa falda es hermosa.	**¿Ésa?** ¡No me gusta!
Ese puesto es el mejor.	Sí, pero **éste** paga más.
Aquellos muchachos hablan inglés.	Sí, pues **aquéllos** de allá, no.
	Esto es muy importante.
	¡Eso es imposible!

Ahora, escucha al narrador leer las siguientes oraciones y escribe los **adjetivos** o **pronombres demostrativos** que escuchas. Recuerda que sólo los pronombres llevan acento escrito.

1. _____ disco de Luis Miguel es mío y _____

   es tuyo.

2. _____ pintura de Frida refleja más dolor y sufrimiento

   que _____.

3. _____ periódico se edita en México; _____ se

   edita en Nueva York.

4. Compramos _____ libros en el Museo del Templo Mayor y

   _____ en el Museo Nacional de Antropología.

5. No conozco _____ murales de Diego Rivera; yo sé que

   _____ está en el Palacio Nacional.

F   **Palabras interrogativas, exclamativas y relativas.** Todas las palabras interrogativas y exclamativas llevan acento escrito para distinguirlas de palabras parecidas que se pronuncian igual pero que no tienen significado ni interrogativo ni exclamativo. Escucha y estudia cómo se escriben las palabras interrogativas, exclamativas y relativas mientras los narradores leen las siguientes oraciones. Observa que las oraciones interrogativas empiezan con signos de interrogación inversos y las oraciones exclamativas con signos de exclamación inversos.

1. **¿Qué** libro?
   El libro **que** te presté.
   ¡Ah! **¡Qué** libro!

2. ¿Contra **quién** lucha Marcos hoy?

Contra el luchador a **quien** te presenté.

¡Increíble contra **quién** lucha!

3. ¿**Cuánto** dinero ahorraste?

Ahorré **cuanto** pude.

¡**Cuánto** has de sufrir, hombre!

4. ¿**Cómo** lo hiciste?

Lo hice **como** quise.

¡**Cómo** me voy a acordar de eso!

5. ¿**Cuándo** vino?

Vino **cuando** terminó de trabajar.

Sí, ¡y mira **cuándo** llegó!

Ahora escucha a los narradores leer las oraciones que siguen y decide si son **interrogativas**, **exclamativas** o si simplemente usan una palabra **relativa**. Pon los acentos escritos y la puntuación apropiada (signos de interrogación, signos de exclamación y puntos) donde sea necesario.

1. Quien llamó

   Quien   El muchacho a quien conocí en la fiesta

2. Adonde vas

   Voy adonde fui ayer

3. Cuanto peso   Ya no voy a comer nada

   Que exagerada eres, hija   Come cuanto quieras

4. Quien sabe donde viven

   Viven donde vive Raúl

5. Que partido más interesante

   Cuando vienes conmigo otra vez

6. Lo pinté como me dijiste

   Como es posible

7. Trajiste el libro que te pedí

   Que libro   El que estaba en la mesa

8. Cuando era niño, nunca hacía eso

   Lo que yo quiero saber es,   cuando aprendió

Dictado. Escucha el siguiente dictado e intenta escribir lo más que puedas. El dictado se repetirá una vez más para que revises tu párrafo.

México: tierra de contrastes

_____

_____

_____

_____

_____

_____

_____

_____

_____

_____

_____

_____

_____

_____

_____

_____

_____

_____

_____

_____

¡A escribir!

Gramática en contexto: *narrar y solicitar preferencias*

H **Los aztecas.** Completa la siguiente información acerca de los aztecas con la forma apropiada del **pretérito** o del **imperfecto** de los verbos indicados entre paréntesis.

Los aztecas _____ (1. ser) una pequeña tribu de

agricultores y cazadores que, gracias a su habilidad y espíritu guerrero,

_____ (2. llegar) a ser los amos de un vasto

territorio. En menos de doscientos años, _____

(3. dominar) un territorio que _____ (4. extenderse)

de costa a costa del país que hoy llamamos México. En el año 1325

_____ (5. fundar) la ciudad de Tenochtitlán, capital

del imperio, que _____ (6. tener) una notable

cantidad de joyas arquitectónicas y artísticas. En 1519, Hernán Cortés

_____ (7. comenzar) su campaña contra los aztecas

con la ayuda de las tribus dominadas por éstos. Después de dos años de

lucha, los aztecas _____ (8. ser) derrotados por los

españoles.

I **Fuimos al cine.** ¿Qué hicieron tú y tus amigos ayer? Para saberlo completa la siguiente narración con la forma apropiada del **pretérito** o del **imperfecto** de los verbos indicados entre paréntesis.

Ayer _____ (1. estar / nosotros) un poco aburridos y

_____ (2. decidir) ir al cine. En el Cine Imperio

_____ (3. estar) exhibiendo *Tacones lejanos* de Pedro

Almodóvar y _____ (4. ir) a ver esa película. A mí

me _____ (5. gustar) mucho la actuación de las dos

actrices principales, Marisa Paredes, quien _____

(6. hacer) el papel de la actriz Becky del Páramo, y Victoria Abril, quien

_____ (7. interpretar) a Rebeca, hija de Becky del

Páramo y locutora de televisión a cargo de las noticias del día.

_____ (8. Encontrar / yo) de gran humor la escena

en que Rebeca, como parte de las noticias, _____

(9. informar) a los televidentes de la muerte de una persona, su marido.

Un director necesita talento y genio para tratar de modo cómico

situaciones que no lo son. Después, todos nosotros nos

_____ (10. ir) a un café para hablar de la película.

Cada uno _____ (11. decir) qué parte de la película

le _____ (12. haber) gustado más.

J **Mi familia.** Completa el siguiente párrafo con los **adjetivos posesivos** apropiados para que Elena nos cuente cómo es su familia.

_____ (1) nombre es Elena y el de

_____ (2) hermana es Magaly. Vivimos con

_____ (3) padres. _____ (4) hermanos

son mayores y ya no viven en casa. _____ (5) hermano

Jorge Miguel es casado y _____ (6) hijita todavía está en

la escuela primaria. Ella tiene un perrito. _____ (7)

perrito, totalmente blanco, es muy juguetón.

K **Preferencias.** Usando **pronombres posesivos**, escribe la pregunta que debes hacerle a tu amigo(a) para saber sus preferencias.

MODELO *Mi autor favorito es Carlos Fuentes.*
        ¿Y el tuyo?

1. Mi escritora favorita es Isabel Allende.

_____

2. Mis actrices favoritas son Rosie Pérez y Salma Hayek.

_____

3. Mis actores favoritos son Andy García y Antonio Banderas.

_____

4. Mi cantante favorito es Marc Anthony.

_____

5. Mi cantante favorita es Gloria Estefan.

_____

Vocabulario activo

A continuación se encuentra el vocabulario activo de las secciones **Gente del Mundo 21** y **Del pasado al presente** de la Lección 1. En los espacios en blanco, añade otras palabras que hayas aprendido en esta lección, relacionadas con cada tópico y que crees que te serán útiles.

Gente del Mundo 21

actriz	distinguirse	ídolo	poeta
análisis	ensayo	masacre	Segunda Guerra
cantante	galardonado	periodismo	Mundial
		periodista	

Del pasado al presente

Los orígenes mesoamericanos

civilización	frijol	maíz	prosperar
costeño(a)	fundar	mesoamericano(a)	región
cultivar	jitomate	núcleo urbano	

La conquista española

beneficio	emplumado(a)	mito	serpiente
caer	establecer	mitología	sitio
comandar	expedición	oriente	Virreinato de
conflicto	llegada	prometer	la Nueva
		Quetzalcóatl	España

México independiente en el Siglo XIX

campesino(a)	forzar	huir	progresista
ceder	fuerza	independencia	promover
colono(a)	por la fuerza	insurrección	salvar
derrotar	golpe de estado	lucha armada	triunfante
estabilidad		mitad	

La Revolución Mexicana

corrido	nacionalización	período	repartición
cruzar	Partido	población	revolución
década	Revolucionario	por ciento	revolucionario(a)
durar	Institucional	raíces culturales	violento(a)
frontera	(PRI)		

México contemporáneo

acelerar	contaminado(a)	milagro	último(a)
actual	diversificar	poblado(a)	urbanizado(a)
actualidad		reducir	

La historia de México. Encuentra las siguientes palabras en la sopa de letras que figura más abajo y táchalas. Ten en cuenta que las palabras pueden aparecer en forma horizontal o vertical, y pueden cruzarse con otras. Luego, para encontrar la respuesta a la pregunta que sigue, pon en los espacios en blanco las letras que no tachaste, empezando de izquierda a derecha y de arriba hacia abajo.

ACTUAL	EMPLUMADO	POBLACIÓN
BENEFICIO	FORZAR	PRI
CAER	FRONTERA	QUETZALCOATL
CAMPESINO	JITOMATES	RAÍZ
COLONOS	LLEGADA	REVOLUCIONARIO
CORRIDOS	MASACRE	SALVAR
DERROTA	NACIONALIZACIÓN	SITIO

LA HISTORIA DE MÉXICO

```
P  R  I  P  S  A  L  V  A  R  L  F  S  C  D
R  E  V  O  L  U  C  I  O  N  A  R  I  O  E
C  A  C  B  E  N  E  F  I  C  I  O  T  L  R
A  A  A  L  L  E  G  A  D  A  N  I  O  R  R
M  C  E  A  M  A  S  A  C  R  E  T  O  N  O
P  T  R  C  O  R  R  I  D  O  S  E  R  O  T
E  U  A  I  E  V  F  O  R  Z  A  R  O  S  A
S  A  I  O  L  E  M  P  L  U  M  A  D  O  R
I  L  Z  N  U  C  J  I  T  O  M  A  T  E  S
N  A  C  I  O  N  A  L  I  Z  A  C  I  O  N
O  Q  U  E  T  Z  A  L  C  O  A  T  L  I  O
```

¿Cuál fue el hecho más importante del Siglo XX en la historia de México?

¡ __ __ __ __ __ __ __ __ __ __ __ __ __ __ **N** !

M **Relación.** Indica qué palabra o frase de la segunda columna está relacionada con cada palabra de la primera.

_____ 1. urbanizado   **a.** distribución

_____ 2. actualidad   **b.** pasar

_____ 3. contaminado   **c.** poblado

_____ 4. golpe de estado   **d.** canciones mexicanas

_____ 5. repartición   **e.** diez años

_____ 6. milagro   **f.** el presente

_____ 7. durar   **g.** cambio de gobierno a la fuerza

_____ 8. década   **h.** continuar

_____ 9. cruzar   **i.** hecho increíble

_____ 10. corridos   **j.** sucio

Composición: *descripción de semejanzas*

Tu nombre en náhuatl. En el mundo azteca, antes de la llegada de los españoles, era una práctica común que los nombres de las personas incluyeran el nombre de uno de los veinte *tonalli* o espíritus solares que simbolizaban los veinte días del calendario azteca. Escoge el *tonalli* con el que mejor te identifiques y en una hoja en blanco, escribe las cualidades que consideres propias de ese símbolo. ¿Qué semejanzas encuentras entre el símbolo que elegiste y tu personalidad?

LOS VEINTE TONALLI

cipactli: cocodrilo

ehécatl: viento

calli: casa

cuetzpalin: lagartija

cóatl: serpiente

máztl: venado

miquiztli: muerte

tochtli: conejo

atl: agua

itzcuintli: perro

océlotl: jaguar

cuauhtli: águila

cozcazcuauhtli: zopilote

ollin: movimiento

ozomatli: mono

malinalli: hierba

técpatl: pedernal

ácatl: caña

quiáhuitl: lluvia

xóchitl: flor

¡A escuchar!

Gente del Mundo 21

A **Miguel Ángel Asturias.** Un estudiante habla con una profesora de literatura latinoamericana para que le recomiende a un escritor guatemalteco del siglo XX. Escucha con atención lo que dicen y luego marca si cada oración que sigue es **cierta (C)**, **falsa (F)** o si no tiene relación con lo que escuchaste **(N/R)**.

C F N/R **1.** La profesora recomienda que el estudiante lea *Cien años de soledad,* de Gabriel García Márquez.

C F N/R **2.** Miguel Ángel Asturias ganó el Premio Nóbel de Literatura en 1967.

C F N/R **3.** Asturias nunca demostró interés por los ritos y creencias indígenas de su país.

C F N/R **4.** Su novela *Hombre de maíz* hace referencia al mito mesoamericano que dice que los hombres fueron hechos de maíz.

C F N/R **5.** Como muchos escritores latinoamericanos, vivió en el barrio latino de París.

C F N/R **6.** Entre 1966 y 1970 fue embajador de Guatemala en Francia.

Gramática en contexto: *narración descriptiva*

B **Los mayas.** Escucha el siguiente texto acerca de la civilización maya y luego indica si la información que figura a continuación aparece en el texto (**Sí**) o no (**No**). Escucha una vez más para verificar tus respuestas.

Sí	No		
Sí	No	**1.**	Hasta hace poco, todos creían que los mayas constituían un pueblo tranquilo.
Sí	No	**2.**	Los mayas se dedicaban a la agricultura.
Sí	No	**3.**	Ahora se sabe que los mayas practicaban sacrificios humanos.
Sí	No	**4.**	Las ciudades mayas tenían pirámides fabulosas.
Sí	No	**5.**	Se han encontrado nuevos datos con respecto a los mayas en libros sagrados.
Sí	No	**6.**	En la actualidad se han descubierto nuevas ciudades mayas.
Sí	No	**7.**	Hasta ahora no se ha podido descifrar la escritura jeroglífica de los mayas.

C **¿Sueño o realidad?** Escucha la siguiente narración y luego indica si las oraciones que aparecen a continuación son **ciertas (C)** o **falsas (F)**. Escucha una vez más para verificar tus respuestas.

C	F		
C	F	**1.**	La escena ocurre por la noche.
C	F	**2.**	La persona que cuenta la historia escucha que alguien golpea a la puerta.
C	F	**3.**	Puede ver a unos desconocidos que entran en el cuarto de al lado.
C	F	**4.**	Más tarde escucha un par de disparos de revólver.
C	F	**5.**	No escucha más ruidos.
C	F	**6.**	El narrador está seguro de que ha tenido un mal sueño.
C	F	**7.**	La recepcionista del hotel le explica exactamente qué pasó.

Pronunciación y ortografía

D **Los sonidos /k/ y /s/.** El deletreo de estos sonidos con frecuencia resulta problemático al escribir. Esto se debe a que varias consonantes pueden representar cada sonido según la vocal que las sigue. El primer paso para aprender a evitar problemas de ortografía es reconocer los sonidos. En las siguientes palabras, indica si el sonido que escuchas en cada una es **/k/** o **/s/**. Cada palabra se repetirá dos veces.

1. /k/   /s/
2. /k/   /s/
3. /k/   /s/
4. /k/   /s/
5. /k/   /s/

6. /k/   /s/
7. /k/   /s/
8. /k/   /s/
9. /k/   /s/
10. /k/   /s/

E **Deletreo del sonido /k/.** Al escuchar las siguientes palabras con el sonido **/k/**, observa cómo se escribe este sonido.

ca	caña	fracasar
que	queso	enriquecer
qui	Quito	monarquía
co	colonización	soviético
cu	cultivo	ocupación

F **Deletreo del sonido /s/.** Al escuchar las siguientes palabras con el sonido **/s/**, observa cómo se escribe este sonido.

sa o za	sagrado	zambullir	pobreza
se o ce	segundo	cero	enriquecer
si o ci	situado	civilización	palacio
so o zo	soviético	zorra	colapso
su o zu	suicidio	zurdo	insurrección

Ahora, escucha a los narradores leer las siguientes palabras y escribe las letras que faltan en cada una.

1. ___ ___ pitanía

2. opre ___ ___ ón

3. blo ___ ___ ___ ar

4. fuer ___ ___

5. re ___ ___ lver

6. oligar ___ ___ ___ a

7. ___ ___ rgir

8. ___ ___ munista

9. urbani ___ ___ do

10. ___ ___ ronel

G **Dictado.** Escucha el siguiente dictado e intenta escribir lo más que puedas. El dictado se repetirá una vez más para que revises tu párrafo.

La civilización maya

_____

_____

_____

_____

_____

_____

_____

_____

_____

_____

_____

_____

_____

_____

_____

_____

_____

_____

¡A escribir!

Gramática en contexto: *contradecir y describir lo que hacías, lo que hiciste y el tiempo*

H **Discrepancias.** Tú eres una persona positiva pero tu compañero(a) es muy negativo(a) y siempre te contradice. ¿Cómo reacciona a tus comentarios sobre la cultura maya?

MODELO *Siempre me ha interesado viajar.*
Nunca me ha interesado viajar.

Vocabulario útil			
algo	nada	ni / ni ... ni	o
alguien	nadie	siempre	nunca
alguno	ninguno	también	tampoco

1. Me gustaría visitar México o Guatemala.

   _____

   _____

2. Me gustaría visitar Belice también.

   _____

   _____

3. Quiero aprender algo acerca de la cultura maya.

   _____

   _____

4. Siempre me ha interesado la cultura maya.

   _____

   _____

5. He leído algunos libros interesantes acerca de esa cultura.

   _____

   _____

I **¿Qué le pasará?** Completa el siguiente texto con expresiones negativas para describir un cambio evidente en la conducta de un(a) amigo(a).

MODELO   *Antes iba al cine a menudo; ahora no va _____ al cine.*
Antes iba al cine a menudo; ahora no va nunca al cine.

Vocabulario útil			
nada	nadie	ninguno	nunca
jamás	ni	ni . . . ni	tampoco

1. Antes salía con amigos; ahora no sale con _____.

2. Antes estudiaba todos los días; ahora no estudia casi _____.

3. Antes venía a verme a mi casa o me llamaba por teléfono; ahora

   _____ viene a verme _____ me llama por teléfono.

4. Antes practicaba varios deportes; ahora no practica _____

   deporte.

J **Temblor.** Los estudiantes cuentan lo que estaban haciendo cuando ocurrió un temblor en la ciudad. Para saber lo que dicen, observa los dibujos que aparecen a continuación y utiliza los pronombres **yo** o **nosotros**, según corresponda.

MODELO

Yo hablaba por teléfono cuando ocurrió el temblor.

1. _____

   _____

Copyright © McDougal Littell, Inc.

2. _____

_____

3. _____

_____

4. _____

_____

5. _____

_____

K **Tiempo loco.** Usando los dibujos que figuran a continuación, indica qué actividades hiciste y cómo estaba el tiempo cada día.

MODELO

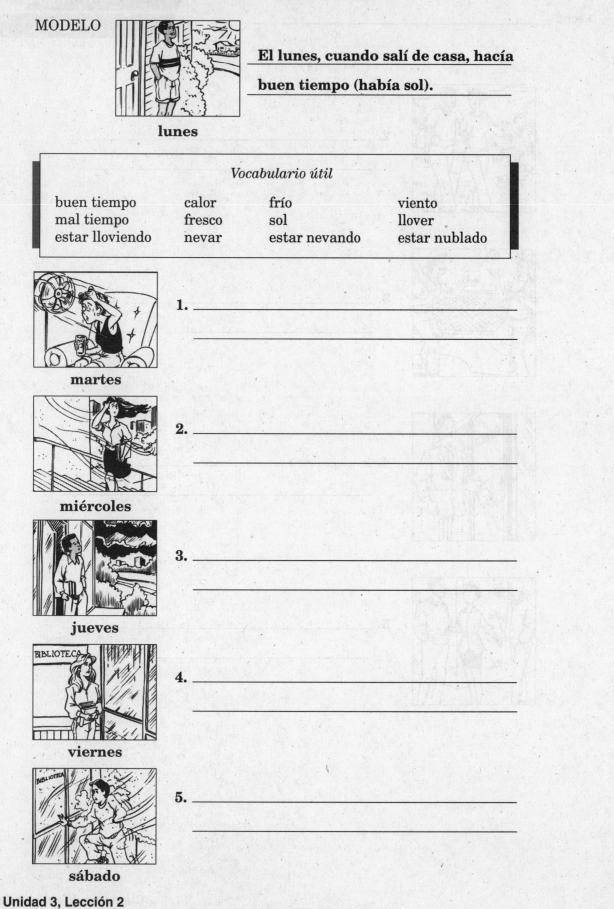

El lunes, cuando salí de casa, hacía buen tiempo (había sol).

lunes

Vocabulario útil			
buen tiempo	calor	frío	viento
mal tiempo	fresco	sol	llover
estar lloviendo	nevar	estar nevando	estar nublado

martes

1. _____

_____

miércoles

2. _____

_____

jueves

3. _____

_____

viernes

4. _____

_____

sábado

5. _____

_____

Vocabulario activo

A continuación se encuentra el vocabulario activo de las secciones **Gente del Mundo 21** y **Del pasado al presente** de la Lección 2. En los espacios en blanco, añade otras palabras que hayas aprendido en esta lección, relacionadas con cada tópico y que crees que te serán útiles.

Gente del Mundo 21

activista _____	mediocampista _____
actualidad _____	Premio Nóbel de la Paz _____
denfensa _____	de Literatura _____
destacado _____	provincia _____
destacarse _____	quiché _____
exponentes _____	rito _____
_____	_____
_____	_____

Del pasado al presente

La civilización maya

cero	destrucción	escritura	pirámide
desaparición	emplear	pacífico(a)	sistema

Período colonial

asimilarse	mayoría
Capitanía General de Guatemala	presión
dominante	

Guatemala independiente

breve	facilitar		plantación	surgir
dueño(a)	inestabilidad		pobreza	unirse

Intentos de reformas

ambicioso(a)	expansión		idealista	propietario(a)
comunista	Guerra Fría		modernizar	proponer
distribuir	hectárea		promulgar	

Rebeliones militares

Agencia Central de			derrocado(a)	
Inteligencia (CIA)			dirigir	
asesinar			disidente	
coronel			gobierno	
derechos humanos			resolver	

Situación presente

bloquear			opresión	
nombramiento			poderoso(a)	
oligarquía				

L **Palabras cruzadas.** Completa este juego de palabras con las siguientes características de Rigoberta Menchú Tum. Para saber qué fue lo que le dio fama mundial completa la frase que sigue colocando en los espacios en blanco las letras correspondientes a los números indicados.

ACTIVISTA   IDEALISTA   PREMIO NÓBEL
AMBICIOSA   POBREZA   QUICHE
DEFENSORA   PODEROSA   GOBIERNO

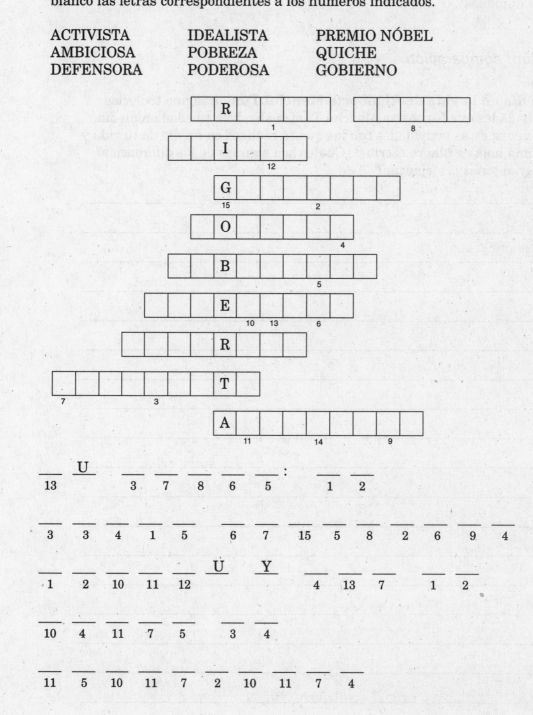

M **Lógica.** En cada grupo de palabras, subraya la palabra que no esté relacionada con el resto.

1. propietario   dueño   comunista   hectárea   plantación

2. derrocar   disidentes   destrucción desaparición diseño

3. asociarse   unirse   asimilarse   surgir   congregar

4. gobierno   rito   comunista   oligarquía   sistema

5. derechos   defensa   propietario   opresión   justicia
   humanos

Composición: *comparación*

N **Un día en la vida de Rigoberta Menchú Tum.** Imagina todas las actividades que Rigoberta Menchú Tum realizaba a tu edad en un día. Compara estas actividades con las que tú realizas en un día de tu vida y en una hoja en blanco escribe: ¿Cuáles son algunas de las diferencias? ¿Hay algunas semejanzas?

_____

_____

_____

_____

_____

_____

_____

_____

_____

_____

_____

_____

_____

_____

_____

_____

_____

¡A escuchar!

Gente del Mundo 21

A **Visita a la exhibición teotihuacana.** Escucha con atención lo que discuten dos amigos después de visitar la exhibición titulada *Teotihuacán: La Ciudad de los Dioses,* en el Museo M.H. de Young de San Francisco, California. Luego indica si cada oración que sigue es **cierta (C)**, **falsa (F)** o si no tiene relación con lo que escuchaste **(N/R)**.

C   F   N/R   **1.** Lo que más impresionó de la exhibición a Leo fue el enorme tamaño de la ciudad.

C   F   N/R   **2.** Teotihuacán llegó a tener una población de más de 150.000 habitantes.

C   F   N/R   **3.** A Nelly lo que más le impresionó fueron los colores de los murales teotihuacanos.

C   F   N/R   **4.** Nelly le explicó a Leo que la ciudad fue destruida por los españoles en el año 1521.

C   F   N/R   **5.** Leo tuvo la extraña sensación de estar frente a algo conocido y piensa que quizás algunos de sus antepasados hayan vivido en Teotihuacán.

C   F   N/R   **6.** Esta exhibición sobre Teotihuacán fue visitada por más de cien mil personas en San Francisco.

Gramática en contexto: *narración*

B **Tarea incompleta.** Escucha la siguiente narración de una estudiante que no pudo completar la tarea de matemáticas. Usando la lista que aparece a continuación, indica cuáles de estas expresiones escuchaste (**Sí**) y cuáles no (**No**). Escucha una vez más para verificar tus respuestas.

Sí	No		
Sí	No	1.	por ahora
Sí	No	2.	por cierto
Sí	No	3.	por la noche
Sí	No	4.	por la tarde
Sí	No	5.	por lo menos
Sí	No	6.	por lo tanto
Sí	No	7.	por otra parte
Sí	No	8.	por supuesto
Sí	No	9.	por último

C **La Piedra del Sol.** Escucha la siguiente narración acerca de la Piedra del Sol y luego contesta las preguntas que aparecen a continuación. Escucha una vez más para verificar tus respuestas.

1. Para ver la Piedra del Sol es necesario ir...
   a. a Tenochtitlán
   b. al Zócalo
   c. al Museo de Antropología

2. La Piedra del Sol fue labrada...
   a. por artistas aztecas
   b. por conquistadores españoles
   c. por orden de Hernán

3. La Piedra del Sol fue descubierta en...
   a. 1979
   b. 1790
   c. 1269

4. Para labrar la piedra, los artistas tardaron casi...
   a. veinticuatro años
   b. veinte años
   c. doce años

5. La Piedra del Sol representa...
   a. la historia de los aztecas
   b. el saber astronómico del pueblo azteca
   c. la conquista de Tenochtitlán

Pronunciación y ortografía

D **Los sonidos /g/ y /x/.** El deletreo de estos dos sonidos con frecuencia resulta problemático al escribir. Practica ahora cómo reconocer los sonidos. Al escuchar las siguientes palabras, indica si el sonido inicial de cada una es **/g/** como en **gordo**, **ganga** o **/x/** como en **japonés**, **jurado**. Cada palabra se va a repetir dos veces.

1. /g/   /x/
2. /g/   /x/
3. /g/   /x/
4. /g/   /x/
5. /g/   /x/

6. /g/   /x/
7. /g/   /x/
8. /g/   /x/
9. /g/   /x/
10. /g/   /x/

E **Deletreo del sonido /g/.** Al escuchar las siguientes palabras con el sonido **/g/**, observa cómo se escribe este sonido.

ga	**ga**lán	nave**ga**ción
gue	**gue**rrillero	ju**gue**tón
gui	**gui**a	conse**gui**r
go	**go**bierno	visi**go**do
gu	**gu**sto	or**gu**llo

F **Deletreo del sonido /x/.** Al escuchar las siguientes palabras con el sonido **/x/**, observa cómo se escribe este sonido.

ja	**ja**rdín	feste**ja**r	emba**ja**dor
je o **ge**	**je**fe	**ge**nte	extran**je**ro
ji o **gi**	**ji**tomate	**gi**gante	comple**ji**dad
jo	**jo**ya	espe**jo**	anglosa**jó**n
ju	**ju**dío	**ju**gador	con**ju**nto

Ahora, escucha a los narradores leer las siguientes palabras y escribe las letras que faltan en cada una.

1. __ __ b e r n a n t e
2. e m b a __ __ d a
3. __ __ l p e
4. s u r __ __ r
5. __ __ e g o

6. t r a __ __ d i a
7. __ __ __ r r a
8. p r e s t i __ __ o s o
9. f r i __ __ l
10. a __ __ n c i a

Dictado. Escucha el siguiente dictado e intenta escribir lo más que puedas. El dictado se repetirá una vez más para que revises tu párrafo.

La destrucción de Teotihuacán

_____

_____

_____

_____

_____

_____

_____

_____

_____

_____

_____

_____

_____

_____

_____

_____

_____

_____

_____

_____

_____

_____

_____

_____

_____

¡A escribir!

Gramática en contexto: *descripción*

H **Hechos recientes.** ¿Qué dicen estos estudiantes acerca de lo que hicieron ayer por la tarde? Usa las preposiciones **por** o **para**, según convenga.

MODELO   *hacer / viaje / tren*
         Hice un viaje por tren.

1. cambiar / estéreo / bicicleta

   _____

   _____

2. estudiar / examen de historia

   _____

   _____

3. caminar / parque central

   _____

   _____

4. llamar / amigo Rubén / teléfono

   _____

   _____

5. comprar / regalo / novio(a)

   _____

   _____

6. leer / libro interesante / dos horas

   _____

   _____

7. ir / biblioteca / consultar en una enciclopedia

   _____

   _____

I   **De prisa.** Un amigo quiere invitarte a una fiesta. Para saber los detalles completa el siguiente diálogo con las preposiciones **por** o **para,** según convenga.

AMIGO: ¿ _____ (1) qué vas tan apurado(a)?

YO: Estoy atrasado _____ (2) mi clase de química.

AMIGO: Necesito hablar contigo _____ (3) invitarte a una fiesta que

tenemos mañana _____ (4) la noche.

YO: _____ (5) cierto que me gustaría mucho ir, pero llámame,

_____ (6) favor, esta tarde después de las cuatro

_____ (7) confirmar.

AMIGO: Está bien. Hasta pronto.

J   **Atleta.** Este atleta está muy satisfecho con su progreso. Para saber por qué, completa la siguiente narración con las preposiciones **por** o **para,** según convenga.

Ayer, _____ (1) hacer ejercicio, salí a correr _____ (2) un

parque que queda cerca de mi casa. Noté que, _____ (3) un corto

tiempo, pude mantener una velocidad de seis millas _____ (4) hora.

_____ (5) alguien que no corre regularmente es un buen tiempo. Voy

a seguir entrenándome, y creo que _____ (6) el próximo mes, voy a

estar mucho mejor.

Nombre _____

Fecha _____

Vocabulario activo

A continuación se encuentra el vocabulario activo de la Lección 3. En los espacios en blanco, añade otras palabras que hayas aprendido en esta lección, relacionadas con cada tópico y que crees que te serán útiles.

La Ciudad de los Dioses y *La gran metrópoli mesoamericana*

alrededor _____

amplio(a) _____

arqueológico(a) _____

brillante _____

comerciante _____

complejo(a) _____

de repente _____

desaparecer _____

excavación _____

fascinante _____

habitante _____

magnífico(a) _____

multitud _____

prestigioso(a) _____

ruinas _____

sagrado(a) _____

situado(a) _____

_____ _____

_____ _____

_____ _____

_____ _____

_____ _____

_____ _____

La destrucción

abandonar	gobernante
ataque	incendiar
cataclismo social	metrópoli
élite	quemar
existencia	sangriento(a)
facción	

K **Palabras cruzadas.** Completa este juego de palabras con el vocabulario activo sobre la destrucción de la Ciudad de los Dioses. Para saber qué fue lo que causó la destrucción de Teotihuacán, completa la frase que sigue colocando en los espacios en blanco las letras correspondientes a los números indicados.

ABANDONAR   CICLO   INCENDIAR
ATAQUE   FACCIONES   METRÓPOLI
CATACLISMO SOCIAL GOBERNANTES   QUEMAR
SANGRIENTO

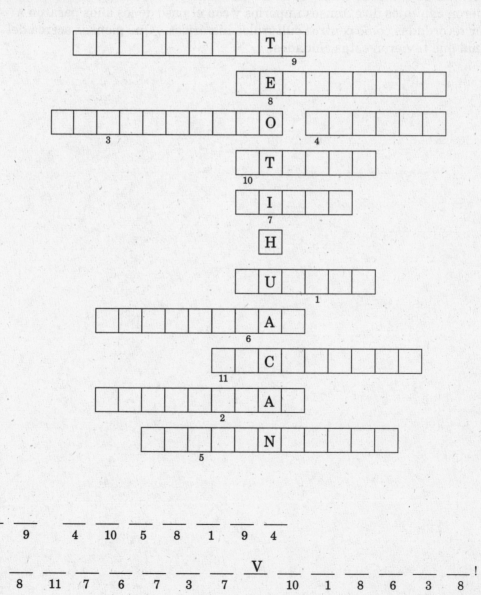

L Lógica. En cada grupo de palabras, subraya la palabra que no esté relacionada con el resto.

1. excavaciones	ruinas	arqueológico	élite
2. amplio	incendiar	abandonar	quemar
3. cataclismo social	ciclo	violento	sangriento
4. magnífico	fascinante	situado	brillante
5. metrópoli	facciones	multitud	habitantes≥

Composición: *contraste y analogía*

M **Teotihuacán y Roma.** En una hoja en blanco, escribe una breve composición en la que compares las diferencias y semejanzas que encuentras entre las ciudades de Teotihuacán y Roma antigua. Ambas fueron capitales de extensos imperios y con el paso de los años pasaron a ser recordadas como centros culturales históricos. ¿Qué piensas acerca del final que tuvieron estas ciudades?

¡A escuchar!

Gente del Mundo 21

A **Reconocido bailarín cubano.** Escucha con atención lo que dicen dos estudiantes luego de presenciar un espectáculo donde bailó Carlos Acosta. Luego marca si cada oración que sigue es **cierta (C)**, **falsa (F)** o si no tiene relación con lo que escuchaste **(N/R)**.

C F N/R **1.** Carlos Acosta empezó a estudiar baile a los veinticinco años de edad.

C F N/R **2.** De niño no pensaba en bailar; solamente le interesaba jugar al fútbol.

C F N/R **3.** Ganó muchos premios pero nunca se presentó en Europa.

C F N/R **4.** Ningún amigo de su infancia es bailarín.

C F N/R **5.** A Carlos Acosta le interesa mucho participar en muchas compañías de ballet.

C F N/R **6.** En Estados Unidos, es el bailarín del Ballet de Boston.

Gramática en contexto: *identificar objetos y narrar hechos históricos*

B **Herramientas.** Después de escuchar cada oración, escribe la letra correspondiente al dibujo mencionado.

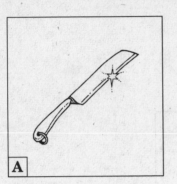

A

B

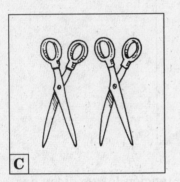

C

D

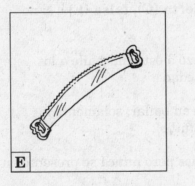

E

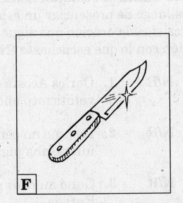

F

1. _____   4. _____

2. _____   5. _____

3. _____   6. _____

C **La constitución de Cuba.** Escucha el siguiente texto acerca de la constitución cubana y luego selecciona la opción que complete correctamente cada frase. Escucha una vez más para verificar tus respuestas.

1. La constitución actual de Cuba entró en vigencia en el año...

   a. 1956

   b. 1966

   c. 1976

2. El porcentaje de votantes que aprobó la constitución fue...

   a. 97,7

   b. 95,7

   c. 97,5

3. La constitución creó...

   a. las asambleas estatales

   b. los consejos del estado

   c. las asambleas provinciales

4. En 1993, el número de la Asamblea aumentó a...

   a. 590 miembros

   b. 510 miembros

   c. 593 miembros

5. En Cuba, los partidos políticos de oposición...

   a. son apoyados por el régimen

   b. no tienen libertad para funcionar

   c. participan en todas las elecciones pero siempre pierden

Pronunciación y ortografía

D **Pronunciación de letras problemáticas: *b* y *v*.** La **b** y la **v** se pronuncian de la misma manera. Sin embargo, el sonido de ambas varía en relación al lugar de la palabra en donde ocurra. Por ejemplo, la **b** o la **v** inicial de una palabra tiene un sonido fuerte, como el sonido de la *b* en inglés, si la palabra ocurre después de una pausa. También tienen un sonido fuerte cuando ocurren después de la **m** o la **n**.

Escucha a la narradora leer estas palabras prestando atención a la pronunciación de la **b** o **v** fuerte. Observa que para producir este sonido los labios se cierran para crear una pequeña presión de aire al soltar el sonido.

brillante	**v**irreinato	em**b**ajador	con**v**ocar
bloquear	**v**ictoria	am**b**icioso	sin**v**ergüenza

En los demás casos, la **b** y la **v** tienen un sonido suave. Escucha a la narradora leer estas palabras prestando atención a la pronunciación de la **b** o **v** suave. Observa que al producir este sonido, los labios se juntan, pero no se cierran completamente, por lo tanto no existe la presión de aire y lo que resulta es una **b** o **v** suave.

re**b**elión	resol**v**er	afrocu**b**ano	culti**v**o
po**b**reza	pro**v**incia	exu**b**erante	contro**v**ertido

Ahora escucha al narrador leer las siguientes palabras e indica si el sonido de la **b** o **v** que oyes es un sonido **fuerte (F)** o **suave (S)**.

1. F   S   5. F   S

2. F   S   6. F   S

3. F   S   7. F   S

4. F   S   8. F   S

E **Deletreo con la *b* y la *v*.** Las siguientes reglas te ayudarán a saber cuándo una palabra se escribe con **b (larga)** o con **v (corta)**. Memorízalas.

Regla Nº 1: Siempre se escribe la **b** antes de la **l** y la **r**. Las siguientes raíces también contienen la **b: bene-, bien-, biblio-, bio-.** Estudia estos ejemplos mientras la narradora los pronuncia.

bloquear	ham**b**re	**b**eneficio	**b**ibliografía
o**b**ligación	**b**ravo	**b**ienestar	**b**iología

Ahora escucha a los narradores leer las siguientes palabras y escribe las letras que faltan en cada una.

1. __ __ i s a   5. __ __ u s a

2. a l a m __ __ e   6. c a __ __ e

3. __ __ a n c o   7. c o __ __ e

4. __ __ o q u e   8. __ __ u j a

Regla Nº 2: Después de la **m** siempre se escribe la **b**. Después de la **n** siempre se escribe la **v**. Estudia estos ejemplos mientras la narradora los pronuncia.

e**mb**arcarse	e**mb**ajador	co**nv**ención	e**nv**uelto
ta**mb**ién	ca**mb**iar	e**nv**ejecer	co**nv**ertir

Ahora escucha a los narradores leer las siguientes palabras y escribe las letras que faltan en cada una.

1. s o ___ ___ r a

2. e ___ ___ i a r

3. t a ___ ___ o r

4. i ___ ___ e n c i b l e

5. i ___ ___ e n t a r

6. e ___ ___ l e m a

7. e ___ ___ e n e n a r

8. r u ___ ___ o

Regla Nº 3: Los siguientes prefijos siempre contienen la **b: ab-, abs-, bi-, bis-, biz-, ob-, obs-** y **sub-** y después del prefijo **ad-**, siempre se escribe la **v**. Estudia estos ejemplos mientras la narradora los pronuncia.

abstracto	**ad**versidad
abstener	**ob**ligado
biblioteca	**obs**táculo
bisonte	**sub**raya
adversario	**sub**stituir

Ahora escucha a los narradores leer las siguientes palabras y escribe las letras que faltan en cada una.

1. ___ ___ t e n e r

2. ___ ___ ___ m a r i n o

3. ___ ___ s o l u t o

4. ___ ___ ___ n i e t o

5. ___ ___ ___ t r a c t o

6. ___ ___ ___ e r t i r

7. ___ ___ ___ e r v a t o r i o

8. ___ ___ ___ e r b i o

Dictado. Escucha el siguiente dictado e intenta escribir lo más que puedas. El dictado se repetirá una vez más para que revises tu párrafo.

El proceso de independencia de Cuba

_____

_____

_____

_____

_____

_____

_____

_____

_____

_____

_____

_____

_____

_____

_____

_____

_____

_____

_____

_____

_____

_____

_____

_____

Nombre _____

Fecha _____

¡A escribir!

Gramática en contexto: *describir un objeto y escribir en estilo periodístico*

G **El coche de la profesora.** ¿Cómo es el coche de la profesora Sepúlveda? Para saber cómo contesta ella esta pregunta, completa el siguiente texto usando el **participio pasado** de los verbos que aparecen entre paréntesis.

Tengo un coche _____ (1. usar) del año 1986.

Es un sedán de cuatro puertas, de color azul claro. No es un coche

_____ (2. fabricar) en este país, es _____

(3. importar), pero como es viejo, no tiene las bolsas de aire

_____ (4. instalar) en los modelos más nuevos.

Es el modelo _____ (5. preferir) por muchos jóvenes.

H **Fidel Castro.** Tienes que escribir algunos hechos de la vida de Fidel Castro para tu clase de periodismo. Y ¡claro!, hay que hacerlo en estilo periodístico.

MODELO *educar / en escuelas católicas*
Fidel Castro fue educado en escuelas católicas.

1. encarcelar / por Batista en 1955

   _____

2. poner / en libertad en 1957

   _____

3. desterrar / más tarde

   _____

4. aplaudir / por el pueblo cubano al derrocar a Batista en 1959

   _____

5. criticar / posteriormente por muchos cubanos que viven en el exilio

   _____

Copyright © McDougal Littell, Inc.

I **Un fuerte cubano.** Completa el siguiente texto acerca de un fuerte cubano colonial. Selecciona el verbo apropiado usado delante de cada participio pasado.

El Castillo de la Fuerza es la construcción más antigua de Cuba y uno de

los fuertes más antiguos de América. _____ (1. Es / Está)

situado en La Habana y _____ (2. fue / estuvo) construido

entre 1535 y 1538. Como la ciudad _____ (3. era / estaba)

saqueada frecuentemente por los piratas, era necesario defenderla mejor.

Así, varios fuertes semejantes a El Castillo _____ (4. fueron

/ estuvieron) construidos en esa época. En la actualidad, dentro de El

Castillo _____ (5. es / está) ubicado el Museo de Armas y

desde una de sus torres se aprecia una bella vista de la ciudad.

J **Cultura cubana.** Con los elementos dados, construye oraciones acerca de la cultura cubana.

MODELO *caracterizar (presente) / la cultura cubana / por la mezcla de lo africano y lo europeo*
La cultura cubana se caracteriza por la mezcla de lo africano y lo europeo.

1. abolir (pretérito) / la esclavitud / en Cuba en 1886

   _____

   _____

2. suprimir (pretérito) / la esclavitud / antes de 1886 en el resto del Caribe

   _____

   _____

3. mantener (pretérito) / lo africano / en Cuba por mucho tiempo

   _____

   _____

4. tomarse (pretérito) / muchos ritmos actuales / de la música africana

   _____

   _____

5. practicar (presente) / la santería, mezcla de creencias católicas y yorubas / entre las clases populares

   _____

   _____

K **Historia de Cuba.** Expresa los siguientes hechos acerca de la historia temprana de cuba, usando el estilo periodístico.

MODELO *Cristóbal Colón visitó Cuba en 1492.*
Cuba fue visitada por Cristóbal Colón en 1492.

1. Sebastián de Ocampo recorrió las costas de Cuba en 1508.

_____

_____

_____

2. Diego Velázquez conquistó Cuba en 1511.

_____

_____

_____

3. Diego Velázquez fundó la Habana en 1515.

_____

_____

_____

4. Los españoles introdujeron el cultivo del la caña de azúcar después de 1526.

_____

_____

_____

5. Los ingleses controlaron la isla entra 1762 y 1763.

_____

_____

_____

Vocabulario activo

A continuación se encuentra el vocabulario activo de las secciones **Gente del Mundo 21** y **Del pasado al presente** de la Lección 1. En los espacios en blanco, añade otras palabras que hayas aprendido en esta lección, relacionadas con cada tópico y que crees que te serán útiles.

Gente del Mundo 21

aclamado(a)	dictadura
afrocubano(a)	fundador(a)
amnistiado(a)	impulsar
antepasado	inspirado(a)
característica	merecido(a)
competencia	reconocido(a)
controvertido(a)	tradición

Del pasado al presente

Los primeros habitantes y *El período colonial*

agricultura	isla
caña	maltrato
cultivo	mina
descubierto(a)	nativo(a)
esclavo(a)	pesca
exterminado(a)	tribu
exterminio	viaje
habitado(a)	

El proceso de independencia y *La Guerra Hispano-estadounidense*

armada _____

buque _____

consolidar _____

estallar _____

explosión _____

firmado(a) _____

_____

_____

inexplicable _____

lograr _____

ocupación _____

pretexto _____

victoria _____

_____

_____

La Revolución Cubana

abogado(a) _____

escaso(a) _____

experiencia _____

guerrillero(a) _____

inversión _____

libertad _____

_____

_____

líder _____

movimiento _____

nacionalizar _____

provocar _____

rompimiento _____

_____

_____

Cubanos al exilio y *Sociedad en crisis*

acuerdo _____

clase acomodada _____

clase trabajadora _____

derrotado(a) _____

ejército _____

_____

emigrante _____

progreso _____

misil _____

primer ministro _____

_____

L **Relación.** Indica qué palabra o expresión de la segunda columna describe correctamente cada palabra de la primera.

_____	1. estallar	**a.**	insuficiente
_____	2. lograr	**b.**	resolución
_____	3. escaso	**c.**	ancestro
_____	4. rompimiento	**d.**	explotar
_____	5. acuerdo	**e.**	liberado
_____	6. rostro	**f.**	director
_____	7. amnistiado	**g.**	vivido
_____	8. dirigente	**h.**	obtener
_____	9. antepasado	**i.**	cara
_____	10. habitado	**j.**	ruptura

M **Lógica.** En cada grupo de palabras, subraya la palabra que no esté relacionada con el resto.

1. isla	rostro	trópico	caña
2. exterminados	esclavos	colonización	pesca
3. buque	maltrato	exterminio	suicidio
4. ocupación	bloqueo	soviético	lograr
5. ejército	guerrillero	escaso	misil

Composición: *expresar opiniones*

N **El bloqueo de EE.UU. contra Cuba.** En una hoja en blanco, escribe una composición argumentando una posición a favor o en contra del embargo comercial decretado por el gobierno de EE.UU. contra Cuba desde 1961.

¡A escuchar!

Gente del Mundo 21

A **Político dominicano.** Escucha lo que dice un profesor de la Universidad de Santo Domingo a un grupo de estudiantes extranjeros que están estudiando en la República Dominicana y luego marca si cada oración que sigue es **cierta (C), falsa (F)** o si no tiene relación con lo que escuchaste **(N/R)**.

C   F   N/R   **1.** Aunque tiene el nombre de República Dominicana, en este país no se celebran regularmente elecciones.

C   F   N/R   **2.** Rafael Leónidas Trujillo duró más de treinta años en el poder.

C   F   N/R   **3.** Joaquín Balaguer fue nombrado presidente por primera vez en 1966.

C   F   N/R   **4.** En la República Dominicana el presidente no se puede reelegir.

C   F   N/R   **5.** Las elecciones presidenciales de 1994 causaron mucha controversia debido a que desapareció casi un tercio de los votos.

Gramática en contexto: *narración y comprensión de mandatos*

B   **Órdenes.** ¡Pobre Carlitos! ¡Tiene tanto que hacer! Escucha lo que su mamá le dice que haga. Indica el orden en que Carlitos debe hacer las cosas ordenando numéricamente los dibujos que aparecen a continuación. Escucha una vez más para verificar tus respuestas.

A. _____

B. _____

C. _____

D. _____

E. _____

F. _____

Nombre _____

Fecha _____

Unidad 4
Lección 2

C   **Discurso político.** Usando la lista que aparece a continuación, indica si el candidato que vas a escuchar menciona (**Sí**) o no (**No**) el programa indicado. Escucha una vez más para verificar tus respuestas.

Sí   No   **1.** Acelerar la construcción de edificios.

Sí   No   **2.** Mejorar la educación.

Sí   No   **3.** Eliminar la pobreza.

Sí   No   **4.** Controlar la inflación.

Sí   No   **5.** Disminuir el desempleo.

Sí   No   **6.** Crear nuevos trabajos.

Sí   No   **7.** Acelerar el ritmo de las exportaciones.

Pronunciación y ortografía

D   **Pronunciación y ortografía de las letras *q, k* y *c*.** La **q** y la **k** y la **c** antes de las vocales **a**, **o** y **u**, se pronuncian de la misma manera. Con la excepción de algunas palabras incorporadas al español que provienen de otros idiomas *(quáter, quásar, quórum)*, este sonido sólo ocurre con la **q** en las combinaciones **que** o **qui**. Con la **k**, el sonido sólo ocurre en palabras derivadas de otros idiomas, como *kabuki, karate, kibutz, koala, kilo*. Con la **c**, este sonido sólo ocurre en las combinaciones **ca**, **co** y **cu**. Estudia la ortografía de estas palabras mientras la narradora las lee.

complejo	**que**mar	**ka**mi**ka**ze
ex**ca**vaciones	oligar**quí**a	**ka**yak
cultivar	ata**que**	**ki**lómetro

Ahora escucha a los narradores leer las siguientes palabras y escribe las letras que faltan en cada una.

1. __ __ n e x i ó n   **5.** __ __ __ c h é

2. a r __ __ o l ó g i __ __   **6.** b l o __ __ __ a r

3. __ __ m e r c i a n t e   **7.** d e r r o __ __ d o

4. m a g n í f i __ __   **8.** __ __ __ t z a l c ó a t l

Copyright © McDougal Littell, Inc.

Cuaderno de actividades   133

Dictado. Escucha el siguiente dictado e intenta escribir lo más que puedas. El dictado se repetirá una vez más para que revises tu párrafo.

La cuna de América

_____

_____

_____

_____

_____

_____

_____

_____

_____

_____

_____

_____

_____

_____

_____

_____

_____

_____

_____

_____

_____

_____

_____

¡A escribir!

Gramática en contexto: *hablar de esperanzas, dar instrucciones y hacer recomendaciones*

 F **Futuras vacaciones.** Planeas unas vacaciones en la República Dominicana. ¿Qué esperanzas tienes?

> MODELO *no hacer demasiado calor*
> **Ojalá no haga demasiado calor.**

1. no llover todo el tiempo

_____

2. yo / tener tiempo para visitar muchos lugares

_____

3. yo / conseguir boletos para el Teatro Nacional

_____

4. yo / poder ver un partido de béisbol

_____

5. haber conciertos de música popular

_____

6. yo / aprender a bailar merengue

_____

7. yo / alcanzar a ver algunos museos coloniales

_____

8. yo / divertirme mucho

_____

G **Plátanos maduros fritos.** En la sección de cocina del periódico hay una receta de un plato dominicano: plátanos maduros fritos. ¿Qué dice la receta?

MODELO   *usar plátanos maduros*
               Use plátanos maduros.

1. elegir plátanos bien maduros

    _____

2. pelarlos

    _____

3. cortarlos a lo largo

    _____

4. freírlos en aceite

    _____

5. poner atención y no quemarlos

    _____

6. sacarlos cuando estén ligeramente dorados

    _____

H **Recomendaciones.** Éste es tu primer año en el equipo de básquetbol. ¿Qué recomendaciones te da tu entrenador?

MODELO   *mantenerse en forma*
               Mantente en forma.

1. _____ (Entrenarse) todos los días.

2. No _____ (faltar) a las prácticas.

3. No _____ (llegar) tarde a las prácticas.

4. _____ (Concentrarse) durante los partidos.

5. _____ (Hacer) las cosas lo mejor posible.

6. _____ (Salir) a la cancha dispuesto(a) a ganar.

7. No _____ (desanimarse) nunca.

Nombre _____

Fecha _____

I **Consejos.** ¿Qué consejos les dan los profesores a los alumnos para tener un buen rendimiento académico?

MODELO   *escoger un lugar tranquilo donde estudiar*
Escojan un lugar tranquilo donde estudiar.

1. hacer una lectura rápida del texto

_____

_____

2. leer el texto por lo menos dos veces

_____

_____

3. tomar notas

_____

_____

4. resumir brevemente la lección

_____

_____

5. organizarse en grupos de estudios de vez en cuando

_____

_____

Vocabulario activo

A continuación se encuentra el vocabulario activo de las secciones **Gente del Mundo 21** y **Del pasado al presente** de la Lección 2. En los espacios en blanco, añade otras palabras que hayas aprendido en esta lección, relacionadas con cada tópico y que crees que te serán útiles.

Gente del Mundo 21

abrazar	distiguido(a)
bicultural	elecciones
controversia	entrenarse
criollo(a)	fascinar
derecho	político(a)
dibujante	vihuela

Del pasado al presente

Capital del imperio español en América

bucanero	gótico(a)
cabildo	marítimo(a)
explotación	monumento
forzado(a)	pirata
fundado(a)	restos

La independencia

alternar _____

anexión _____

colaborador(a) _____

corrupto(a) _____

_____

_____

_____

_____

_____

dominar _____

proclamar _____

quedar _____

_____

_____

_____

_____

_____

La dictadura de Trujillo y *La realidad actual*

asesinato _____

catastrófico(a) _____

consolidación _____

estado caótico _____

_____

_____

_____

_____

exportación _____

importación _____

intervención _____

ocupación militar _____

_____

_____

_____

_____

J **Dominicanos de gran fama.** Indica cuál de las opciones completa correctamente las siguientes oraciones.

1. A los diez años de edad, Julia Álvarez, escritora dominicana de gran fama en EE.UU, se fue con su familia a vivir a...

   a. Puerto Rico
   b. Nueva York
   c. Miami

2. Joaquín Balaguer estudió ... en la Universidad de Santo Domingo.

   a. derecho
   b. importación y exportación
   c. programas de variedades

3. Teodora Gines fue la creadora del...

   a. son
   b. tango
   c. corrido

4. Antes de ser diseñador, Oscar de la Renta estudió...

   a. pintura
   b. música
   c. baile

5. Teodora Gines, madre de la música cubana, era de descendencia...

   a. inglesa
   b. africana
   c. asiática

K **Relación.** Indica qué palabra o frase de la segunda columna describe correctamente cada palabra de la primera.

_____ 1. asesinato   **a.** medieval

_____ 2. proclamar   **b.** turnar

_____ 3. cabildo   **c.** instrumento de cuerdas

_____ 4. vihuela   **d.** participación

_____ 5. marítimo   **e.** homicidio

_____ 6. gótico   **f.** gustar

_____ 7. criollo   **g.** ayuntamiento

_____ 8. intervención   **h.** mezcla de indígena con español

_____ 9. fascinar   **i.** oceánico

_____ 10. alternar   **j.** declarar

Composición: *informar*

L **El diario de Cristóbal Colón.** Imagina que tú eres el famoso almirante Cristóbal Colón y en el diario que escribes para la reina Isabel la Católica le informas que el 6 de diciembre de 1492 llegaste a una hermosa isla que los indígenas llaman Quisqueya, pero tú le has dado el nuevo nombre de La Española. En una hoja en blanco, dirige esta carta a la Reina y explícale brevemente lo sucedido ese día.

¡A escuchar!
Gente del Mundo 21

A   **Sila Calderón.** En una plaza de Puerto Rico, dos amigos hablan acerca de Sila Calderón, una mujer muy importante para la política de ese país. Escucha con atención y luego marca si cada oración que sigue es **cierta (C)**, **falsa (F)** o si no tiene relación con lo que escuchaste **(N/R).**

C   F   N/R   **1.** Sila Calderón es una mujer puertorriqueña que empezó a dedicarse a la política en 1990.

C   F   N/R   **2.** Sus programas se enfocan solamente en el progreso de las mujeres.

C   F   N/R   **3.** Sila Calderón viaja a Estados Unidos cada tres meses para discutir sus proyectos.

C   F   N/R   **4.** Uno de los principales problemas que quiere resolver son las actividades militares en la isla de Vieques.

C   F   N/R   **5.** Sila Calderón cree que las viviendas no son un problema para prestarle mucha atención.

Gramática en contexto: *entender opiniones expresadas*

B **El futuro de Puerto Rico.** Escucha lo que dice una señora puertorriqueña y luego indica si las afirmaciones que siguen reflejan (**Sí**) o no (**No**) la opinión de esta persona. Escucha una vez más para verificar tus respuestas.

Sí   No   **1.** Es bueno que Puerto Rico sea un Estado Libre Asociado.

Sí   No   **2.** Es necesario poder votar en las elecciones presidenciales de EE.UU.

Sí   No   **3.** No es importante que se mantengan la lengua y la herencia hispanas.

Sí   No   **4.** Puerto Rico necesita la ayuda del gobierno federal de EE.UU.

Sí   No   **5.** Las compañías norteamericanas son esenciales para la buena economía de la isla.

Sí   No   **6.** Es mejor pagarle impuestos federales a Puerto Rico.

C **¿Estado número 51?** Escucha la opinión de la persona que habla y luego indica si mencionó (**Sí**) o no (**No**) las afirmaciones que siguen. Escucha una vez más para verificar tus respuestas.

Sí   No   **1.** Los puertorriqueños y los norteamericanos deben tener los mismos derechos.

Sí   No   **2.** Los puertorriqueños necesitan aumentar su representación política en Washington.

Sí   No   **3.** Ninguna empresa norteamericana va a salir de Puerto Rico.

Sí   No   **4.** El desempleo puede aumentar.

Sí   No   **5.** No es bueno que Puerto Rico sea un Estado Libre Asociado.

Sí   No   **6.** Los puertorriqueños deben pagar impuestos federales.

Sí   No   **7.** En el futuro los puertorriqueños deberán hablar solamente inglés.

Pronunciación y ortografía

D **Guía para el uso de la letra c.** En la unidad anterior aprendiste que la **c** en combinación con la **e** y la **i** tiene el sonido **/s/**** y que frente a las vocales **a, o,** y **u** tiene el sonido **/k/**. Observa esta relación entre los sonidos de la letra **c** y el deletreo al escuchar a la narradora leer estas palabras.

/k/	**/s/**
catastró**fi**ca	**ce**der
constitución	**ci**viliza**ci**ón
cuentos	**ci**vil
electróni**co**	enrique**ce**rse
vo**ca**lista	exporta**ci**ón
gigantes**co**	recono**ci**do

Ahora, escucha a los narradores leer las siguientes palabras. Marca con un círculo el sonido que oyes en cada una.

1. /k/   /s/   6. /k/   /s/

2. /k/   /s/   7. /k/   /s/

3. /k/   /s/   8. /k/   /s/

4. /k/   /s/   9. /k/   /s/

5. /k/   /s/   10. /k/   /s/

E **Deletreo con la letra c.** Ahora, escucha a los narradores leer las siguientes palabras y escribe las letras que faltan en cada una.

1. e s __ __ n a r i o   6. __ __ ñ a

2. a s o __ __ a d o   7. p r e s e n __ __ a

3. __ __ l o n o   8. a __ __ l e r a d o

4. d e n o m i n a __ __ ó n   9. p e t r o q u í m i __ __

5. g i g a n t e s __ __   10. f a r m a __ __ u t i __ __

En España, la **c delante de la **e** o **i** tiene el sonido de la combinación *th* en inglés, como en la palabra *think*.

F **Dictado.** Escucha el siguiente dictado e intenta escribir lo más que puedas. El dictado se repetirá una vez más para que revises tu párrafo.

Estado Libre Asociado de EE.UU.

_____

_____

_____

_____

_____

_____

_____

_____

_____

_____

_____

_____

_____

_____

_____

_____

_____

_____

_____

_____

_____

_____

Nombre _____

Fecha _____

¡A escribir!

Gramática en contexto: *expresar opiniones*

 Vida de casados. Los estudiantes expresan su opinión acerca de lo que es importante para las personas casadas.

MODELO   *importante / entenderse bien*
           Es importante que se entiendan bien.

1. esencial / respetarse mutuamente

   _____

   _____

2. recomendable / ser francos

   _____

   _____

3. mejor / compartir las responsabilidades

   _____

   _____

4. necesario / tenerse confianza

   _____

   _____

5. preferible / ambos hacer las tareas domésticas

   _____

   _____

6. bueno / ambos poder realizar sus ambiciones profesionales

   _____

   _____

H **El béisbol en el Caribe.** Con los elementos dados, completa las siguientes oraciones acerca de la importancia del béisbol en el Caribe.

MODELO *sorprendente: el béisbol / ser el deporte favorito de los caribeños*

Es sorprendente que el béisbol sea el deporte favorito de los caribeños.

1. dudoso: muchos norteamericanos / saber lo importante que es el béisbol en el Caribe

_____

_____

_____

_____

_____

2. evidente: a los caribeños / gustarles mucho el béisbol

_____

_____

_____

_____

_____

3. curioso: haber tantos beisbolistas caribeños talentosos

_____

_____

_____

_____

4. fantástico: muchos jugadores profesionales de EE.UU. / venir del Caribe

_____

_____

_____

_____

5. cierto: muchos jugadores caribeños / triunfar en las grandes ligas

_____
_____
_____
_____
_____

6. increíble: los equipos de las grandes ligas / mantener academias de béisbol en la República Dominicana

_____
_____
_____
_____
_____

7. natural: muchos jugadores caribeños / preferir jugar en EE.UU.

_____
_____
_____
_____
_____

I **Reacciones.** Indica tu reacción cuando te comunican estas noticias sobre tus amigos.

Vocabulario útil

es bueno	es triste	estoy contento de que
es lamentable	es sorprendente	lamento que
es malo	es una lástima	me alegra que

MODELO *Manolo es miembro del Club de Español.*
Me alegro que Manolo sea miembro del Club de Español.

1. Enrique busca trabajo.

   _____

   _____

2. Gabriela está enferma.

   _____

   _____

3. Javier recibe malas notas.

   _____

   _____

4. Yolanda trabaja como voluntaria en el hospital.

   _____

   _____

5. Lorena no participa en actividades extracurriculares.

   _____

   _____

6. Gonzalo no dedica muchas horas al estudio.

   _____

   _____

7. A Carmela le interesa la música caribeña.

   _____

   _____

J **Explicación posible.** Algunos de tus amigos hacen cosas que normalmente no hacen. ¿Puedes dar alguna posible explicación en cada caso?

MODELO *Aníbal no está en clase hoy.*
Es posible (probable) que esté enfermo.

1. Sonia se duerme en clases.

_____

_____

2. Wilfredo saca malas notas.

_____

_____

3. Óscar no va al trabajo.

_____

_____

4. Vicky llega tarde a clase.

_____

_____

5. Enrique no presta atención en las clases de física.

_____

_____

6. Irene no contesta los mensajes telefónicos.

_____

_____

Vocabulario activo

A continuación se encuentra el vocabulario activo de las secciones **Gente del Mundo 21** y **Del pasado al presente** de la Lección 3. En los espacios en blanco, añade otras palabras que hayas aprendido en esta lección, relacionadas con cada tópico y que crees que te serán útiles.

Gente del Mundo 21

alcaldesa	gubernamental
bateador	pelotero
dirigir	reunir
especializarse	supervisar
fama	

Del pasado al presente

La colonia española y *Los taínos y los esclavos africanos*

bastión militar	fortaleza
Borinquen	fortificado(a)
colono(a)	gigantesco(a)
convertir	invertir
denominación	muralla
despoblar	posesión
estratégico(a)	tomar por asalto
exterminar	

La Guerra Hispano-estadounidense de 1898 y *La caña de azúcar*

autonomía _____	ortogar _____
caña de azúcar _____	permanecer _____
depresión _____	presencia _____
fuerza laboral _____	resistencia _____
intacto(a) _____	_____
_____	_____
_____	_____
_____	_____

Estado Libre Asociado de EE.UU. y *La industrialización de la isla*

acelerado(a) _____	territorio _____
congreso federal _____	promotor(a) _____
constitución _____	petroquímico(a) _____
electrónico(a) _____	proceso _____
farmacéutico(a) _____	textil _____
garantizar _____	_____
_____	_____

K **Lógica.** En cada grupo de palabras, subraya la palabra que no esté relacionada con el resto.

1. fortaleza   denominación   bastión   fortificado

2. autonomía   muralla   Estado Libre Asociado   sociedad contemporánea

3. permanecer   convertir   transformar   invertir

4. pelotero   bateador   fútbol   jonrón

5. exterminar   despoblar   tomar por asalto   presencia

L **Relación.** Indica qué palabra o frase de la segunda columna está relacionada con cada palabra de la primera.

_____ 1. invertir   **a.** nombre

_____ 2. promotor   **b.** Puerto Rico

_____ 3. territorio   **c.** castillo

_____ 4. fama   **d.** relacionado con drogas

_____ 5. denominación   **e.** lugar

_____ 6. muralla   **f.** cambiar

_____ 7. fortaleza   **g.** popularidad

_____ 8. permanecer   **h.** que lleva a cabo

_____ 9. Borinquen   **i.** continuar

_____ 10. farmacéutico   **j.** pared

Composición: *argumentos*

M **Tres alternativas.** En una hoja en blanco, escribe una composición en la que das los argumentos a favor y en contra de cada una de las tres alternativas que tiene Puerto Rico para su futuro político: 1) continuar como Estado Libre Asociado de EE.UU., 2) convertirse en otro estado de EE.UU. o 3) lograr la independencia.

¡A escuchar!

Gente del Mundo 21

A **Arzobispo asesinado.** Escucha con atención lo que dice la madre de un estudiante "desaparecido", en un acto en homenaje al arzobispo asesinado de San Salvador. Luego marca si cada oración que sigue es **cierta (C)**, **falsa (F)** o si no tiene relación con lo que escuchaste **(N/R)**.

C F N/R **1.** La oradora habla en un acto para conmemorar otro aniversario del nacimiento de monseñor Óscar Arnulfo Romero.

C F N/R **2.** Monseñor Romero fue arzobispo de San Salvador durante tres años.

C F N/R **3.** Durante ese tiempo, monseñor Romero decidió quedarse callado y no criticar al gobierno.

C F N/R **4.** Monseñor Romero escribió un libro muy importante sobre la teología de la liberación.

C F N/R **5.** Fue asesinado cuando salía de su casa, el 24 de marzo de 1990.

C F N/R **6.** Al final del acto la madre del estudiante "desaparecido" le pide al público un minuto de silencio en memoria de monseñor Romero.

Gramática en contexto: *narración descriptiva*

B **Farabundo Martí.** Escucha el siguiente texto acerca de Farabundo Martí y el movimiento revolucionario que lleva su nombre. Luego selecciona la opción correcta para completar las oraciones que aparecen a continuación. Escucha una vez más para verificar tus respuestas.

1. La abreviación del movimiento Frente Farabundo Martí para la Liberación Nacional es...

   a. FFMLN

   b. FLN

   c. FMLN

2. En 1992, el presidente de El Salvador era...

   a. un miembro del Frente Farabundo Martí para la Liberación Nacional

   b. Alfredo Cristiani

   c. José Napoleón Duarte

3. En la guerra civil que terminó en 1992 el número de muertos llegó a...

   a. ochenta mil

   b. ciento ochenta mil

   c. ochocientos ochenta mil

4. Farabundo Martí era un revolucionario salvadoreño que...

   a. fundó el Partido Comunista

   b. luchó contra los comunistas

   c. creó el Frente Farabundo Martí para la Liberación Nacional

5. Farabundo Martí murió en...

   a. 1992

   b. 1952

   c. 1932

C **Pequeña empresa.** Escucha lo que dice el gerente acerca de su empresa y luego determina si las afirmaciones que siguen coinciden (**Sí**) o no (**No**) con la información del texto. Escucha una vez más para verificar tus respuestas.

Sí **No** 1. En la empresa hay cincuenta empleados.

Sí **No** 2. Hay una sola secretaria que habla español.

Sí   No   3. Buscan secretarias bilingües.

Sí   No   4. El jefe de ventas es dinámico.

Sí   No   5. No les gusta la recepcionista que tienen.

Sí   No   6. Buscan una recepcionista que se entienda bien con la gente.

Pronunciación y ortografía

D **Guía para el uso de la letra z.** La **z** tiene sólo un sonido /s/*, que es idéntico al sonido de la **s** y al de la **c** en las combinaciones **ce** y **ci**. Observa el deletreo de este sonido al escuchar a la narradora leer las siguientes palabras.

/s/	/s/	/s/
zapote	centro	saltar
zacate	cerámica	asesinado
zona	ciclo	sociedad
arzobispo	proceso	subdesarrollo
izquierdista	violencia	trasladarse
diez	apreciado	disuelto

Ahora, escucha a los narradores leer las siguientes palabras y escribe las letras que faltan en cada una.

1. ___ ___ r r o

2. v e n g a n ___ ___

3. f o r t a l e ___ ___

4. a ___ ___ c a r

5. f u e r ___ ___

6. g a r a n t i ___ ___ r

7. l a n ___ ___ d o r

8. f o r ___ ___ d o

9. m ___ ___ c l a r

10. n a c i o n a l i ___ ___ r

*En España, la **z** tiene el sonido de la combinación *th* en inglés.

Deletreo con la letra z. La **z** siempre se escribe en cierto sufijos, patronímicos y terminaciones.

- Con el sufijo **-azo** (indicando una acción realizada con un objeto determinado)

  latig**azo**   puñet**azo**   botell**azo**   manot**azo**

- Con los patronímicos (apellidos derivados de nombres propios españoles) **-az, -ez, -iz, -oz, -uz**

  Alcar**az**   Domíngu**ez**   Ru**iz**   Muñ**oz**

- Con las terminaciones **-ez, -eza** de sustantivos abstractos

  timid**ez**   honrad**ez**   nobl**eza**   trist**eza**

Ahora, escucha a los narradores leer las siguientes palabras y escribe las letras que faltan en cada una.

1. g o l p ___ ___ ___

2. e s c a s ___ ___

3. Á l v a r ___ ___

4. G o n z á l ___ ___

5. g o l ___ ___ ___

6. p e r ___ ___ ___

7. g a r r o t ___ ___ ___

8. L ó p ___ ___

9. e s p a d ___ ___ ___

10. r i g i d ___ ___

F **Dictado.** Escucha el siguiente dictado e intenta escribir lo más que puedas. El dictado se repetirá una segunda vez para que revises tu párrafo.

El proceso de la paz

_____

_____

_____

_____

_____

_____

_____

_____

_____

_____

_____

_____

_____

_____

_____

_____

_____

_____

_____

¡A escribir!

Gramática en contexto: *descripción*

G **Explicaciones.** Una estudiante nueva de El Salvador llegó a tu escuela. Ahora ella está contando algo sobre los lugares, la gente y la cultura de su país. Para saber qué dice, completa cada oración con el **pronombre relativo** apropiado.

1. Sonsonate es una pintoresca ciudad _____ ocupa el centro de la zona ganadera del país.

2. El Pital es una montaña _____ se eleva a casi tres mil metros de altura; es el punto más alto del país.

3. Las pupuserías son lugares en _____ puedes comer pupusas.

4. Las pupusas son tortillas de harina de maíz _____ se rellenan con carne o queso.

5. Los pipiles son indígenas _____ antepasados vivían en el país desde antes de la época de los españoles.

6. Manlio Argueta es un escritor salvadoreño _____ ha escrito muchas novelas importantes.

7. Óscar Arnulfo Romero fue un arzobispo a _____ asesinaron en 1980.

H **Juguetes.** Tu sobrino te muestra los diferentes juguetes que tiene. Para saber lo que dice, combina las dos oraciones en una sola usando un **pronombre relativo** apropiado.

MODELO *Éste es el tractor. Llevo este tractor al patio todas las tardes.*
Éste es el tractor que llevo al patio todas las tardes.

1. Éstos son los soldaditos de plomo. Mi tío Rubén me compró estos soldaditos en México.

_____

_____

_____

_____

2. Éste es el balón. Uso este balón para jugar al básquetbol.

_____

_____

_____

3. Éstos son los títeres. Juego a menudo con estos títeres.

_____

_____

_____

4. Éste es un coche eléctrico. Mi papá me regaló este coche el año pasado.

_____

_____

_____

5. Éstos son los jefes del ejército. Mis soldaditos de plomo desfilan delante de estos jefes.

_____

_____

_____

I **Profesiones ideales.** Los estudiantes hablan del tipo de profesión que preferirían seguir.

MODELO   *Espero tener una profesión en la que se*
_____ *(usar) las lenguas extranjeras.*
Espero tener una profesión en la que se usen las lenguas extranjeras.

1. Quiero tener una profesión que me _____ (permitir)

viajar.

2. Deseo una profesión en la que no _____ (haber) que

calcular números.

3. Voy a elegir una profesión en la cual se _____ (ganar)

mucho dinero.

4. Me gustaría seguir una profesión que _____ (requerir)

contacto con la gente.

5. Quiero tener un trabajo en el que yo _____ (poder)

usar mi talento artístico.

J **Fiesta de disfraces.** Tú y tus amigos hablan de una fiesta de disfraces que va a tener lugar el 31 de octubre. Para saber qué disfraces piensa llevar cada uno, completa las siguientes oraciones con el **presente de indicativo** o **de subjuntivo**, según convenga.

1. Quiero un disfraz que _____ (ser) divertido.

2. Pues, yo tengo un disfraz que _____ (ser) muy

divertido.

3. Yo voy a llevar una máscara con la cual nadie me

_____ (ir) a reconocer.

4. Necesito un disfraz que le _____ (dar) miedo a la gente.

5. Quiero un traje que no _____ (parecer) muy ridículo.

6. Busco un disfraz que _____ (tener) originalidad.

Vocabulario activo

A continuación se encuentra el vocabulario activo de las secciones **Gente del Mundo 21** y **Del pasado al presente** de la Lección 1. En los espacios en blanco, añade otras palabras que hayas aprendido en esta lección, relacionadas con cada tópico y que crees que te serán útiles.

Gente del Mundo 21

arzobispo _____

asesinado(a) _____

distinguido(a) _____

_____

fraudulento(a) _____

infantil _____

_____

_____

Del pasado al presente

El Salvador

subdesarrollo _____

temblor de tierra _____

_____

violencia _____

volcán _____

_____

Los primeros habitantes y La colonia

apreciado(a) _____

cacao _____

_____

incorporado(a) _____

obligar _____

_____

La independencia y La república salvadoreña

derechista   ejecutado(a)

disuelto(a)   floreciente

izquierdista   ruptura

paz   trasladarse

La guerra civil

incrementar _____

terremoto _____

K **Definiciones.** Indica qué palabra se asocia con la primera palabra de cada lista.

1. **ejecutado:**   fraudulento   asesinado   apreciado

2. **incorporado:**   incrementar   distinguido   asociado

3. **obligar:**   exigir   paz   niñez

4. **floreciente:**   terremoto   brillante   temblor

5. **disuelto:**   subdesarrollado   disperso   floreciente

L **Relación.** Indica qué palabra o frase de la segunda columna está relacionada con cada palabra de la primera.

_____	1. arzobispo	**a.** montaña
_____	2. derechista	**b.** viajar
_____	3. izquierdista	**c.** separación
_____	4. terremoto	**d.** colgado
_____	5. volcán	**e.** tradicionalista
_____	6. asesinado	**f.** patriarca de la Iglesia
_____	7. ruptura	**g.** radical
_____	8. trasladarse	**h.** deshecho
_____	9. ejecutado	**i.** víctima
_____	10. disuelto	**j.** temblor de tierra

Composición: *opiniones personales*

M **Editorial.** Imagina que trabajas para un diario salvadoreño y tu jefe te ha pedido que escribas un breve editorial sobre el próximo aniversario de la muerte de monseñor Óscar Arnulfo Romero. En una hoja en blanco, desarrolla por lo menos tres puntos sobre los que quieres que reflexionen tus lectores.

¡A escuchar!

Gente del Mundo 21

 A **Lempira.** Escucha con atención lo que dicen dos estudiantes y luego marca si cada oración que sigue es **cierta (C)**, **falsa (F)** o si no tiene relación con lo que escuchaste **(N/R)**.

C   F   N/R   **1.** La moneda nacional de Honduras se llama colón.

C   F   N/R   **2.** El lempira tiene el mismo valor monetario que el dólar.

C   F   N/R   **3.** Lempira fue el nombre que le dieron los indígenas a un conquistador español.

C   F   N/R   **4.** Lempira significa "señor de las sierras".

C   F   N/R   **5.** Lempira organizó la lucha de los indígenas contra los españoles en el siglo XIX.

C   F   N/R   **6.** Según la leyenda, Lempira murió asesinado por un soldado español cuando negociaba la paz.

Gramática en contexto: *narración descriptiva*

B **La Ceiba.** Escucha lo que te dice un amigo hondureño acerca de una ciudad caribeña de Honduras que vas a visitar en estas vacaciones. Luego indica si la información que sigue es mencionada (**Sí**) o no (**No**) por tu amigo. Escucha una vez más para verificar tus respuestas.

Sí   No   1. La Ceiba es la capital del Departamento de Atlántida.

Sí   No   2. La Ceiba es un puerto que hoy en día no tiene la importancia que tuvo en el pasado.

Sí   No   3. Las islas de la Bahía son solamente dos islas.

Sí   No   4. En la plaza principal se ven cocodrilos.

Sí   No   5. En la plaza principal hay una estatua del cacique Lempira.

Sí   No   6. San Isidro es un pueblito cerca de La Ceiba.

Sí   No   7. El festival de San Isidro tiene lugar en el mes de mayo.

Sí   No   8. La gente baila durante el festival.

C **León.** Escucha el siguiente texto acerca de la ciudad de León y luego selecciona la opción correcta para completar las oraciones que aparecen a continuación. Escucha una vez más para verificar tus respuestas.

1. León es una ciudad...

   a. salvadoreña

   b. hondureña

   c. nicaragüense

2. León se caracteriza por ser una ciudad...

   a. capital

   b. colonial

   c. ultramoderna

3. En León se pueden ver...

   a. techos de color rojo

   b. amplias avenidas

   c. edificios muy modernos

4. El poeta Rubén Darío murió en León en...

   a. 1816

   b. 1906

   c. 1916

5. El Museo-Archivo Rubén Darío contiene...

    a. posesiones personales del poeta

    b. la más completa biblioteca sobre la obra del poeta

    c. una colección de todas las cartas escritas por el poeta

Pronunciación y ortografía

D   **Guía para el uso de la letra s.** En lecciones previas aprendiste que la **s** tiene sólo un sonido **/s/**, que es idéntico al sonido de la **z** y al de la letra **c** en las combinaciones **ce** y **ci**. Observa el deletreo de este sonido cuando la narradora lea las siguientes palabras.

/s/	/s/	/s/
desafío	zambo	**ce**nso
sentimiento	zacate	des**ce**ndiente
sindicato	zona	**ci**lantro
colapso	mestizo	**ci**neasta
superar	raza	ve**ci**no
musulmán	actriz	con**cie**ncia

Ahora escribe las letras que faltan mientras escuchas a los narradores leer las siguientes palabras.

1. a __ __ m i r

2. a c u __ __ r

3. v i c t o r i o __ __

4. __ __ g l o

5. __ __ n d i n i s t a

6. a b u __ __

7. __ __ r i e

8. a __ __ l t o

9. d e p r e __ __ ó n

10. __ __ c i e d a d

Deletreo con la letra s. Las siguientes terminaciones se escriben siempre con la **s**.

- Las terminaciones **-sivo** y **-siva**

  deci**sivo**   pa**sivo**   expre**siva**   defen**siva**

- La terminación **-sión** añadida a sustantivos que se derivan de adjetivos que terminan en **-so, -sor, -sible, -sivo**

  confe**sión**   transmi**sión**   compren**sión**   vi**sión**

- Las terminaciones **-és** y **-ense** para indicar nacionalidad o localidad

  holand**és**   leon**és**   costarric**ense**   chihuahu**ense**

- Las terminaciones **-oso** y **-osa**

  contagi**oso**   graci**osa**   estudi**oso**   bondad**osa**

- La terminación **-ismo**

  capital**ismo**   comun**ismo**   islam**ismo**   barbar**ismo**

- La terminación **-ista**

  guitarr**ista**   art**ista**   dent**ista**   futbol**ista**

Ahora, escucha a los narradores leer las siguientes palabras y escribe las letras que faltan en cada una.

1. p i a n ___ ___ ___ ___
2. c o r d o b ___ ___
3. e x p l o ___ ___ ___ ___
4. p e r e z ___ ___ ___
5. p a r i s i ___ ___ ___ ___
6. g a s e ___ ___ ___
7. l e n i n ___ ___ ___ ___
8. c o n f u ___ ___ ___ ___
9. p o s e ___ ___ ___ ___
10. p e r i o d ___ ___ ___ ___

F **Dictado.** Escucha el siguiente dictado e intenta escribir lo más que puedas. El dictado se repetirá una vez más para que revises tu párrafo.

La independencia de Honduras

_____

_____

_____

_____

_____

_____

_____

_____

_____

_____

_____

_____

_____

_____

_____

_____

_____

_____

_____

_____

¡A escribir!

Gramática en contexto: *expresar condiciones, opiniones y esperanzas*

G **Interesado.** Tu sobrino es un muchachito muy interesado. Para descubrir bajo qué condiciones él hace lo que tú le pides, forma oraciones con los elementos dados.

MODELO *no hacerte la cama / a menos que / comprarme (tú) chocolates*
No te hago la cama a menos que tú me compres chocolates.

1. no lavarte el coche / a menos que / darme (tú) cinco dólares

    _____

    _____

    _____

2. comprarte el periódico / con tal que / poder (yo) comprarme un helado

    _____

    _____

    _____

3. no llevarte la ropa a la tintorería / a menos que / llevarme (tú) al cine

    _____

    _____

    _____

4. darte los mensajes telefónicos / con tal que / traerme (tú) chocolates

    _____

    _____

    _____

5. echarte las cartas al correo / con tal que / llevarme (tú) a los juegos de video

    _____

    _____

    _____

Nombre _____

Fecha _____

H **Reformas.** Los estudiantes expresan opiniones acerca de por qué una reforma agraria que redistribuyera la tierra podría ser útil en muchos países centroamericanos. Completa las oraciones con la forma apropiada del **presente de indicativo** o **de subjuntivo** de los verbos entre paréntesis para saber sus opiniones.

1. Muchos quieren una reforma agraria para que los campesinos

   _____ (ser) dueños de la tierra que trabajan.

2. Se necesita una reforma agraria porque la tierra

   _____ (estar) en manos de unos pocos.

3. Es necesaria una reforma agraria con el fin de que muchas fincas

   pequeñas _____ (conseguir) más tierras.

4. La gente quiere una reforma agraria sin que _____

   (sufrir) la producción agrícola.

5. Desean una reforma agraria puesto que _____

   (ayudar) a disminuir el desempleo.

I **Entrevista.** Tú y tus amigos hablan de una entrevista de trabajo que tendrán en el curso de la semana. Completa las oraciones con la forma apropiada del **presente de indicativo** o **de subjuntivo** de los verbos entre paréntesis para saber las opiniones y esperanzas expresadas.

1. Creo que me va a ir bien a menos que me _____

   (poner) muy nervioso.

2. A mí me es difícil responder en las entrevistas sin que el entrevistador

   me _____ (permitir) suficiente tiempo para pensar.

3. Espero hacer un buen papel porque no _____ (tener)

   experiencia previa en entrevistas de trabajo.

4. Ojalá al entrevistador le gusten mis respuestas para que me

   _____ (ofrecer) el trabajo.

5. Puesto que ésta _____ (ser) mi primera entrevista,

   la considero como una oportunidad para aprender.

Copyright © McDougal Littell, Inc.

Vocabulario activo

A continuación se encuentra el vocabulario activo de las secciones **Gente del Mundo 21** y **Del pasado al presente** de la Lección 2. En los espacios en blanco, añade otras palabras que hayas aprendido en esta lección, relacionadas con cada tópico y que crees que te serán útiles.

Gente del Mundo 21

cacique _____

disparar _____

encabezar _____

integrada _____

junta _____

ministra _____

moneda _____

tragedia _____

triunfar _____

tumultuosa _____

_____

_____

_____

_____

_____

_____

Del pasado al presente

Honduras: Los orígenes y La independencia

canoa _____

independizarse _____

restaurar _____

rivalizar _____

_____

_____

_____

_____

_____

_____

Siglo XX

beneficiar _____

desgraciadamente _____

ganadero(a) _____

riqueza comercial _____

_____

_____

_____

_____

_____

_____

Nicaragua: Los orígenes, La colonia y La independencia

abuso _____

aniquilado(a) _____

aventurero(a) _____

_____

_____

_____

_____

mulato(a) _____

zambo(a) _____

_____

_____

_____

_____

_____

La intervención estadounidense y los Somoza y Revolución Sandinista

deponer _____

destrozar _____

propiedad _____

proteger _____

_____

_____

_____

renuncia _____

retirar _____

unir _____

victorioso(a) _____

_____

_____

_____

Proceso de reconciliación

acusar _____

deteriorar _____

_____

_____

_____

_____

gravemente _____

_____

_____

_____

_____

_____

J **Relación.** Indica qué palabra se asocia con la primera palabra de cada lista.

1. **victorioso:**   aventurero   triunfar   proteger
2. **encabezar:**   dirigir   seguir   escribir
3. **rivalizar:**   renuncia   restaurar   pelear
4. **deponer:**   retirar   renunciar   disparar
5. **junta:**   ganadero   moneda   comité

K **Desarrollo y armonía.** Encuentra las siguientes palabras en la sopa de letras que figura más abajo y táchalas. Ten en cuenta que las palabras pueden aparecer en forma horizontal o vertical y pueden cruzarse con otras. Luego, para encontrar la respuesta a la pregunta que sigue, pon en los espacios en blanco las letras que no tachaste, empezando de izquierda a derecha y de arriba hacia abajo.

ABUSO   ACUSAR   CACIQUE   RESTAURAR   UNIR
HONDURAS   MONEDA   MULATO   RETIRAR   ZAMBO
NICARAGUA   OBLIGAR   PAZ   TERREMOTO

DESARROLLO Y ARMONÍA

U	C	M	O	N	E	D	A	T
N	C	A	C	I	Q	U	E	E
I	N	M	A	C	U	S	A	R
R	E	S	T	A	U	R	A	R
R	E	T	I	R	A	R	A	E
C	M	U	L	A	T	O	B	M
O	B	L	I	G	A	R	U	O
H	O	N	D	U	R	A	S	T
P	A	Z	Z	A	M	B	O	O

¿Qué es esencial para garantizar la paz en Honduras y en Nicaragua?

L A   E S T A B I L I D A D

E _ O _ Ó _ I _ A

Composición: *descripción*

L **Mi fruta favorita.** En una hoja en blanco, escribe una breve composición sobre tu fruta favorita. Consulta una enciclopedia para identificar de qué región del mundo es originaria esa fruta y describe sus características principales. ¿Qué es lo que más te gusta de ella? ¿Por qué a algunas personas no les gusta?

¡A escuchar!

Gente del Mundo 21

A

Político costarricense. Escucha con atención lo que les pregunta un maestro de historia a sus estudiantes de una escuela secundaria de San José de Costa Rica. Luego marca si cada oración que sigue es **cierta (C)**, **falsa (F)** o si no tiene relación con lo que escuchaste **(N/R)**.

C F N/R **1.** Óscar Arias Sánchez era presidente de Costa Rica cuando recibió el Premio Nóbel de la Paz

C F N/R **2.** Óscar Arias Sánchez recibió un doctorado honorario de la Universidad de Harvard en el año 1993.

C F N/R **3.** Óscar Arias Sánchez recibió el premio Nóbel de la Paz en 1990.

C F N/R **4.** Recibió este premio por su participación en negociaciones por la paz en Centroamérica.

C F N/R **5.** Estas negociaciones llevaron a un acuerdo de paz que los países de la región firmaron en Washington, D.C.

Gramática en contexto: *narración descriptiva*

B **Costa Rica.** Escucha el siguiente texto acerca de Costa Rica y luego selecciona la opción correcta para completar las oraciones que aparecen a continuación. Escucha una vez más para verificar tus respuestas.

1. Costa Rica, sin ser un país rico, tiene...

    a. el mayor índice de analfabetismo de la zona
    b. el mayor ingreso nacional *per cápita* de la zona
    c. el mayor índice de exportaciones de la zona

2. En Costa Rica se eliminó el ejército...

    a. en 1949
    b. en 1989
    c. hace cien años

3. El dinero designado antes al ejército se designó luego a...

    a. la agricultura
    b. la educación
    c. la creación de una guardia civil

4. En la historia de Costa Rica predominan...

    a. los gobiernos monárquicos
    b. los gobiernos dictatoriales
    c. los gobiernos democráticos

5. En 1989 Costa Rica celebró...

    a. cien años de democracia
    b. cuarenta años sin ejército
    c. cien años de su independencia de España

C **Tareas domésticas.** A continuación, escucharás a Alfredo decir cuándo va a hacer las tareas domésticas que le han pedido que haga. Escribe la letra del dibujo que corresponde a cada oración que escuchas. Escucha una vez más para verificar tus respuestas.

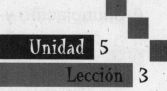

1. _____

2. _____

3. _____

4. _____

5. _____

Pronunciación y ortografía

D **Guía para el uso de la letra _x_.** La **x** representa varios sonidos según el lugar de la palabra en el cual ocurre. Normalmente representa el sonido /**ks**/ como en **exigir**. Frente a ciertas consonantes se pierde la /**k**/ y se pronuncia simplemente /**s**/ (aspirada) como en **explorar**. En otras palabras se pronuncia como la **j**. Es el sonido fricativo /**x**/ como en **México** o **Oaxaca**. Observa el deletreo de este sonido al escuchar a la narradora leer las siguientes palabras.

/ks/	/s/	/x/
exilio	explosión	Texas
existencia	experiencia	mexicana
éxodo	exterminar	oaxaqueño
máximo	exclusivo	Mexicali
anexión	pretexto	texano
saxofón	excavación	Xavier

Ahora indica si las palabras que dicen los narradores tienen el sonido /**ks**/ o /**s**/.

1. /ks/   /s/

2. /ks/   /s/

3. /ks/   /s/

4. /ks/   /s/

5. /ks/   /s/

6. /ks/   /s/

7. /ks/   /s/

8. /ks/   /s/

9. /ks/   /s/

10. /ks/   /s/

E **Deletreo con la letra _x_.** La **x** siempre se escribe en ciertos prefijos y terminaciones.

- Con el prefijo **ex-**

  exponer   **ex**presiva   **ex**ceso   **ex**presión

- Con el prefijo **extra-**

  extraordinario   **extra**terrestre   **extra**legal   **extra**sensible

- Con la terminación **-xión** en palabras derivadas de sustantivos o adjetivos terminados en **-je**, **-jo** o **-xo**

  refle**xión** (de refle**jo**)   cone**xión** (de cone**xo**)

  comple**xión** (de comple**jo**)   ane**xión** (de ane**xo**)

Ahora, escucha a los narradores leer las siguientes palabras y escribe las letras que faltan en cada una.

1. ___ ___ p u l s a r

2. ___ ___ a g e r a r

3. ___ ___ p l o s i ó n

4. c r u c i f i ___ ___ ___ ___

5. ___ ___ ___ ___ ___ ñ o

6. r e f l ___ ___ i ó n

7. ___ ___ a m i n a r

8. ___ ___ ___ ___ ___ n j e r o

9. ___ ___ t e r i o r

10. ___ ___ i l i a d o

Copyright © McDougal Littell, Inc.

F

Dictado. Escucha el siguiente dictado e intenta escribir lo más que
puedas. El dictado se repetirá una vez más para que revises tu párrafo.

Costa Rica: país ecologista

_____

_____

_____

_____

_____

_____

_____

_____

_____

_____

_____

_____

_____

_____

_____

_____

_____

_____

_____

_____

_____

¡A escribir!

Gramática en contexto: *expresar opiniones y hablar del pasado*

G **¿Cuándo es mejor casarse?** La profesora Sepúlveda le preguntó a su clase cuándo es el mejor momento para que una pareja se case. Completa las respuestas que dieron.

MODELO *obtener un buen trabajo*
Cuando obtengan un buen trabajo.

1. Cuando _____ (terminar) la escuela secundaria.

2. Cuando _____ (graduarse) de la universidad.

3. Cuando _____ (tener) por lo menos veinticinco años.

4. Cuando _____ (estar) seguros de que están enamorados.

5. Cuando _____ (sentir) que pueden afrontar las responsabilidades.

H **Paseo matutino.** Completa la siguiente narración para saber qué hicieron dos turistas al día siguiente de llegar a San José, Costa Rica. Usa el **pretérito** o **el imperfecto de indicativo**, según convenga.

Ayer tuvimos una mañana llena de actividades. Cuando

_____ (1. salir) del hotel a media mañana nos fuimos a

pasear por el centro de San José. Tan pronto como nos

_____ (2. ver) en medio de los vehículos nos dimos cuenta

de que la contaminación del aire es un asunto serio en esta capital

centroamericana. Mientras _____ (3. caminar),

sentíamos que nos comenzaba a doler un poco la cabeza.

Cuando _____ (4. alcanzar) el Parque Central, decidimos

entrar en la catedral. En cuanto _____ (5. salir) de la

catedral, nos encaminamos hacia la Plaza de la Cultura.

Cuando _____ (6. llegar) allí, vimos el Museo de Oro,

entramos y pasamos una hora muy entretenidos.

I **Alternativas.** Como repetiste demasiado la palabra **pero** en un ensayo que escribiste sobre Costa Rica, tu profesora te pide que escribas de nuevo las siguientes oraciones, esta vez usando la palabra **aunque.**

MODELO *Costa Rica es un país pequeño, pero es grande en progreso social.*
Aunque Costa Rica es un país pequeño, es grande en progreso social.

1. Costa Rica sufre deforestación, pero existe también un programa deconservación de los recursos naturales.

_____

_____

_____

2. Costa Rica es más grande que El Salvador, pero tiene menos habitantes.

_____

_____

_____

3. Costa Rica no tiene ejército, pero tiene una guardia civil.

_____

_____

_____

4. La pequeña población indígena costarricense goza de medidas de protección del gobierno, pero no vive en condiciones de vida muy buenas.

_____

_____

_____

5. Costa Rica posee vastos depósitos de bauxita, pero no han sido
explotados.

_____

_____

_____

_____

6. Los parques nacionales son una gran atracción turística, pero muchos
están localizados en lugares remotos.

_____

_____

_____

_____

 J   **Mañana ocupada.** El sábado que viene, Fernando tendrá una mañana
muy ocupada. Para saber qué debe hacer, completa los verbos que
aparecen entre paréntesis con el **presente de indicativo** o **de
subjuntivo**, según convenga.

El próximo sábado, en cuanto _____ (1. levantarse), debo

llevar a mi hermano al aeropuerto. Cuando _____

(2. regresar), apenas voy a tener tiempo de tomar un desayuno rápido.

Siempre me pongo de mal humor cuando no _____

(3. tomar) un buen desayuno. Tan pronto como _____

(4. terminar) de desayunar, voy a llevar a mi hermanita a su partido de

fútbol. Mientras ella _____ (5. jugar) al fútbol,

generalmente aprovecho para hacer compras. Cuando

_____ (6. completar) las compras, va a ser la hora de

pasar a recoger a mi hermanita. Cuando _____ (7. llegar)

a casa, debo comenzar a pintar mi habitación. En días como éstos, estoy

contentísimo cuando _____ (8. llegar) la noche.

Vocabulario activo

A continuación se encuentra el vocabulario activo de las secciones **Gente del Mundo 21** y **Del pasado al presente** de la Lección 3. En los espacios en blanco, añade otras palabras que hayas aprendido en esta lección, relacionadas con cada tópico y que crees que te serán útiles.

Gente del Mundo 21

acomodado(a)

afortunado(a)

comisión

cumplir

derechos humanos

designado

miembro

negociación

puesto

relevante

réplica

Del pasado al presente

Costa Rica: Los orígenes y *La independencia*

abundancia

aumentar

desigualdad

enterrado(a)

erupción

explotar

meseta

plantación bananera

subsistencia

Siglo XX

anular _____   marginación _____

autoritario(a) _____   monopolio _____

beneficioso(a) _____   presupuesto _____

_____   _____

_____   _____

_____   _____

_____   _____

_____   _____

_____   _____

_____   _____

_____   _____

K **Costa Rica.** Pon las letras en orden para formar algunas palabras que aprendiste en esta lección. Luego usa las letras en los cuadros oscuros para formar la palabra que contesta la pregunta final.

1. **M U A E T R A N**

   □ □ □ ■ □ ■ □ □

2. **R O T E R A N D E**

   □ □ □ □ □ □ ■ ■ □

3. **L O X P E R A T**

   □ □ □ ■ □ □ □

4. **E B O N I F I S O C E**

   ■ □ □ □ □ ■ □ ■ □ □ ■ □

5. **N O N A R I G I M A C**

   □ □ ■ □ □ □ □ □ □ □ □

6. **A C N N B A U D A I**

   □ □ □ □ ■ □ □ □ □ □

7. **¿Qué tiene Costa Rica que ha faltado en el resto de Centroamérica?**

   □ □ □ □ □ □ □ □ □ □ □ □

L **Lógica.** En cada grupo de palabras, subraya la palabra que no esté relacionada con el resto.

1. comisión   miembro   puesto   meseta

2. negociación   acuerdo   pacto   plantación

3. desigualdad   enterrado   marginación   diferencia

4. autoritario   líder   dictador   acomodado

5. presupuesto   explosión   erupción   explotar

Composición: *argumentos y propuestas*

M **Proteger las últimas selvas tropicales.** En una hoja en blanco, escribe una composición en la que das los argumentos a favor de la protección de las últimas selvas tropicales que todavía quedan en el mundo. ¿Qué beneficios traería a la humanidad? ¿Qué podemos hacer para proteger estas regiones?

¡A escuchar!

Gente del Mundo 21

A **Premio Nóbel de Literatura.** Escucha lo que un profesor de literatura latinoamericana les pregunta a sus alumnos sobre uno de los escritores latinoamericanos más importantes del siglo XX. Luego marca si cada oración que sigue es **cierta (C), falsa (F)** o si no tiene relación con lo que escuchaste **(N/R)**.

C F N/R **1.** Gabriel García Márquez fue galardonado con el Premio Nóbel de Literatura en 1982.

C F N/R **2.** Nació en 1928 en Bogotá, la capital de Colombia.

C F N/R **3.** Estudió medicina en las universidades de Bogotá y Cartagena de Indias.

C F N/R **4.** Macondo es un pueblo imaginario inventado por García Márquez

C F N/R **5.** García Márquez ha vivido más de veinte años en México.

C F N/R **6.** La novela que lo consagró como novelista es *Cien años de soledad,* que se publicó en 1967.

Gramática en contexto: *hablar del futuro*

La Catedral de Sal. Escucha el siguiente texto acerca de la catedral de sal de Zipaquirá y luego selecciona la opción que complete correctamente las oraciones que siguen. Escucha una vez más para verificar tus respuestas.

1. La persona que habla viajará por...

   a. tren

   b. autobús

   c. automóvil

2. Si las minas de Zipaquirá se explotaran continuamente, la sal se acabaría en...

   a. cien años

   b. cincuenta años

   c. veinticinco años

3. La catedral está dedicada a...

   a. Jesús

   b. la Virgen del Rosario

   c. los mineros

4. El altar de la catedral es un bloque de sal de...

   a. treinta y tres toneladas de peso

   b. veintitrés toneladas de peso

   c. dieciocho toneladas de peso

5. En la catedral de sal hay capacidad para casi...

   a. quince mil personas

   b. diez mil personas

   c. tres mil personas

C   **Actividades del sábado.** Rodrigo habla de lo que él y sus amigos harán el sábado que viene. Mientras escuchas lo que dice, ordena numéricamente los dibujos. Ten en cuenta que algunos dibujos quedarán sin numerar. Escucha una vez más para verificar tus respuestas.

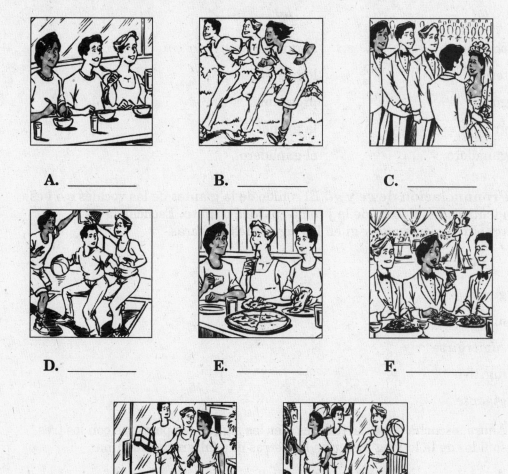

A. _____   B. _____   C. _____

D. _____   E. _____   F. _____

G. _____   H. _____

Pronunciación y ortografía

D **Guía para el uso de la letra g.** El sonido de la *g* varía según su lugar en la palabra, la frase o la oración. Al principio de una frase u oración y después de la **n** tiene el sonido /g/ (excepto en las combinaciones **ge** y **gi**) como en **grabadora** o **tengo**. Este sonido es muy parecido al sonido de la **g** en inglés. En cualquier otro caso, tiene un sonido más suave, /g̶/, como en **la grabadora, segunda** o **llegada** (excepto en las combinaciones **ge** y **gi**).

Observa la diferencia entre los dos sonidos cuando la narradora lea las siguientes palabras.

/g/	/g̶/
po**ng**o	al**g**unos
te**ng**o	lo**gr**ar
gótico	pro**gr**ama
grande	la **gr**ande
ganadero	el **g**anadero

E **Pronunciación de *ge* y *gi*.** El sonido de la **g** antes de las vocales **e** o **i** es idéntico al sonido /x/ de la **j** como en **José** o **justo**. Escucha la pronunciación de **ge** y **gi** en las siguientes palabras.

/x/

gente

inteli**g**ente

sumer**g**irse

fu**g**itivo

gigante

Ahora, escucha a los narradores leer las siguientes palabras con los tres sonidos de la letra **g** y escribe las letras que faltan en cada una.

1. o b l i ___ ___ r

2. ___ ___ b i e r n o

3. ___ ___ e r r a

4. p r o t e ___ ___ r

5. s a ___ ___ a d o

6. n e ___ ___ c i a r

7. ___ ___ ___ ___ n t e s c o

8. p r e s t i ___ ___ o s o

9. ___ ___ a v e m e n t e

10. e x a ___ ___ r a r

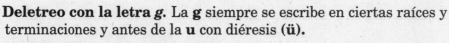
F **Deletreo con la letra *g*.** La **g** siempre se escribe en ciertas raíces y terminaciones y antes de la **u** con diéresis (**ü**).

- En las raíces **geo-, legi-** y **ges-**

geográfico	**legi**slatura	**ges**tación
apo**geo**	**legi**ble	con**ges**tión

- En la raíz **gen-**

generación	**gen**erar	**gen**te

- En los verbos terminados en **-ger, -gir, -gerar** y **-gerir**

reco**ger**	diri**gir**	exa**gerar**	su**gerir**
prote**ger**	corre**gir**	ali**gerar**	in**gerir**

- En palabras que se escriben con **güe** o **güi**

bilin**güe**	ver**güe**nza	ar**güi**r
averi**güe**	**güe**ro	pin**güi**no

Ahora, escucha a los narradores leer las siguientes palabras y escribe las letras que faltan en cada una.

1. ___ ___ ___ l o g í a

2. e n c o ___ ___ ___

3. s u r ___ ___ ___

4. ___ ___ ___ é t i c a

5. e l e ___ ___ ___

6. ___ ___ ___ ___ t i m o

7. ___ ___ ___ r a

8. e x i ___ ___ ___

9. ___ ___ ___ g r a f í a

10. ___ ___ ___ ___ s l a d o r

G **Dictado.** Escucha el siguiente dictado e intenta escribir lo más que puedas. El dictado se repetirá una vez más para que revises tu párrafo.

Luchas entre conservadores y liberales

_____

_____

_____

_____

_____

_____

_____

_____

_____

_____

_____

_____

_____

_____

_____

_____

_____

_____

_____

_____

_____

Nombre _____

Fecha _____

¡A escribir!

Gramática en contexto: *hablar del futuro, predecir y hacer suposiciones*

H **Deportes.** ¿Qué dicen tus amigos que harán, amantes de los deportes, la tarde del miércoles?

MODELO

Eva
Jugaré al básquetbol. o
Practicaré básquetbol.

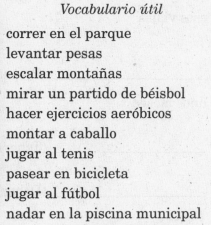

Vocabulario útil

correr en el parque
levantar pesas
escalar montañas
mirar un partido de béisbol
hacer ejercicios aeróbicos
montar a caballo
jugar al tenis
pasear en bicicleta
jugar al fútbol
nadar en la piscina municipal

Carlos

José Antonio

Roberta

1. _____
_____
_____

2. _____
_____
_____

3. _____
_____
_____

Jorge

Beatriz

4. _____
_____
_____

5. _____
_____
_____

I **Predicciones.** Por curiosidad, vas a ver a una adivina, quien te habla de tu futuro. ¿Qué te dice?

MODELO _____ (casarse) en dos años.
　　　　　Te casarás en dos años.

1. _____ (Estar) contento con el resultado de tus estudios.

2. _____ (Obtener) un trabajo en una gran compañía.

3. _____ (Hacer) muchos viajes.

4. _____ (Conocer) a tu futuro cónyuge durante uno de
esos viajes.

5. _____ (Proponerle) matrimonio después de
unos meses.

6. _____ (Tener) tres hijos.

7. _____ (Deber) prestarle atención a tu salud.

8. _____ (Ser) feliz.

J **¿Quién será?** Tu profesor de español le dice a la clase que tiene un invitado especial que en unos momentos más va a entrar en la sala. Los estudiantes hacen suposiciones acerca de quién es el huésped.

MODELO　*ser una joven*
　　　　　¿Será una joven?

1. venir de otro país

_____

_____

_____

2. hablar español muy rápido

_____

_____

_____

3. saber hablar inglés

_____

_____

_____

4. poder entender lo que nosotros decimos

_____

_____

_____

5. tener nuestra edad

_____

_____

_____

6. darnos una charla

_____

_____

_____

7. gustarle los deportes

_____

_____

_____

Vocabulario activo

A continuación se encuentra al vocabulario activo de las secciones **Gente del Mundo 21** y **Del pasado al presente** de la Lección 1. En los espacios en blanco, añade otras palabras que hayas aprendido en esta lección, relacionadas con cada tópico y que crees que te serán útiles.

Gente del Mundo 21

activista _____   escultor(a) _____

aras _____   imaginario(a) _____

automovilista _____   recursos _____

avanzar _____   sátira _____

bronce _____   _____

_____   _____

_____   _____

_____   _____

_____   _____

_____   _____

Del pasado al presente

Desde *Culturas precolombinas* hasta *El proceso de independencia*

audiencia _____   motivar _____

barco _____   renunciar _____

depender _____   sumergirse _____

desacuerdo _____   vencido(a) _____

disminuir _____   virrey _____

mestizaje _____   _____

_____   _____

_____   _____

_____   _____

Luchas entre conservadores y liberales y *La violencia*

efectuarse _____   ola _____

exhausto(a) _____   prosperidad _____

istmo _____   _____

_____   _____

_____   _____

_____   _____

_____   _____

_____   _____

_____   _____

La década de 1990

aliado(a) _____   mostrar _____

atacado(a) _____   narcotraficante _____

fugitivo(a) _____   narcotráfico _____

_____   _____

_____   _____

_____   _____

_____   _____

_____   _____

K **Opciones.** Selecciona la opción correcta para completar las siguientes oraciones.

1. Cuando dos personas tienen opiniones opuestas y no pueden llegar a una resolución, se puede decir que...

   a. están exhaustas
   b. están en desacuerdo
   c. tienen razón

2. Reducir la cantidad de algo es...

   a. disminuirla
   b. sumergirla
   c. renunciarla

3. Una persona que ha sufrido una derrota es un...

   a. fugitivo
   b. atacado
   c. vencido

4. Una persona que compra y vende drogas ilegalmente es un...

   a. narcotraficante
   b. farmacéutico
   c. boticario

5. Una persona unida a ti por un pacto o una promesa es tu...

   a. audiencia
   b. aliado
   c. enemigo

L **Lógica.** En cada grupo de palabras, subraya la palabra que no esté relacionada con el resto.

1.	efectuarse	ocurrir	realizarse	mestizaje
2.	virrey	escultor	autoridad	gobernante
3.	disminuir	grande	creciente	inmenso
4.	habitar	vivir	establecerse	sumergirse
5.	vencido	aliado	dominado	deshecho

Composición: *resumen de ideas*

M **Lucha contra el narcotráfico.** En una hoja en blanco, escribe una breve composición en la que das los argumentos para que el gobierno colombiano continúe la lucha contra los traficantes de drogas en Colombia. ¿Por qué es importante que el gobierno de EE.UU. apoye esta lucha? ¿Por qué podemos decir que el tráfico de la droga (por ejemplo, la cocaína) es un problema internacional? ¿Quiénes son los más afectados?

¡A escuchar!

Gente del Mundo 21

 A

Líder panameña. Escucha lo que un profesor de historia latinoamericana les dice a sus alumnos acerca de una importante líder política de Panamá. Luego marca si cada oración es **cierta (C)**, **falsa (F)** o si no tiene relación con lo que escuchaste **(N/R)**.

C   F   N/R   **1.** Mireya Moscoso es la segunda mujer presidenta de Panamá.

C   F   N/R   **2.** El padre de Mireya Moscoso era maestro y su madre era ama de casa.

C   F   N/R   **3.** Durante el gobierno de Mireya Moscoso comenzó el conflicto del Canal de Panamá.

C   F   N/R   **4.** Mireya Moscoso estuvo exiliada en España por problemas políticos.

C   F   N/R   **5.** El esposo de Mireya Moscoso fue presidente de Panamá tres veces.

Gramática en contexto: *descripción*

Los cunas. Escucha el siguiente texto acerca de los cunas y luego selecciona la respuesta que complete correctamente las oraciones que siguen. Escucha una vez más para verificar tus respuestas.

1. Las islas San Blas se encuentran...

    a. al oeste de Colón

    b. al este de Colón

    c. al norte de Colón

2. El número total de islas es...

    a. trescientos sesenta y cinco

    b. ciento cincuenta

    c. desconocido

3. Entre los grupos indígenas, los cunas sobresalen por...

    a. sus orígenes muy antiguos

    b. su modo de trabajar el oro

    c. su independencia política

4. Las mujeres cunas permanecen la mayor parte del tiempo...

    a. en la ciudad de Colón

    b. en la ciudad de Panamá

    c. en las islas

5. Una parte importante del arte cuna es...

    a. la vestimenta de las mujeres

    b. la religión

    c. el diseño de las casas

C **Sueños.** Ahora escucharás a unos estudiantes decir lo que harían con un millón de dólares. Mientras los escuchas, ordena numéricamente los dibujos. Ten en cuenta que algunos dibujos quedarán sin numerar. Escucha una vez más para verificar tus respuestas.

A. _____

B. _____

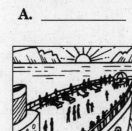

C. _____

D. _____

E. _____

F. _____

G. _____

H. _____

Pronunciación y ortografía

D   **Guía para el uso de la letra j.** En lecciones previas aprendiste que la **j** tiene sólo un sonido **/x/**, que es idéntico al sonido de la **g** en las combinaciones **ge** y **gi.** Observa el deletreo de este sonido al escuchar a la narradora leer las siguientes palabras.

/x/

jardines	ojo
mestizaje	judíos
dijiste	

Ahora, escucha a los narradores leer las siguientes palabras y escribe las letras que faltan en cada una.

1. ___ ___ n t a
2. f r a n ___ ___
3. e x t r a n ___ ___ r o
4. l e n g u a ___ ___
5. v i a ___ ___ r o

6. h o m e n a ___ ___
7. p o r c e n t a ___ ___
8. ___ ___ b ó n
9. t r a ___ ___
10. ___ ___ l i s c o

E   **Deletreo con la letra j.** La **j** siempre se escribe en ciertas terminaciones y formas del verbo.

- En las terminaciones **-aje**, **-jero** y **-jería**

mestiz**aje**	extran**jero**	relo**jería**
aprendiz**aje**	ca**jero**	bru**jería**

- En el pretérito de los verbos irregulares terminados en **-cir** y de los verbos regulares cuyo radical termina en **j.**

reduj**e** (de reducir)	dij**e** (de decir)	fij**é** (de fijar)
produj**e** (de producir)	traj**e** (de traer)	trabaj**é** (de trabajar)

Ahora, escucha a los narradores leer las siguientes palabras y escribe las letras que faltan en cada una.

1. c o n s e ___ ___ ___ ___
2. r e d u ___ ___ ___ ___
3. d i ___ ___
4. r e l o ___ ___ ___ ___
5. m e n s ___ ___ ___

6. c o n d u ___ ___ ___ ___ ___
7. p a i s a ___ ___
8. r e l o ___ ___ ___
9. t r a ___ ___ ___ ___ ___
10. m a n e ___ ___ ___ ___ ___

F **Deletreo del sonido /x/.** Este sonido presenta dificultad al escribirlo cuando precede a las vocales **e** o **i**. Al escuchar a los narradores leer las siguientes palabras, complétalas con **g** o **j**, según corresponda.

1. o r i ___ e n

2. j u ___ a d o r

3. t r a d u ___ e r o n

4. r e c o ___ i m o s

5. l e ___ í t i m o

6. t r a b a ___ a d o r a

7. e ___ é r c i t o

8. e x i ___ e n

9. c o n ___ e s t i ó n

10. e n c r u c i ___ a d a

G **Dictado.** Escucha el siguiente dictado e intenta escribir lo más que puedas. El dictado se repetirá una vez más para que revises tu párrafo.

La independencia y la vinculación con Colombia

_____

_____

_____

_____

_____

_____

_____

_____

_____

_____

_____

_____

_____

_____

_____

_____

¡A escribir!

Gramática en contexto: *probabilidad*

 H   **Soluciones.** Un candidato a la presidencia menciona los cambios que introduciría para arreglar los problemas del país.

MODELO   *reducir los impuestos*
   Reduciría los impuestos.

1. _____ (Defender) los derechos del ciudadano

   común.

2. _____ (Evitar) los gastos innecesarios.

3. _____ (Proponer) castigos más drásticos

   para los criminales.

4. _____ (Dar) comida gratuita en las escuelas.

5. _____ (Saber) convencer a los políticos de la

   oposición.

6. _____ (Desarrollar) la industria nacional.

7. _____ (Ofrecer) incentivos para los pequeños

   industriales.

8. _____ (Hacer) cambios en la distribución de

   las riquezas.

Nombre _____

Fecha _____

Unidad 6

Lección 2

I **Próxima visita.** Un amigo te está contando acerca de una carta que les envió a sus amigos panameños. Para saber lo que dice, completa este párrafo con la forma apropiada del **condicional** de los verbos entre paréntesis.

La semana pasada les escribí a unos amigos que viven en la Ciudad de

Panamá. Les comuniqué que _____ (1. ir) a visitarlos el

mes próximo. Les dije que más adelante les _____

(2. enviar) todos los detalles de mi llegada. Les aseguré que en esta visita

_____ (3. tener) dos semanas, y no dos días, para

recorrer el país. Les expliqué que _____ (4. salir) de la

Ciudad de Panamá por unos días porque _____

(5. visitar) las islas San Blas.

J **Cliente descontento.** Completa el siguiente diálogo en el que un cliente regresa a la tienda para devolver un pantalón. Emplea el **condicional** de los verbos entre paréntesis para indicar cortesía.

CLIENTE: Este pantalón no me queda bien. _____

(1. Querer) devolverlo.

EMPLEADO: ¿ _____ (2. Preferir) Ud. cambiarlo por otro?

CLIENTE: No, gracias; no me gusta ninguno. _____

(3. Desear) recuperar mi dinero. Aquí tiene el recibo.

EMPLEADO: Me _____ (4. gustar) mucho devolverle su

dinero, señor, pero desgraciadamente este recibo es de la

tienda de al lado.

CLIENTE: Ah, perdone Ud., no me di cuenta. _____

(5. Deber) ponerme los lentes cuando leo.

Copyright © McDougal Littell, Inc.

Cuaderno de actividades 203

K **Ausencia.** Todos están muy extrañados de que Marcos no haya asistido a la reunión del Club de Español, a la cual había prometido asistir sin falta, y piensan en posibles razones por su ausencia.

MODELO   *quedarse dormido*
          ¿Se quedaría dormido?

1. necesitar ocuparse de su hermanito

_____

_____

_____

2. creer que la reunión era otro día

_____

_____

_____

3. no poder salir del trabajo a esa hora

_____

_____

_____

4. tener una emergencia

_____

_____

_____

5. descomponérsele el coche

_____

_____

_____

Vocabulario activo

A continuación se encuentra el vocabulario activo de las secciones **Gente del Mundo 21** y **Del pasado al presente** de la Lección 2. En los espacios en blanco, añade otras palabras que hayas aprendido en esta lección, relacionadas con cada tópico y que crees que te serán útiles.

Gente del Mundo 21

ambientalista _____

candidatura _____

empresarios _____

interoceánico _____

_____

_____

_____

opositor _____

presidencia _____

profesorado _____

trayectoria _____

_____

_____

_____

Del pasado al presente

Los primeros exploradores y *La colonia*

atraer _____

atravesar _____

construcción _____

decaer _____

denominado(a) _____

intensificar _____

mar _____

mercancía _____

_____

océano _____

opulento(a) _____

pez / peces _____

puerto _____

restablecer _____

saquear _____

suprimir _____

tocar _____

_____

La independencia y *El istmo en el Siglo XIX*

aislado(a) _____

conmemorar _____

contrario(a) _____

convocar _____

descubrimiento _____

desintegración _____

encargado(a) _____

_____

_____

_____

fallido(a) _____

fracaso _____

interoceánico(a) _____

obligado(a) _____

ratificar _____

revitalizar _____

_____

_____

_____

La República de Panamá

conceder _____

desorden _____

franja _____

impedir _____

_____

_____

_____

perpetuidad _____

protectorado _____

resentimiento _____

separatista _____

_____

_____

_____

La época contemporánea

cesión _____

corte _____

culpable _____

descontento(a) _____

_____

_____

_____

molesto(a) _____

traficante de drogas _____

transferencia _____

_____

_____

_____

Nombre _____

Fecha _____

L **¿Parecidas u opuestas?** Indica si en cada par de palabras hay **parecidas** u **opuestas**.

P   O   **1.** impedir / ratificar

P   O   **2.** opositor / compañero

P   O   **3.** cese / continuación

P   O   **4.** convocar / conmemorar

P   O   **5.** denominado / nombrado

P   O   **6.** mar / océano

M **Crucigrama.** De acuerdo con las claves que siguen, completa este crucigrama con palabras del vocabulario activo de la lección sobre Panamá que viste en este capítulo.

Claves verticales

1. Recordar algo o a alguien en una ceremonia
2. Estar en contacto físico con algo
3. Llamar a varias personas para una reunión
4. Tribunal de justicia
5. Lugar en los ríos o en el mar para guardar los barcos
6. Persona responsable de un negocio
7. Apartado, separado
11. Océano

Claves horizontales

5. Grupo de académicos de una universidad
8. Falta de éxito
9. Grupo de personas que cantan
10. Cautivar, tener mucha atracción
12. Período de 24 horas
13. País que permite el ingreso de fuerzas extranjeras en caso de desórdenes públicos.

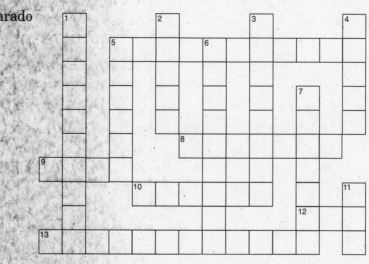

Composición: *opiniones*

El Canal de Panamá. Estados Unidos cedió el Canal de Panamá al gobierno panameño en 1999. En una hoja en blanco, escribe una breve composición que describa los beneficios que el canal le da a Panamá y además, las responsabilidades que crees que trae la administración de una vía de transportación tan importante. Usa la información que has aprendido en esta lección o busca más información en Internet.

Nombre _____

Fecha _____

¡A escuchar!

Gente del Mundo 21

 El Puma Rodríguez. Escucha lo que dice un profesor de música acerca del cantante venezolano José Luis Rodríguez. Escucha con atención y luego marca si cada oración que sigue es **cierta (C), falsa (F)** o si no tiene relación con lo que escuchaste **(N/R).**

  C   F   N/R   **1.** A José Luis Rodríguez lo conocen con el seudónimo "El Tigre".

  C   F   N/R   **2.** José Luis Rodríguez canta muy bien pero no toca ningún instrumento.

  C   F   N/R   **3.** Ha grabado con artistas latinoamericanos importantes.

  C   F   N/R   **4.** José Luis Rodríguez da conciertos en Estados Unidos y canta canciones en inglés.

  C   F   N/R   **5.** Si bien le gusta todo tipo de música, solamente canta canciones románticas suaves.

  C   F   N/R   **6.** Todavía no ha logrado hacer una gira latinoamericana.

Gramática en contexto: *descripción e instrucciones*

B **Colonia Tovar.** Escucha el siguiente texto acerca de un pueblo cercano a Caracas y luego indica si la información que sigue es mencionada (**Sí**) o no (**No**) por la persona que habla. Escucha una vez más para verificar tus respuestas.

Sí No	1.	La Colonia Tovar está situada a cincuenta kilómetros de Caracas.
Sí No	2.	Hay una iglesia alemana en el pueblo.
Sí No	3.	Una excursión a este pueblo es el paseo favorito de los caraqueños.
Sí No	4.	Una de las especialidades del pueblo son las salchichas.
Sí No	5.	Los colonos originales llegaron allí en el año 1843.
Sí No	6.	El gobierno les prometió a los colonos originales que les daría tierras y autonomía.
Sí No	7.	Los colonos hablaban un dialecto alemán.
Sí No	8.	El nombre del pueblo proviene de la persona que les donó las tierras a los colonos.

C **Boleto del metro.** Vas a escuchar instrucciones para comprar un boleto del metro caraqueño usando una máquina expendedora. Mientras escuchas las instrucciones, ordena numéricamente los dibujos correspondientes. Escucha una vez más para verificar tus respuestas.

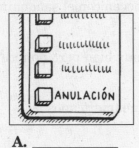

A. _____

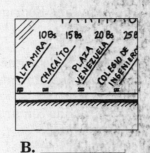

B. _____

C. _____

D. _____

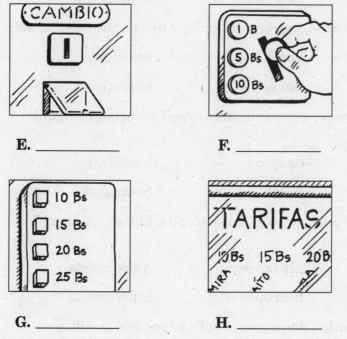

E. _____   F. _____

G. _____   H. _____

Pronunciación y ortografía

D   **Guía para el uso de la letra _h_.** La **h** es muda, no tiene sonido. Sólo tiene valor ortográfico. Observa el deletreo de las siguientes palabras con la **h** mientras la narradora las lee.

hospital   **h**abitar

humano   ex**h**austo

a**h**ora

Ahora, escucha a los narradores leer las siguientes palabras y escribe las letras que faltan en cada una.

1. __ __ r e d a r

2. p r o __ __ b i r

3. r e __ __ s a r

4. __ __ __ r r o

5. __ __ __ l g a

6. __ __ s t i l i d a d

7. v e __ __ m e n t e

8. __ __ r o e

9. e x __ __ l a r

10. __ __ r m i g a

Deletreo con la letra _h_. La **h** siempre se escribe en una variedad de prefijos griegos.

- Con los prefijos **hema-** y **hemo-**, que significan **sangre**

hematología	**hema**tólogo	**hemo**globina
hematosis	**hemo**filia	**hemo**rragia

- Con el prefijo **hecto-**, que significa **cien**, y **hexa-**, que significa **seis**

hectómetro	**hect**área	**hexa**cordo
hectolitro	**hexá**gono	**hexa**sílabo

- Con el prefijo **hosp-**, que significa **huésped** y **host-**, que significa **extranjero**

hospital	**hosp**icio	**host**ilizar
hospedar	**host**il	**host**ilidad

- Con el prefijo **hiper-**, que significa **exceso** e **hidro-**, que significa **agua**

hipercrítico	**hiper**termia	**hidro**metría
hipersensible	**hidro**plano	**hidro**terapia

- Con el prefijo **helio-**, que significa **sol** e **hipo-**, que significa **inferior** o **caballo**

heliofísica	**helio**scopio	**hipó**crita
heliografía	**hipo**condrio	**hipo**pótamo

Ahora, escucha a los narradores leer las siguientes palabras y escribe las letras que faltan en cada una.

1. __ __ __ __ __ g r a m o
2. __ __ __ __ __ __ t e r a p i a
3. __ __ __ __ __ s o l u b l e
4. __ __ __ __ e d a r
5. __ __ __ __ __ s t á t i c a
6. __ __ __ __ t e n s i ó n
7. __ __ __ __ __ g r a f o
8. __ __ __ __ i t a l i z a r
9. __ __ __ __ g o n a l
10. __ __ __ __ t e c a

F   **Dictado.** Escucha el siguiente dictado e intenta escribir lo más que puedas. El dictado se repetirá una vez más para que revises tu párrafo.

El desarrollo industrial

_____

_____

_____

_____

_____

_____

_____

_____

_____

_____

_____

_____

_____

_____

_____

_____

_____

_____

¡A escribir!

Gramática en contexto: *hablar del pasado y expresar condiciones*

G **Padres descontentos.** Tus padres hablaron contigo porque no están contentos con la conducta que has mostrado últimamente. Di qué te pidieron.

MODELO   *Me pidieron que _____ (ser) más responsable.*
Me pidieron que fuera más responsable.

1. Me pidieron que _____ (distribuir) mejor mi tiempo.

2. Me pidieron que _____ (leer) más libros en vez de

   revistas.

3. Me pidieron que _____ (ayudar) más en las tareas

   del hogar.

4. Me pidieron que no _____ (poner) la ropa en la sala

   de estar.

5. Me pidieron que no _____ (pelearme) con mi

   hermanita.

H **Vida poco activa.** Explica bajo qué condiciones harías más actividad física.

MODELO   *participar en más deportes / ser más coordinado(a)*
Participaría en más deportes si fuera más coordinado(a).

1. jugar al golf / tener dinero para el equipo

   _____

   _____

   _____

   _____

2. ir a pescar / vivir más cerca del río

_____

_____

_____

_____

3. correr por el parque / poder hacerlo con unos amigos

_____

_____

_____

_____

4. ir a acampar / soportar dormir sobre el suelo

_____

_____

_____

_____

5. meterse en una balsa / saber nadar

_____

_____

_____

_____

Vocabulario activo

A continuación se encuentra el vocabulario activo de las secciones **Gente del Mundo 21** y **Del pasado al presente** de la Lección 3. En los espacios en blanco, añade otras palabras que hayas aprendido en esta lección, relacionadas con cada tópico y que te serán útiles.

Gente del Mundo 21

barrera _____

concurso _____

contribución _____

democratización _____

entretenimiento _____

_____

_____

_____

_____

_____

guerrilla _____

interpretar _____

lograr _____

perspectiva _____

_____

_____

_____

_____

_____

Del pasado al presente

Los primeros exploradores

apoderarse _____

habitar _____

orilla _____

perla _____

pilotes _____

_____

_____

_____

_____

pisar _____

retirarse _____

riqueza _____

tierra firme _____

Nombre _____

Fecha _____

Unidad 6

Lección 3

La colonia y *La independencia*

declarar _____	proveer _____
desilusionado(a) _____	reafirmar _____
establecerse _____	rendirse _____
flotas _____	resentir _____
lejano(a) _____	seguridad _____
llanero(a) _____	semilla _____
nacionalismo _____	_____
_____	_____
_____	_____

Un siglo de caudillismo

aristocracia _____	sanguinario(a) _____
caudillo _____	sucesión _____
ejercer _____	terrateniente _____
reprimido(a) _____	urbano(a) _____
_____	_____
_____	_____
_____	_____

La consolidación y *El desarrollo industrial*

alianza _____	partido político _____
corrupción _____	propuesto(a) _____
cuadruplicar _____	socio(a) _____
ingreso _____	transición _____
_____	_____
_____	_____

Lógica. En cada grupo de palabras, subraya la palabra que no esté relacionada con el resto.

1. pilotes   terrateniente   establecerse   habitar

2. declarar   resentir   insistir   reafirmar

3. riqueza   llanero   aristocracia   opulencia

4. alianza   juntos   socio   corrupción

5. apoderarse   retirarse   rendirse   abandonar

J

Opciones. Selecciona la opción que complete correctamente las siguientes oraciones.

1. Una competencia es...
   a. una perla
   b. una sucesión
   c. un concurso

2. El sueldo que se gana es...
   a. el ingreso
   b. la semilla
   c. el socio

3. Dejar de poner resistencia es...
   a. rendirse
   b. pisar
   c. interpretar

4. Hacerse dueño de una cosa es...
   a. proveer
   b. lograr
   c. apoderarse

5. El encargado, el jefe o el capitán es...
   a. el terrateniente
   b. el caudillo
   c. el socio

6. El borde de una cosa es...
   a. la orilla
   b. los pilotes
   c. las flotas

Composición: *descripción*

K

Transporte colectivo. En una hoja en blanco, escribe una breve composición en la que mencionas las ventajas que tiene construir un sistema de transporte colectivo, como el metro, en vez de seguir construyendo grandes autopistas en ciudades populosas como Caracas. ¿Qué debe ofrecer un sistema de transporte colectivo para que la gente de la localidad donde tú vives lo utilice como el medio de transporte principal?

¡A escuchar!

Gente del Mundo 21

 A **Una cantante sin fronteras.** Escucha la conversación que tienen dos amigos acerca de la cantante peruana Tania Libertad. Luego marca si cada oración que sigue es **cierta (C)**, **falsa (F)** o si no tiene relación con lo que escuchaste **(N/R)**.

C   F   N/R   **1.** Tania Libertad es una cantante cubana.

C   F   N/R   **2.** Le dicen "la voz sin fronteras" porque vivió en muchos países.

C   F   N/R   **3.** Tania Libertad canta exclusivamente canciones folclóricas.

C   F   N/R   **4.** En sus conciertos siempre canta "Toro mata", un clásico peruano.

C   F   N/R   **5.** Cuando el público le pide que cante una canción en especial, lo hace.

C   F   N/R   **6.** Cuando se presenta en vivo, Tania Libertad habla mucho entre canción y canción.

Gramática en contexto: *narración y permisos*

B **Perú precolombino.** Escucha el siguiente texto acerca de la dificultad de conocer las culturas precolombinas del Perú. Luego indica si la información que aparece a continuación se menciona (**Sí**) o no (**No**) en el texto. Escucha una vez más para verificar tus respuestas.

Sí **No** **1.** Perú tiene una larga historia desde mucho antes de la llegada de los españoles.

Sí **No** **2.** Los incas no dejaron documentos escritos.

Sí **No** **3.** La historia de la cultura chimú es fascinante.

Sí **No** **4.** Los huaqueros saquean excavaciones arqueológicas.

Sí **No** **5.** Tal como los terremotos destruyen ciudades en la actualidad, también pueden haber destruido ciudades en tiempos antiguos.

Sí **No** **6.** El aporte de la cultura africana no es importante en Perú.

C **Abuelos tolerantes.** Escucha lo que dice Claudio acerca de lo que sus abuelos les permitían hacer a él y a sus hermanos cuando, de niños, iban a visitarlos. Mientras escuchas, ordena numéricamente los dibujos. Ten en cuenta que algunos dibujos quedarán sin numerar. Escucha una vez más para verificar tus respuestas.

A. _____

B. _____

C. _____

D. _____

E. _____

F. _____

G. _____   H. _____

Pronunciación y ortografía

D **Guía para el uso de la letra y.** La **y** tiene dos sonidos. Cuando ocurre sola o al final de una palabra tiene el sonido **/i/**, como en **fray** y **estoy.** Este sonido es idéntico al sonido de la vocal **i.** En todos los otros casos tiene el sonido **/y/,** como en **ayudante** y **yo.** (Este sonido puede variar, acercándose en algunas regiones al sonido *sh* del inglés.) Observa el deletreo de estos sonidos al escuchar a la narradora leer las siguientes palabras.

/i/	/y/
y	ensayo
soy	apoyar
virrey	yerno
Uruguay	ayuda
muy	leyes

Ahora escucha a los narradores leer palabras con los dos sonidos de la letra **y** e indica si el sonido que escuchas en cada una es **/i/** o **/y/.**

1. /i/   /y/   6. /i/   /y/

2. /i/   /y/   7. /i/   /y/

3. /i/   /y/   8. /i/   /y/

4. /i/   /y/   9. /i/   /y/

5. /i/   /y/   10. /i/   /y/

E **Deletreo con la letra *y*.** La **y** siempre se escribe en ciertas palabras y formas verbales y en ciertas combinaciones.

- En ciertas palabras que empiezan con **a**

ayer	**ay**uda	**ay**uno
ayunar	**ay**untar	**ay**udante

- En formas verbales cuando la letra **i** ocurriría entre dos vocales y no se acentuaría

le**ye**ndo (de leer)	o**ye**n (de oír)
h**aya** (de haber)	c**ayó** (de caer)

- Cuando el sonido **/i/** ocurre al final de una palabra y no se acentúa. El plural de sustantivos en esta categoría también se escribe con **y**.

esto**y**	re**y**	le**y**	virre**y**
vo**y**	re**yes**	le**yes**	virre**yes**

Ahora escucha a los narradores leer las siguientes palabras y escribe las letras que faltan en cada una.

1. ___ ___ u n a s
2. h ___ ___
3. c a ___ ___ ___ ___ ___
4. b u e ___ ___ ___
5. h u ___ ___ ___
6. P a r a g u ___ ___
7. r e ___ ___ ___
8. ___ ___ a c u c h a n o
9. v a ___ ___ ___
10. ___ ___ u d a n t e

F **Dictado.** Escucha el siguiente dictado e intenta escribir lo más que puedas. El dictado se repetirá una vez más para que revises tu párrafo.

Las grandes civilizaciones antiguas

_____

_____

_____

_____

_____

_____

_____

_____

_____

_____

_____

_____

_____

_____

_____

_____

_____

_____

_____

¡A escribir!

Gramática en contexto: *expresar pedidos, temores y decisiones*

G **Tarea.** El profesor les pidió a los estudiantes que hicieran algunas tareas. Completa los espacios en blanco para saber qué les dijo.

MODELO *El profesor les pidió que* _____ *(preparar) el capítulo 7.*
El profesor les pidió que prepararan el capítulo 7.

1. El profesor les pidió que _____ (repasar) la lección anterior.

2. El profesor les pidió que _____ (escribir) las respuestas a los ejercicios A y B.

3. El profesor les pidió que _____ (leer) el texto de la página 322.

4. El profesor les pidió que _____ (hacer) un trabajo escrito.

5. El profesor les pidió que _____ (traer) el diccionario la próxima clase.

6. El profesor les pidió que _____ (estar) preparados para una breve prueba.

H **Temores.** Tú y tus amigos hablan de las dudas y temores que tuvieron antes de un viaje que hicieron en grupo.

MODELO *pensar / el viaje no realizarse*
Pensábamos que el viaje no se realizaría.

1. pensar / alguien poder enfermarse

_____

_____

2. temer / el vuelo ser cancelado

_____

_____

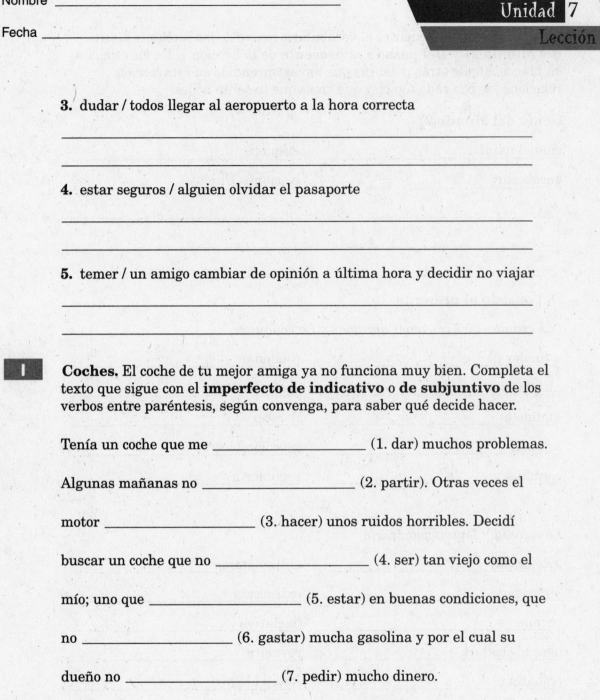

3. dudar / todos llegar al aeropuerto a la hora correcta

_____

_____

4. estar seguros / alguien olvidar el pasaporte

_____

_____

5. temer / un amigo cambiar de opinión a última hora y decidir no viajar

_____

_____

I   **Coches.** El coche de tu mejor amiga ya no funciona muy bien. Completa el texto que sigue con el **imperfecto de indicativo** o **de subjuntivo** de los verbos entre paréntesis, según convenga, para saber qué decide hacer.

Tenía un coche que me _____ (1. dar) muchos problemas.

Algunas mañanas no _____ (2. partir). Otras veces el

motor _____ (3. hacer) unos ruidos horribles. Decidí

buscar un coche que no _____ (4. ser) tan viejo como el

mío; uno que _____ (5. estar) en buenas condiciones, que

no _____ (6. gastar) mucha gasolina y por el cual su

dueño no _____ (7. pedir) mucho dinero.

Vocabulario activo

A continuación se encuentra el vocabulario activo de las secciones **Gente del Mundo 21** y **Del pasado al presente** de la Lección 1. En los espacios en blanco, añade otras palabras que hayas aprendido en esta lección, relacionadas con cada tópico y que crees que te serán útiles.

Gente del Mundo 21

ciudad natal	etiqueta
encabezar	Naciones Unidas

Del pasado al presente

Las grandes civilizaciones antiguas y La conquista

a finales de	condenar
altiplano	desembarcar
andino(a)	florecer
anterior	precolombino(a)
cerámica	seguidor(a)

La colonia y La independencia

aristócrata	entrevistarse
autoridad	extracción
batalla	iniciativa
desembocadura	revuelta
embarque	Reyes Magos

La joven república y La Guerra del Pacífico

asunto _____

depósito _____

desierto _____

fertilizante _____

fronterizo(a) _____

gozar _____

_____

_____

_____

guano _____

independiente _____

mediación _____

mutuo(a) _____

nitrato _____

_____

_____

_____

La época contemporánea

agobiar _____

confianza _____

_____

_____

_____

_____

_____

_____

refugiarse _____

terrorismo _____

_____

_____

_____

_____

_____

_____

Lógica. En cada grupo de palabras, subraya la palabra que no esté relacionada con el resto.

1. guano	confianza	fertilizante	depósito
2. etiqueta	terrorismo	revuelta	batalla
3. desembarcar	desembocadura	desierto	embarque
4. precolombino	cerámica	andino	nitrato
5. seguidor	iniciativa	independiente	confianza

K

Opciones. Selecciona la opción correcta para completar las siguientes oraciones.

1. Causar gran molestia o fatiga es...

   a. florecer
   b. agobiar
   c. gozar

2. El tema o materia de que se habla es...

   a. un asunto
   b. una extracción
   c. una iniciativa

3. Algo que está al límite de un estado es...

   a. una desembocadura
   b. un punto fronterizo
   c. una penetración

4. La llanura alta o meseta es el...

   a. desierto
   b. embarque
   c. altiplano

5. Aceptar o consentir es...

   a. entrevistar
   b. aprobar
   c. gozar

6. Pronunciar el juez una sentencia contra alguien es...

   a. condenar
   b. florecer
   c. confiar

Composición: *detalles y emociones*

L

Tumba real de Sipán. Imagina que eres el arqueólogo peruano Walter Alva y acabas de descubrir una tumba real mochica llena de tesoros en Sipán. En una hoja en blanco escribe una carta en la que les informas a tus amigos arqueólogos de la Universidad de California, en Los Ángeles, tus primeras emociones al descubrir una de las tumbas más ricas que se hayan encontrado jamás en América. Describe en detalle las actividades que hiciste el día de este gran descubrimiento.

¡A escuchar!

Gente del Mundo 21

A **Escritor ecuatoriano.** Ahora vas a escuchar a un profesor de literatura que hablará sobre Jorge Icaza, uno de los escritores ecuatorianos más notables del siglo veinte. Escucha con atención y luego marca si cada oración que sigue es **cierta (C), falsa (F)** o si no tiene relación con lo que escuchaste (**N/R**).

C   F   N/R   **1.** Jorge Icaza nació en un pequeño pueblo de Ecuador.

C   F   N/R   **2.** Antes de escribir novelas, escribía obras de teatro.

C   F   N/R   **3.** Empezó a escribir novelas porque se cansó del teatro.

C   F   N/R   **4.** La palabra "huasipungo" significa "censura".

C   F   N/R   **5.** Jorge Icaza fue embajador de Ecuador en Perú y la Unión Soviética.

C   F   N/R   **6.** A Jorge Icaza lo influenciaron los escritores europeos y los actores rusos.

Gramática en contexto: *descripción*

B   **Otavalo.** Escucha el texto sobre Otavalo y luego indica si las oraciones que siguen son **ciertas (C)** o **falsas (F)**. Escucha una vez más para verificar tus respuestas.

C   F   **1.** Hay aproximadamente cuarenta mil personas en Otavalo.

C   F   **2.** Rumiñahui era amigo de los incas.

C   F   **3.** Otavalo queda a nivel del mar.

C   F   **4.** El mercado de artesanías tiene lugar los sábados.

C   F   **5.** Los otavaleños usan pantalones blancos.

C   F   **6.** La persona que habla compró un poncho.

C   F   **7.** La persona que habla regateó mucho antes de pagar.

C   **Excursión.** Tus amigos te dejaron mensajes telefónicos diciéndote cuándo saldrían de casa para una excursión que preparan. Mientras escuchas sus mensajes, ordena numéricamente los dibujos. Ten en cuenta que algunos dibujos quedarán sin numerar. Escucha una vez más para verificar tus respuestas.

A. _____

B. _____

C. _____

D. _____

E. _____

F. _____

G. _____

H. _____

Pronunciación y ortografía

D **Guía para el uso de la letra *ll*.** La **ll** tiene el mismo sonido que la **y** en palabras como **yo** y **ayuda**. Observa el uso de la **ll** al escuchar a la narradora leer las siguientes palabras.

/y/

llaneros

llaves

llegada

batalla

caudillo

Deletreo con la letra *ll*. La **ll** siempre se escribe con ciertos sufijos y terminaciones.

- Con las terminaciones **-ella** y **-ello**

  bella   estre**lla**   cuello

  donc**ella**   cab**ello**   sello

- Con los diminutivos **-illo, -illa, -cillo** y **-cilla**

  Juan**illo**   chiqu**illa**   raton**cillo**

  picad**illo**   calzon**cillo**   rincon**cillo**

Ahora escucha a los narradores leer las siguiente palabras y escribe las letras que faltan en cada una.

1. r a b ___ ___ ___

2. t o r r e ___ ___ ___ ___ ___

3. p i l o n ___ ___ ___ ___ ___

4. t o r t ___ ___ ___ ___

5. r a s t r ___ ___ ___

6. c o n e j ___ ___ ___ ___

7. m a r t ___ ___ ___ ___

8. l a d r ___ ___ ___ ___

9. p a j a r ___ ___ ___ ___

10. p i e c e ___ ___ ___ ___ ___

Deletreo con las letras *y* y *ll*. Debido a que tienen el mismo sonido, la **y** y la **ll** con frecuencia presentan dificultades ortográficas. Escucha a los narradores leer las siguientes palabras con el sonido /y/ y complétalas con **y** o con **ll**, según corresponda.

1. o r i _____ a

2. _____ e r n o

3. m a _____ o r í a

4. b a t a _____ a

5. l e _____ e s

6. c a u d i _____ o

7. s e m i _____ a

8. e n s a _____ o

9. p e s a d i _____ a

10. g u a _____ a b e r a

G **Dictado.** Escucha el siguiente dictado e intenta escribir lo más que puedas. El dictado se repetirá una vez más para que revises tu párrafo.

Época más reciente

_____

_____

_____

_____

_____

_____

_____

_____

_____

_____

_____

_____

_____

_____

_____

_____

_____

_____

_____

_____

_____

_____

¡A escribir!

Gramática en contexto: *condiciones y promesas*

H **Invitación rechazada.** Tienes dos entradas para una obra de teatro. Invitas a varios amigos pero ninguno puede asegurarte que irá contigo. ¿Por qué no?

MODELO   *Benito acompañarme / en caso de que / el concierto ser otro día*
Benito dijo que me acompañaría en caso de que el concierto fuera otro día.

1. Ernestina ir / con tal de que / no tener que salir con una amiga

   _____

   _____

   _____

2. Sergio ver la obra / en caso de que / el patrón no llamarlo para trabajar esa noche

   _____

   _____

   _____

3. Pilar salir conmigo / con tal de que / yo invitar a su novio también

   _____

   _____

   _____

4. Pablo no salir de su cuarto / sin que / el trabajo de investigación quedar terminado

   _____

   _____

   _____

5. Rita acompañarme / a menos que / su madre necesitarla en casa

   _____

   _____

   _____

I   **Promesas.** ¿Cuándo prometiste que harías las siguientes actividades?

MODELO   *Prometí que haría las compras en cuanto _____*
(escribir) unas cartas.
Prometí que haría las compras en cuanto escribiera unas cartas.

1. Prometí que haría un pastel después que _____

   (bañarme) y _____ (arreglarme).

2. Prometí que daría un paseo cuando el mecánico _____
   (entregarme) el coche.

3. Prometí que iría a la farmacia tan pronto como _____
   (leer) el periódico.

4. Prometí que haría la cena en cuanto _____ (terminar)
   de lavar la ropa

5. Prometí que jugaría al fútbol cuando _____ (volver)
   del banco.

J   **Ayuda.** Tienes una fiesta el sábado que viene. Tus amigos te dicen si
pueden o no venir a ayudarte con los preparativos. Completa con el
imperfecto de indicativo o **de subjuntivo,** según convenga.

1. Graciela me dijo que llegaría tan pronto como _____
   (desocuparse) en su casa.

2. Adriana me dijo que no vendría porque su padre no

   _____ (sentirse) bien y ella _____
   (necesitar) cuidarlo.

3. Guillermo me dijo que llegaría después de que las clases

   _____ (terminar).

4. Ramiro me dijo que llegaría tarde ya que normalmente

   _____ (trabajar) horas extras.

5. Laura me dijo que llegaría antes de que _____
   (comenzar) a llegar los invitados.

6. Horacio y David me dijeron que vendrían después de que

   _____ (hacer) unas compras.

Vocabulario activo

A continuación se encuentra el vocabulario activo de las secciones **Gente del Mundo 21** y **Del pasado al presente** de la Lección 2. En los espacios en blanco, añade otras palabras que hayas aprendido en esta lección, relacionadas con cada tópico y que crees que te serán útiles.

Gente del Mundo 21

abstraer ___	juventud ___
deformar ___	pigmento ___
infrahumano(a) ___	practicante ___
___	___
___	___

Del pasado al presente

Época prehispánica e hispánica

anexar ___	heredero(a) ___
guerrero(a) ___	reemplazar ___
heredar ___	___
___	___
___	___

Proceso independentista

asamblea ___	reunión ___
enviar ___	tener lugar ___
___	___
___	___
___	___
___	___

Ecuador independiente

amazónico(a) _____

coincidir _____

cosmopolita _____

empresa _____

_____

_____

_____

_____

_____

hacendado(a) _____

oponerse _____

reclamar _____

rivalidad _____

_____

_____

_____

_____

_____

Época más reciente

acelerado(a) _____

desarrollo _____

disminución _____

_____

_____

_____

_____

_____

_____

golpe de estado _____

petrolero(a) _____

_____

_____

_____

_____

_____

_____

K **Lógica.** En cada grupo de palabras, subraya la palabra que no esté relacionada con el resto.

1. palpitar   pigmento   emocionarse   corazón

2. refinería   asamblea   tener lugar   reunión

3. empresa   petrolero   desarrollo   golpe de estado

4. rivalidad   coincidir   competencia   oponerse

5. heredar   enviar   recibir   heredero

L **Ecuador independiente.** Pon las letras en orden para formar ocho palabras que aprendiste en esta lección en la sección titulada "Ecuador independiente". Luego, para contestar la pregunta "¿Dónde está localizado el ecuador?" completa las líneas en blanco con las letras que correspondan a los números indicados.

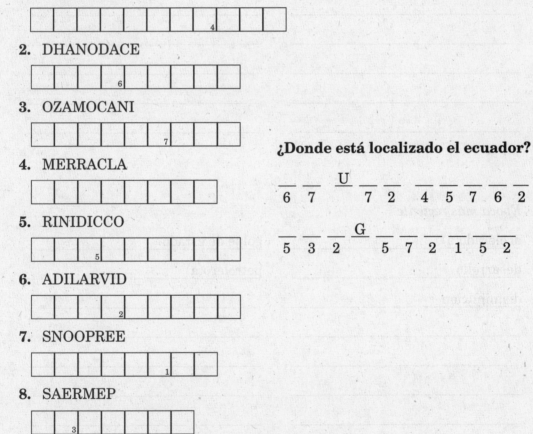

1. PAMCILOTOOS

☐☐☐☐☐☐☐☐☐₄☐☐☐

2. DHANODACE

☐☐☐☐☐₆☐☐☐☐

3. OZAMOCANI

☐☐☐☐☐☐☐₇☐☐☐

4. MERRACLA

☐☐☐☐☐☐☐☐

5. RINIDICCO

☐☐☐☐₅☐☐☐☐☐

6. ADILARVID

☐☐☐☐☐₂☐☐☐

7. SNOOPREE

☐☐☐☐☐☐☐₁☐

8. SAERMEP

☐☐☐₃☐☐☐☐

¿Donde está localizado el ecuador?

$\overline{6}\ \overline{7}\ \overset{U}{\overline{\quad}}\ \overline{7}\ \overline{2}\ \ \overline{4}\ \overline{5}\ \overline{7}\ \overline{6}\ \overline{2}$

$\overline{5}\ \overline{3}\ \overline{2}\ \overset{G}{\overline{\quad}}\ \overline{5}\ \overline{7}\ \overline{2}\ \overline{1}\ \overline{5}\ \overline{2}$

Composición: *narración descriptiva*

M **Diario.** Imagina que eres un naturalista que acompaña a Charles Darwin y en octubre de 1835 te encuentras en el barco ingles "Beagle" frente a la costa de una de las islas Galápagos. En una hoja en blanco, describe las primeras impresiones que tuviste al recorrer por primera vez una de estas islas.

¡A escuchar!

Gente del Mundo 21

A **Actor y activista boliviano.** Escucha lo que dice un profesor de arte acerca de Pato Hoffmann, un famoso actor boliviano que hizo su carrera en Estados Unidos. Escucha con atención y luego marca si cada oración que sigue es **cierta (C)**, **falsa (F)** o si no tiene relación con lo que escuchaste **(N/R).**

C   F   N/R   **1.** Pato Hoffmann es de descendencia cheyenne y apache.

C   F   N/R   **2.** Nació en Bolivia y de pequeño se mudó a Estados Unidos.

C   F   N/R   **3.** Su familia no habla inglés.

C   F   N/R   **4.** Participa como voluntario en programas de ayuda relacionados con la salud y la educación.

C   F   N/R   **5.** Además de las lenguas aymara y quechua, Pato Hoffmann habla lenguas de los indígenas de Norteamérica.

C   F   N/R   **6.** En su tiempo libre Hoffmann se dedica a tocar la guitarra y a componer música.

Gramática en contexto: *narración descriptiva y descripción de lo que no se ha hecho*

B   **El lago Titicaca.** Escucha el siguiente texto acerca del lago Titicaca y luego selecciona la opción que complete correctamente la información. Escucha una vez más para verificar tus respuestas.

1. El lago Titicaca pertenece...
   a. exclusivamente a Perú

   b. exclusivamente a Bolivia

   c. tanto a Perú como a Bolivia

2. El lago Titicaca está a ... metros sobre el nivel del mar.
   a. 3.800

   b. 2.800

   c. 1.800

3. En su parte más ancha, el lago mide...
   a. 171 kilómetros

   b. 64 kilómetros

   c. 74 kilómetros

4. Los indígenas que viven junto al lago crían...
   a. vacas

   b. llamas

   c. cerdos

5. En el lago hay islas con...
   a. tesoros arqueológicos

   b. grandes bosques

   c. mucha vegetación

Nombre _____

Fecha _____

Nombre _____

Fecha _____

Lección 3

C **Encargos.** Ahora vas a escuchar a Elvira mencionar las cosas que sus padres le han pedido que haga y que todavía no ha hecho. Mientras escuchas, ordena numéricamente los dibujos. Ten en cuenta que algunos dibujos quedarán sin numerar. Escucha una vez más para verificar tus respuestas.

A. _____

B. _____

C. _____

D. _____

E. _____

F. _____

G. _____

H. _____

Copyright © McDougal Littell, Inc.

Pronunciación y ortografía

D

Guía para el uso de la _r_ y la _rr_. La **r** tiene dos sonidos, uno simple /ř/, como en **cero, altura** y **prevalecer,** y otro múltiple /r̄/, como en **cerro, guerra** y **renovado.** Ahora, al escuchar a la narradora leer las siguientes palabras, observa que el deletreo del sonido /ř/ siempre se representa por la **r** mientras que el sonido /r̄/ se representa tanto por la **rr** como por la **r.**

/ř/	/r̄/
co**r**azón	**r**eunión
abst**r**acto	**r**evuelta
he**r**edero	**r**eclamo
emp**r**esa	ba**rr**io
flo**r**ece**r**	desa**rr**ollo

Ahora escucha a los narradores leer las siguientes palabras con los dos sonidos de la **r** e indica si el sonido que escuchas es /ř/ o /r̄/.

1. /ř/ /r̄/   6. /ř/ /r̄/

2. /ř/ /r̄/   7. /ř/ /r̄/

3. /ř/ /r̄/   8. /ř/ /r̄/

4. /ř/ /r̄/   9. /ř/ /r̄/

5. /ř/ /r̄/   10. /ř/ /r̄/

E

Deletreo con los sonidos /ř/ y /r̄/. Las siguientes reglas de ortografía determinan cuándo se debe usar una **r** o una **rr.**

- La letra **r** tiene el sonido /ř/ cuando ocurre entre vocales, antes de una vocal o después de una consonante excepto **l, n** o **s.**

  ant**er**ior   aut**or**idad   ni**tra**to

  periodismo   **ori**ente   **cru**zar

- La letra **r** tiene sonido /r̄/ cuando ocurre al principio de una palabra.

  residir   **r**atifica   **r**eloj   **r**ostro

- La letra **r** también tiene sonido /r̄/ cuando ocurre después de la **l, n** o **s.**

  al**r**ededor   en**r**iquecer   hon**r**ar   des**r**atizar

- La letra **rr** siempre tiene el sonido /r̄/.

  de**rr**ota   ente**rr**ado   hie**rr**o   te**rr**emoto

- Cuando una palabra que empieza con **r** se combina con otra palabra para formar una palabra compuesta, la **r** inicial se duplica para conservar el sonido **/r̄/** original.

  costa**rr**icense   multi**rr**acial   infra**rr**ojo   vi**rr**ey

  Ahora, escucha a los narradores leer las siguientes palabras y escribe las letras que faltan en cada una.

  1. t ___ ___ ___ ___ t ___ ___ ___ o

  2. E ___ ___ ___ q u e t a

  3. ___ ___ ___ ___ v ___ ___ ___ n t e

  4. ___ ___ ___ s p e ___ ___ ___

  5. f ___ ___ ___ ___ c ___ ___ ___ ___ l

  6. ___ ___ ___ o l u c i ó n

  7. i n t ___ ___ ___ ___ m p i ___

  8. f u ___ ___ ___ a

  9. s ___ ___ ___ i e n t e

  10. e ___ ___ ___ q u e c ___ ___ s e

 F **Deletreo de palabras parónimas.** Dado que tanto la **r** como la **rr** ocurren entre vocales, existen varios pares de palabras parónimas, o sea, idénticas excepto por una letra, por ejemplo **coro** y **corro**. Mientras los narradores leen las siguientes palabras parónimas, escribe las letras que faltan en cada una.

1. pe _____ o   pe _____ o

2. co _____ al   co _____ al

3. aho _____ a   aho _____ a

4. pa _____ a   pa _____ a

5. ce _____ o   ce _____ o

6. hie _____ o   hie _____ o

7. ca _____ o   ca _____ o

8. fo _____ o   fo _____ o

Dictado. Escucha el siguiente dictado e intenta escribir lo más que puedas. El dictado se repetirá una vez más para que revises tu párrafo.

Las consecuencias de la independencia

_____

_____

_____

_____

_____

_____

_____

_____

_____

_____

_____

_____

_____

_____

_____

_____

_____

_____

_____

_____

_____

_____

¡A escribir!

Gramática en contexto: *hablar de lo que has o no has hecho y reaccionar a lo recién ocurrido*

H **Obligaciones pendientes.** Tú y tus amigos hablan de las cosas que debían hacer esta semana y que todavía no han hecho.

MODELO *Todavía no _____ _____ (llevar) el coche al mecánico.*
Todavía no he llevado el coche al mecánico.

1. Todavía no _____ _____ (hablar)

   con el profesor de biología.

2. Todavía no _____ _____ (ir)

   al supermercado.

3. Todavía no _____ _____ (escribir)

   el informe para la clase de historia.

4. Todavía no _____ _____ (resolver)

   el problema con mi jefe.

5. Todavía no _____ _____ (organizar)

   nuestra próxima fiesta.

6. Todavía no _____ _____ (ver)

   las fotos de nuestra última excursión.

7. Todavía no _____ _____ (hacer)

   el experimento para la clase de química.

I **Buenas y malas noticias.** Di si reaccionaste con alegría o con pena a las siguientes noticias que te da un amigo.

MODELO   AMIGO: *Vendí mi automóvil ayer.*

TÚ: **Me alegra que hayas vendido tu automóvil ayer.** o
Es una lástima que hayas vendido tu automóvil ayer.

Vocabulario útil

me alegra que	es una lástima que	es triste que
es importante que	es terrible que	no es bueno que
es bueno que	es fantástico que	es malo que

---

1. Encontré un trabajo a tiempo parcial.

_____

_____

_____

_____

2. No me sentí muy bien ayer.

_____

_____

_____

_____

3. Me fue bien en el examen de español.

_____

_____

_____

_____

4. Recibí un regalo de mi mejor amigo(a).

_____

_____

_____

_____

5. Tuve una discusión con mis padres.

_____
_____
_____
_____

4. Anoche no pude ir al concierto de mi grupo favorito.

_____
_____
_____
_____

J **Visita a Bolivia.** ¿Qué dice tu amigo sobre la visita de sus padres a Bolivia? Para saberlo, completa el siguiente texto con el **presente perfecto de indicativo** o **de subjuntivo** de los verbos entre paréntesis según convenga.

Mis padres _____ _____ (1.visitar) Bolivia dos

veces. Dicen que _____ _____ (2. estar)

principalmente en La Paz y lamentan que nunca _____

_____ (3. poder) subir a Tiahuanaco. Hasta ahora no

_____ _____ (4. sufrir) de soroche y no creen

que la altura los _____ _____ (5. afectar)

mucho. Están contentos porque _____ _____

(6. conocer) a algunos bolivianos muy simpáticos con los cuales

_____ _____ (7. pasear) por varios lugares

de La Paz.

Vocabulario activo

A continuación se encuentra el vocabulario activo de las secciones **Gente del Mundo 21** y **Del pasado al presente** de la Lección 3. En los espacios en blanco, añade otras palabras que hayas aprendido en esta lección, relacionadas con cada tópico y que crees que te serán útiles.

Gente del Mundo 21

afirmación _____

aprendiz _____

becario(a) _____

encarcelado(a) _____

_____

_____

_____

_____

éxito _____

psíquico(a) _____

sociológico(a) _____

_____

_____

_____

_____

Del pasado al presente

Periodo prehispánico y *Conquista y colonia*

altura _____

ancho(a) _____

cerro _____

densamente _____

_____

_____

_____

_____

_____

inhumanamente _____

minero(a) _____

pie _____

_____

_____

_____

_____

_____

La independencia y el siglo XIX

amenaza _____	optar _____
compromiso _____	prevalecer _____
decisivo(a) _____	sede _____
disputar _____	vencedor(a) _____
_____	_____
_____	_____
_____	_____
_____	_____

Guerras territoriales y *De la revolución de 1952 al presente*

auge _____	disputa _____
avance _____	injusticia _____
caucho _____	malestar _____
_____	_____
_____	_____
_____	_____
_____	_____
_____	_____
_____	_____

Opciones. Indica qué opción completa correctamente las siguientes oraciones.

1. Un dicho o hecho que se usa para intimidar es...
   a. una afirmación
   b. un compromiso
   c. una amenaza

2. Conseguir una cosa en oposición a otros es...
   a. prevalecer
   b. optar
   c. disputar

3. El lugar donde se encuentran los gobernadores de una sociedad es...
   a. un auge
   b. un caucho
   c. una sede

4. Un estudiante que estudia gratuitamente en la universidad es un...
   a. aprendiz
   b. becario
   c. vencedor

5. Alguien que está en prisión es una persona...
   a. encarcelada
   b. comprometida
   c. vencida

6. Se dice que algo que tiene dimensión en sentido opuesto a longitud, es...
   a. denso
   b. ancho
   c. decisivo

L **Bolivianos.** Completa el juego de palabras con las siguientes palabras que aprendiste en esta lección. Luego, para contestar la pregunta "¿Qué tiene Bolivia que no tiene ningún otro país latinoamericano?" completa las líneas en blanco con las letras que correspondan a los números indicados.

ALTURA   BECARIO   DENSAMENTE   INJUSTICIA   SEDE

ANCHO   CERRO   INHUMANAMENTE   MINERO

En la altura de los Andes

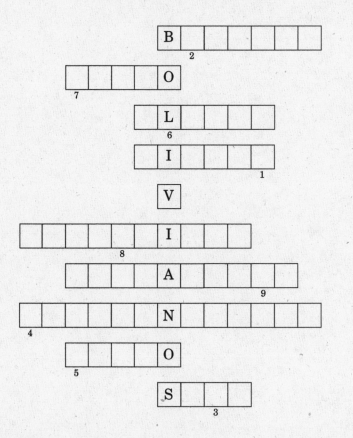

¿Qué tiene Bolivia que no tiene ningún otro país latinoamericano?

¡ ____ ____ ____ ____ ____ **P** ____ ____ ____ ____ ____ ____ !
  3   1   8   5   7   4   8   7   6   2   8

Composición: *narración y opinión personal*

M   **La cultura aymara.** Tú eres un(a) joven indígena aymara que vive a orillas del lago Titicaca. Un periódico de La Paz, Bolivia, te ha pedido que escribas un breve artículo en español sobre la importancia de mantener viva la cultura aymara en el mundo contemporáneo. En una hoja en blanco, contesta las siguientes preguntas y desarrolla tu opinión. ¿Qué contribuye la antigua cultura aymara a la cultura nacional de Bolivia y a la humanidad en general? ¿No sería mejor que los aymaras formaran parte de la cultura dominante?

¡A escuchar!

Gente del Mundo 21

 A **Escritor argentino.** Dos amigas están hablando en un café al aire libre en Buenos Aires. Escucha lo que dicen sobre la vida y la obra de uno de los escritores más importantes del siglo XX. Luego marca si cada oración que sigue es **cierta (C), falsa (F)** o si no tiene relación con lo que escuchaste **(N/R).**

C   F   N/R   **1.** Una de las amigas siempre descubre algo nuevo cuando lee algún cuento de Jorge Luis Borges por segunda o tercera vez.

C   F   N/R   **2.** Borges estudió el bachillerato en Londres.

C   F   N/R   **3.** Aprendió inglés de niño.

C   F   N/R   **4.** La fama mundial de Borges se debe principalmente a sus poemas.

C   F   N/R   **5.** Cuando Borges se quedó ciego, en 1955, dejó de publicar libros.

C   F   N/R   **6.** Borges murió en Ginebra cuando celebraba su cumpleaños.

Gramática en contexto: *narración informativa y explicación de lo que habría hecho*

B   **El tango.** Escucha el texto que sigue acerca del tango y luego selecciona la opción que complete correctamente las oraciones que siguen. Escucha una vez más para verificar tus respuestas.

1. El tango nació en...

    a. el siglo XVIII

    b. el siglo XIX

    c. el siglo XX

2. Cuando apareció el tango mucha gente consideraba que era un escándalo...

    a. que la mujer se moviera tanto

    b. que el hombre bailara tan junto a la mujer

    c. que el hombre realizara movimientos de cintura insinuantes

3. Actualmente, el instrumento característico del tango es...

    a. el bandoneón

    b. el violín

    c. la guitarra

4. Los franceses...

    a. odiaron el tango

    b. se escandalizaron con el tango

    c. bailaron el tango con entusiasmo

5. Carlos Gardel fue...

    a. el primero que cantó tangos en Argentina

    b. el cantante de tangos más popular

    c. un famoso cantante de tangos uruguayo

C

Planes malogrados. El fin de semana pasado llovió y Patricia no pudo salir de excursión. De todos modos, dice lo que habría hecho si hubiera ido. Mientras escuchas, ordena numéricamente los dibujos. Ten en cuenta que algunos dibujos quedarán sin numerar. Escucha una vez más para verificar tus respuestas.

A. _____   B. _____   C. _____

D. _____   E. _____   F. _____

G. _____   H. _____

Pronunciación y ortografía

D **Palabras parónimas:** *ay* **y** *hay*. Estas palabras son parecidas y se pronuncia de la misma manera, pero tienen distintos significados.

- La palabra **ay** es una exclamación que puede indicar sorpresa o dolor.

  ¡**Ay!** ¡Qué sorpresa!

  ¡**Ay, ay, ay!** Me duele mucho, mamá.

  ¡**Ay!** Acaban de avisarme que Inés tuvo un accidente.

- La palabra **hay** es una forma impersonal del verbo **haber** que significa *there is* o *there are.* La expresión **hay que** significa **es preciso, es necesario.**

  Hay mucha gente aquí, ¿qué pasa?

  Dice que **hay** leche pero que no **hay** tortillas.

  ¡**Hay que** llamar este número en seguida!

Ahora, al escuchar a los narradores, indica con una **X** si lo que oyes es la exclamación **ay,** el verbo **hay** o la expresión **hay que.**

	ay	hay	hay que
1.	☐	☐	☐
2.	☐	☐	☐
3.	☐	☐	☐
4.	☐	☐	☐
5.	☐	☐	☐

E **Deletreo.** Al escuchar a los narradores leer las siguientes oraciones, escribe **ay** o **hay,** según corresponda.

1. ¡_____ que hacerlo, y se acabó! ¡Ya no quiero oír más protestas!

2. _____ Ya no aguanto este dolor de muelas.

3. No sé cuántas personas _____. ¡El teatro está lleno!

4. _____ ¡Estoy tan nerviosa! ¿Qué hora es?

5. No _____ más remedio. Tenemos que hacerlo.

F   **Dictado.** Escucha el siguiente dictado e intenta escribir lo más que puedas. El dictado se repetirá una vez más para que revises tu párrafo.

La era de Perón

_____

_____

_____

_____

_____

_____

_____

_____

_____

_____

_____

_____

_____

_____

_____

_____

_____

_____

¡A escribir!

Gramática en contexto: *hablar de lo que había, habrá y habría ocurrido*

G **Escena familiar.** Di lo que había ocurrido cuando llegaste a casa ayer por la noche. Usa el **pluscuamperfecto de indicativo** de los verbos entre paréntesis para completar las oraciones.

MODELO   *Cuando llegué a casa, mi abuelita* _____

_____ *(acostarse).*

Cuando llegué a casa, mi abuelita se había acostado.

1. Cuando llegué a casa, mi familia _____

_____ (cenar).

2. Cuando llegué a casa, mi hermanito _____

_____ (practicar) su lección de piano.

3. Cuando llegué a casa, mi mamá _____

_____ (ver) su programa de televisión favorito.

4. Cuando llegué a casa, mi papá _____ _____

(leer) el periódico.

5. Cuando llegué a casa, mi hermana _____

_____ (salir) con su novio.

H **Antes del verano.** Los estudiantes dicen lo que habrán hecho antes de que comiencen las próximas vacaciones de verano. Usa el **futuro perfecto** de los verbos entre paréntesis para completar las oraciones.

MODELO   *Antes de las vacaciones de verano, ya* _____
_____ *(terminar) de pagar el coche.*
Antes de las vacaciones de verano, ya habré terminado de pagar el coche.

1. Antes de las vacaciones de verano, ya _____

_____ (organizar) una fiesta de fin de semestre.

2. Antes de las vacaciones de verano, ya _____

_____ (planear) un viaje a la costa.

3. Antes de las vacaciones de verano, ya _____

_____ (obtener) un trabajo.

4. Antes de las vacaciones de verano, ya _____

_____ (graduarse).

5. Antes de las vacaciones de verano, ya _____

_____ (olvidarse) de los estudios.

I   **Deseos para el sábado.** El sábado pasado tuviste que ocuparte de tus estudios. Di lo que habrías hecho si no hubieras estado ocupado(a). Usa el **pluscuamperfecto de subjuntivo** y el **condicional perfecto de indicativo.**

MODELO   *tener tiempo / escuchar música*
           Si hubiera tenido tiempo, habría escuchado música.

1. no estar ocupado(a) / ir a la playa

_____

_____

2. no tener tanto que estudiar / asistir a la fiesta de Aníbal

_____

_____

3. hacer mi tarea / jugar al voleibol

_____

_____

4. terminar de lavar el coche / dar una caminata por el lago

_____

_____

5. planearlo con más cuidado / salir de paseo en bicicleta

_____

_____

Vocabulario activo

A continuación se encuentra el vocabulario activo de las secciones **Gente del Mundo 21** y **Del pasado al presente** de la Lección 1. En los espacios en blanco, añade otras palabras que hayas aprendido en esta lección, relacionadas con cada tópico y que crees que te serán útiles.

Gente del Mundo 21

asociarse _____   licenciatura en letras _____

bibliotecario(a) _____   mercadeo _____

ciego(a) _____   prolífico(a) _____

competidor(a) _____   regional _____

dictar _____   soler _____

docencia _____

_____

_____

Del pasado al presente: Argentina

Descubrimiento y colonización

cazador(a) _____   llanura _____

ganadería _____   pampa _____

gaucho _____

_____

_____

El "granero del mundo" y La era de Perón

acceder _____   legalización _____

autoritarismo _____   poner en evidencia _____

congelado(a) _____   populismo _____

dependencia _____   red _____

_____

_____

_____

Nombre _____

Fecha _____

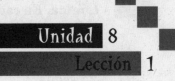

Unidad 8
Lección 1

Las últimas décadas

fusión _____

privatización _____

_____

_____

reducir _____

_____

_____

_____

Del pasado al presente: Uruguay

La Banda Oriental del Uruguay

caballo _____

despoblado(a) _____

_____

yegua _____

_____

_____

El proceso de la independencia y Los blancos y los colorados

anexar _____

aprovecharse _____

enfrentarse _____

_____

_____

incapaz _____

rebelión _____

_____

_____

_____

Avances y retrocesos

bancarrota _____

contener _____

desempleo _____

normalidad _____

_____

paralización _____

represión _____

reprimir _____

restaurar _____

_____

Copyright © McDougal Littell, Inc.

J   **Lógica.** En cada grupo de palabras, subraya la palabra que no esté
relacionada con el resto.

1. dictar	autoritarismo	populismo	represión
2. yegua	ganadería	mercadeo	caballo
3. llanura	red	pampa	gaucho
4. congelado	bancarrota	desempleo	privatización
5. reducir	restaurar	reprimir	paralizar

K   **Definiciones.** Indica cuál es la palabra que se define en cada caso.

1. Contener o detener.
   a. acceder
   b. reprimir
   c. anexar

2. Conjunto de líneas de ferrocarril.
   a. represión
   b. yegua
   c. red

3. Líquido que ha sido transformado en sólido por acción del frío.
   a. congelado
   b. bancarrota
   c. mercadeo

4. Mantener o controlar.
   a. soler
   b. contener
   c. reducir

5. Tratar de gobernar con el apoyo de las masas populares.
   a. populismo
   b. privatización
   c. represión

6. Consentir en hacer lo que otro pide.
   a. acceder
   b. contener
   c. reducir

Composición: *narración*

L   **Dos familias.** Imagina que eres descendiente de una familia italiana que
emigró a Nueva York en 1900, y que el hermano de tu bisabuelo, en vez de
venir a EE.UU. decidió emigrar con su familia a Buenos Aires. Después de
muchos años sin comunicación, los descendientes de estos dos hermanos
italianos deciden tener una gran reunión familiar en Buenos Aires. En
una hoja en blanco, escribe acerca de las semejanzas y las diferencias que
piensas encontrar entre tus familiares que viven en EE.UU. y tus
parientes argentinos.

¡A escuchar!

Gente del Mundo 21

A **Dictador paraguayo.** Escucha lo que un estudiante paraguayo le explica a una estudiante estadounidense que se encuentra en Paraguay como parte de un programa del Cuerpo de Paz o *Peace Corps.* Luego marca si cada oración que sigue es **cierta (C), falsa (F)** o si no tiene relación con lo que escuchaste **(N/R).**

C   F   N/R   **1.** Alfredo Stroessner fue un militar que durante 35 años ocupó la presidencia de Paraguay.

C   F   N/R   **2.** Su gobierno fue uno de los más largos de la historia latinoamericana.

C   F   N/R   **3.** Su padre fue un inmigrante holandés.

C   F   N/R   **4.** Stroessner fue reelegido presidente siete veces después de grandes campañas en las que gastó millones de dólares.

C   F   N/R   **5.** En realidad era un dictador, sólo mantenía las apariencias democráticas.

C   F   N/R   **6.** Stroessner marchó al exilio cuando perdió las elecciones presidenciales de 1989.

Gramática en contexto: *narración informativa y descripción del pasado*

B   **Música paraguaya.** Escucha el siguiente texto acerca de la música de Paraguay y luego indica si las oraciones que siguen son **ciertas (C)** o **falsas (F)**. Escucha una vez más para verificar tus respuestas.

C   F   **1.** La música paraguaya es de origen guaraní.

C   F   **2.** Los jesuitas les enseñaron a tocar el arpa a los guaraníes.

C   F   **3.** Hay bastante influencia africana en la música guaraní.

C   F   **4.** El arpa es un instrumento típico de la música popular guaraní.

C   F   **5.** La canción "Pájaro Campana" cuenta una historia de amor.

C   F   **6.** No se encuentra influencia de la música argentina en la música de Paraguay.

C   F   **7.** "Recuerdos de Ypacaraí" es el nombre de un famoso conjunto musical paraguayo.

C   **Recuerdos del abuelo.** Tu abuelo habla de lo que hacía cuando era joven. Mientras escuchas, ordena numéricamente los dibujos. Ten en cuenta que algunos dibujos quedarán sin numerar. Escucha una vez más para verificar tus respuestas.

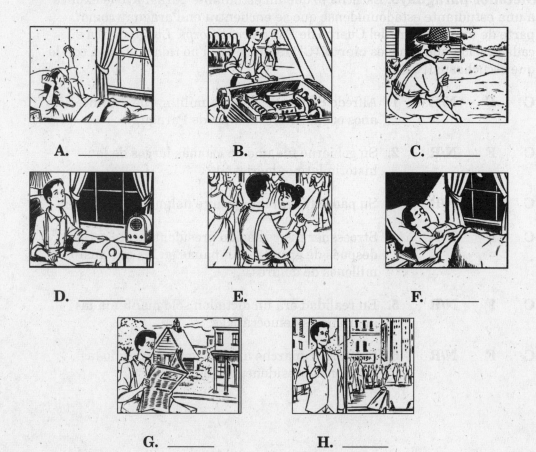

A. _____   B. _____   C. _____

D. _____   E. _____   F. _____

G. _____   H. _____

Pronunciación y ortografía

D **Palabras parónimas: *a*, *ah* y *ha*.** Estas palabras son parecidas y se pronuncian de la misma manera, pero tienen distintos significados.

- La preposición **a** tiene muchos significados. Algunos de los más comunes son:

  Dirección: Vamos **a** Nuevo México este verano.

  Movimiento: Camino **a** la escuela todos los días.

  Hora: Van a llamar **a** las doce.

  Situación: Dobla **a** la izquierda.

  Espacio de tiempo: Abrimos de ocho **a** seis.

- La palabra **ah** es una exclamación de admiración, sorpresa o pena.

  ¡Ah, me encanta! ¿Dónde lo conseguiste?

  ¡Ah, eres tú! No te conocí la voz.

  ¡Ah, qué aburrimiento! No hay nada que hacer.

- La palabra **ha** es una forma del verbo auxiliar **haber.** Seguido de la preposición **de,** significa **deber de, ser necesario.**

  ¿No te **ha** contestado todavía?

  Ha estado llamando cada quince minutos.

  Ella **ha de** escribir la próxima semana.

Ahora, al escuchar a los narradores, indica si lo que oyes es la preposición **a,** la exclamación **ah** o el verbo **ha.**

	a	ah	ha
1.	☐	☐	☐
2.	☐	☐	☐
3.	☐	☐	☐
4.	☐	☐	☐
5.	☐	☐	☐
6.	☐	☐	☐

E **Deletreo.** Al escuchar a los narradores leer las siguientes oraciones, escribe **ha, ah** o **a**, según corresponda.

1. ¿Nadie _____ hablado con papá todavía?

2. Vienen _____ averiguar lo del accidente.

3. Creo que salen _____ Mazatlán la próxima semana.

4. ¿Es para Ernesto? ¡ _____ , yo pensé que era para ti!

5. No _____ habido mucho tráfico, gracias a Dios.

F **Dictado.** Escucha el siguiente dictado e intenta escribir lo más que puedas. El dictado se repetirá una vez más para que revises tu párrafo.

Paraguay: la nación guaraní

_____

_____

_____

_____

_____

_____

_____

_____

_____

_____

_____

_____

_____

_____

_____

¡A escribir!

Gramática en contexto: *comparar, predecir y hablar de lo que se había hecho*

 Comparación. Compara tu vida actual con la que tenías hace algunos años.

MODELO   *pienso / levantarse más temprano*
         Pienso que antes me levantaba más temprano.

1. creo / ver más programas en la televisión

   _____

   _____

2. tengo la impresión / estudiar menos

   _____

   _____

3. me dicen / ser más cortés

   _____

   _____

4. pienso / ir al gimnasio más a menudo

   _____

   _____

5. creo / aprender más rápidamente

   _____

   _____

6. opino / sufrir menos de alergia

   _____

   _____

H **Visita a Paraguay.** Di lo que te cuenta un amigo que pasó unos días en Paraguay. Usa el **pluscuamperfecto de indicativo** de los verbos entre paréntesis para completar las oraciones.

MODELO   *Me dijo que _____ _____ (visitar) una misión jesuita.*
Me dijo que había visitado una misión jesuita.

1. Me dijo que _____ _____ (aprender)

   unas palabras en guaraní.

2. Me dijo que _____ _____ (asistir)

   a un concierto de música paraguaya.

3. Me dijo que _____ _____ (viajar)

   a la presa de Itaipú.

4. Me dijo que _____ _____ (probar)

   las chipás, un pan de yuca.

5. Me dijo que _____ _____ (descubrir)

   un interesante museo en Asunción, el Museo de Artes Visuales.

I **El Siglo XXI.** Tus compañeros dicen cómo imaginan que será el Siglo XXI. Para saber lo que dicen, completa las oraciones con el **futuro de indicativo** de los verbos entre paréntesis.

MODELO   *Me imagino que _____ (tener) ciudades en la Luna.*
Me imagino que tendremos ciudades en la Luna.

1. Pienso que _____ (obtener) más beneficios de la

   cibernética que de la agricultura.

2. Me imagino que _____ (hacer) vastos

   descubrimientos astronómicos.

3. Estoy seguro de que _____ (descubrir) una cura

   para el cáncer.

4. Me imagino que _____ (resolver) el problema de la

   contaminación ambiental.

5. Creo que _____ (vivir) en paz.

Vocabulario activo

A continuación se encuentra el vocabulario activo de las secciones **Gente del Mundo 21** y **Del pasado al presente** de la Lección 2. En los espacios en blanco, añade otras palabras que hayas aprendido en esta lección, relacionadas con cada tópico y que crees que te serán útiles.

Gente del Mundo 21

acostumbrar _____   lucrativo(a) _____

ceramista _____   prometedor(a) _____

comandante en jefe _____   reelegir _____

cosechar _____

_____   _____

_____   _____

_____   _____

_____   _____

Del pasado al presente

El pueblo guaraní y la colonización

abundar _____   colina _____

aldea _____   nave _____

caza _____   nómada _____

_____   _____

_____   _____

_____   _____

_____   _____

Las reducciones jesuíticas

decretar _____

esclavista _____

esplendor _____

evangelización _____

jesuita _____

_____

_____

_____

llevar a cabo _____

rechazar _____

reducción _____

repartirse _____

_____

_____

_____

_____

La independencia y las dictaduras y Los colorados y los liberales

desastre _____

enfrentar _____

intercambio _____

_____

_____

_____

_____

negarse _____

perpetuo(a) _____

patriotismo _____

_____

_____

_____

_____

Época contemporánea

cantidad _____

emprender _____

_____

_____

_____

_____

_____

hidroeléctrico(a) _____

presa _____

_____

_____

_____

_____

_____

J   **Lógica.** En cada grupo de palabras subraya la palabra que no esté
relacionada con el resto.

1. reducción   esplendor   evangelización   jesuita
2. rechazar   negarse   enfrentar   abundar
3. cantidad   presa   hidroeléctrico   energía
4. repartirse   proporcionar   intercambiar   enfrentar
5. cosechar   negarse   rechazar   enfrentar

K   **Definiciones.** Indica cuál es la palabra o frase que se define en cada caso.

1. Realizar una tarea.

   a. llevar a cabo

   b. comenzar

   c. enfrentar

2. Empezar o comenzar.

   a. emprender

   b. abundar

   c. negarse

3. Una elevación de terreno menor que una montaña.

   a. nave

   b. aldea

   c. colina

4. Una construcción que contiene el agua de un río.

   a. nómada

   b. presa

   c. reducción

5. Ordenar o resolver con autoridad.

   a. protagonizar

   b. decretar

   c. patriotismo

Composición: *discurso*

L   **Orador principal.** Imagina que has sido seleccionado(a) para hacer el discurso principal en la ceremonia anual de graduación de tu escuela o universidad. Quieres ser original y no caer en las frases gastadas que muchos oradores emplean en ocasiones semejantes. En una hoja en blanco, escribe un breve discurso con un tema central que tú escojas y por lo menos tres puntos que lo apoyen.

¡A escuchar!

Gente del Mundo 21

A **Escritora chilena.** Escucha lo que dicen dos amigas después de asistir a una presentación de una de las escritoras chilenas más conocidas del momento. Luego marca si cada oración que sigue es **cierta (C), falsa (F)** o si no tiene relación con lo que escuchaste **(N/R).**

C F N/R **1.** El peinado y el vestido juvenil de la escritora chilena Isabel Allende impresionaron mucho a una de las amigas.

C F N/R **2.** Isabel Allende comenzó a escribir en 1981, cuando tenía casi cuarenta años.

C F N/R **3.** Aunque tienen el mismo apellido, Isabel Allende y Salvador Allende no son parientes.

C F N/R **4.** Su primera novela, titulada *La casa de los espíritus,* ha sido traducida a muchos idiomas, como el inglés y el francés, entre otros.

C F N/R **5.** Dicen que una película basada en la novela *La casa de los espíritus* saldrá en uno o dos años.

C F N/R **6.** Su novela, *El plan infinito,* tiene lugar en EE.UU., país donde ha vivido por más de cinco años.

Gramática en contexto: *narración informativa y emociones*

B   **Isla de Pascua.** Escucha el texto sobre la isla de Pascua y luego
selecciona la opción que complete correctamente las oraciones que siguen.
Escucha una vez más para verificar tus respuestas.

1. La isla de Pascua pertenece a...

    a. Chile

    b. Argentina

    c. Inglaterra

2. La isla tiene forma...

    a. cuadrada

    b. ovalada

    c. triangular

3. Las dos terceras partes de las personas que viven en la isla...

    a. viajaron desde el continente

    b. son isleños de origen polinésico

    c. son trabajadores que tienen residencia en Chile

4. *Moai* es el nombre de...

    a. los habitantes de la isla

    b. unas inmensas construcciones de piedra

    c. unos volcanes apagados

5. La mayoría de los monolitos de piedra miden, como promedio,...

    a. entre cinco y siete metros

    b. dos metros

    c. veintiún metros

C   **Alegría.** Romina habla de algunas cosas que le han causado alegría recientemente. Mientras escuchas, ordena numéricamente los dibujos. Ten en cuenta que algunos dibujos quedarán sin numerar. Escucha una vez más para verificar tus respuestas.

A. _____

B. _____

C. _____

D. _____

E. _____

F. _____

G. _____   H. _____

Pronunciación y ortografía

Palabras parónimas: *esta, ésta y está.* Estas palabras son parecidas, pero tiene distintos significados.

- La palabra **esta** es un adjetivo demostrativo que se usa para designar a una persona o cosa cercana.

    ¡No me digas que **esta** niña es tu hija!

    Prefiero **esta** blusa. La otra es más cara y de calidad inferior.

- La palabra **ésta** es un pronombre demostrativo. Reemplaza al adjetivo demostrativo y desaparece el sustantivo que se refiere a una persona o cosa cercana.

    Voy a comprar la otra falda; **ésta** no me gusta.

    La de Miguel es bonita, pero **ésta** es hermosísima.

- La palabra **está** es una forma del verbo **estar.**

    ¿Dónde **está** todo el mundo?

    Por fin, la comida **está** lista.

Ahora, al escuchar a los narradores, indica si lo que oyes es el adjetivo demostrativo **esta,** el pronombre demostrativo **ésta** o el verbo **está.**

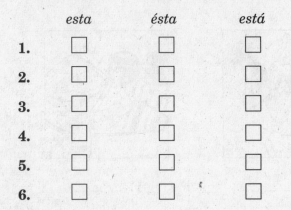

	esta	ésta	está
1.	☐	☐	☐
2.	☐	☐	☐
3.	☐	☐	☐
4.	☐	☐	☐
5.	☐	☐	☐
6.	☐	☐	☐

E   **Deletreo.** Al escuchar a los narradores leer las siguientes oraciones, escribe el adjetivo demostrativo **esta,** el pronombre demostrativo **ésta** o el verbo **está,** según corresponda.

1. ¡Sabemos que _____ persona vive en San Antonio,

    pero no sabemos en qué calle.

2. ¡El disco compacto _____ en el estante junto con las revistas.

3. Ven, mira. Quiero presentarte a _____ amiga mía.

4. ¡Dios mío! ¡Vengan pronto! El avión _____ por salir.

5. ¡Decidieron que _____ es mejor porque pesa más.

6. No creo que les interese _____ porque no estará lista hasta

    el año próximo.

F **Dictado.** Escucha el siguiente dictado e intenta escribir lo más que puedas. El dictado se repetirá una vez más para que revises tu párrafo.

El regreso de la democracia

_____

_____

_____

_____

_____

_____

_____

_____

_____

_____

_____

_____

_____

_____

_____

_____

_____

_____

_____

_____

_____

¡A escribir!

Gramática en contexto: *emociones*

G   **Lamentos.** Di de qué se lamenta tu amigo Nicolás.

MODELO   *Siente que su automóvil _____ (tener)*
problemas mecánicos.
Siente que su automóvil tenga problemas mecánicos.

1. Siente que sus amigos no _____ (invitarlo) a todas

    las fiestas.

2. Siente que su novia _____ (enfadarse) con él a

    menudo.

3. Siente que sus padres no _____ (comprenderlo).

4. Siente que los profesores no _____ (darle) muy

    buenas notas.

5. Siente que su hermana no _____ (prestarle) dinero.

H   **Viejos lamentos.** Sabes que tu amigo Nicolás siempre se lamenta de
algo. Di de qué se lamentaba el año pasado.

MODELO   *Sentía que su automóvil _____ (tener)*
problemas mecánicos.
Sentía que su automóvil tuviera problemas mecánicos.

1. Sentía que sus amigos no _____ (invitarlo) a todas

    las fiestas.

2. Sentía que su novia _____ (enfadarse) con él

    a menudo.

3. Sentía que sus padres no _____ (comprenderlo).

4. Sentía que los profesores no _____ (darle) muy

    buenas notas.

5. Sentía que su hermana no _____ (prestarle) dinero.

Nombre _____

Fecha _____

I   **Recomendaciones médicas.** Habla de las recomendaciones permanentes que el médico le hizo a tu papá y de otras más recientes que le hizo la semana pasada.

MODELO   *Le recomienda que* _____ *(hacer) ejercicios.*
                 Le recomienda que haga ejercicios.
                 Le recomendó que _____ *(caminar) dos millas todos los días.*
                 Le recomendó que caminara dos millas todos los días.

1. Le recomienda que _____ (hacerse) exámenes

     médicos periódicos.

2. Le recomendó que _____ (volver) a verlo dentro

     de un mes.

3. Le recomendó que no _____ (trabajar) más de treinta

     horas por semana.

4. Le recomienda que _____ (reducir) las horas de

     trabajo.

5. Le recomienda que _____ (comer) con moderación.

6. Le recomendó que _____ (disminuir) los alimentos

     grasos.

7. Le recomendó que _____ (usar) muy poca ropa

     durante el verano.

J **Opiniones de algunos políticos.** Diversos políticos, tanto los viejos como los nuevos candidatos, expresan opiniones acerca de las elecciones pasadas y futuras. Completa las siguientes oraciones con el **presente de indicativo, imperfecto de subjuntivo** o **pluscuamperfecto de subjuntivo,** según convenga.

MODELO   *Uds. se sentirán satisfechos si _____ (votar) por mí.*
Uds. se sentirán satisfechos si votan por mí.

Uds. se sentirían satisfechos si _____ (votar) por mí.
Uds. se sentirían satisfechos si votaran por mí.

Uds. se habrían sentido satisfechos si _____ _____ (votar) por mí.
Uds. se habrían sentido satisfechos si hubieran votado por mí.

1. Uds. habrían resuelto el problema del transporte público, si me _____ _____ (apoyar).

2. Yo crearé leyes para proteger el ambiente si Uds. me _____ (elegir).

3. Yo me ocuparía de la salud de todos si _____ (llegar / yo) al parlamento.

4. Uds. deben votar por mí si _____ (desear / Uds.) reformar el sistema de impuestos.

5. Yo desarrollaría la industria local si Uds. me _____ (dar) el voto.

6. Yo habría mejorado las calles de la ciudad si _____ (ser / yo) elegido.

7. Yo trataría de conseguir fondos para la educación vocacional si Uds. _____ (respaldar) mi candidatura.

Vocabulario activo

A continuación se encuentra el vocabulario activo de las secciones **Gente del Mundo 21** y **Del pasado al presente** de la Lección 3. En los espacios en blanco, añade otras palabras que hayas aprendido en esta lección, relacionadas con cada tópico y que crees que te serán útiles.

Gente del Mundo 21

analogía _____   mundialmente _____

carrera de arquitectura _____   perseguir _____

célebre _____   recopilar _____

centrado _____   surrealista _____

_____   _____

_____   _____

_____   _____

_____   _____

_____   _____

Del pasado al presente

La conquista y la colonia española

decepcionado(a) _____   terreno _____

estrecho(a) _____   _____

_____   _____

_____   _____

_____   _____

_____   _____

La independencia, El siglo XIX y *Los gobiernos radicales*

caos _____
distinguirse _____
equilibrar _____
interrumpir _____

_____
_____
_____

_____
_____
_____

porcentaje _____
reformista _____
salitre _____
suceder _____

_____
_____
_____

_____
_____
_____

El experimento socialista y *El regreso de la democracia*

asalto _____
boicoteo _____
desfavorecido(a) _____
junta militar _____
obtener _____
precedente _____

_____
_____
_____
_____

prohibir _____
recuperación _____
referéndum _____
revocar _____
triunfo _____

_____
_____
_____
_____

K **Desafío al futuro.** Encuentra las siguientes palabras en la sopa de letras que aparece más abajo y táchalas. Ten en cuenta que las palabras pueden aparecer en forma horizontal o vertical, y pueden cruzarse con otras. Luego, para completar la oración "Lo que más impresiona de Chile ahora es..." coloca en los espacios en blanco las letras que no tocaste empezando de izquierda a derecha y de arriba hacia abajo.

ALDEA	INTERRUMPIR	RECUPERACIÓN
ASALTO	JUNTA	REFERÉNDUM
BOICOTEO	NAVE	REVOCAR
CAOS	OBTENER	SUCEDER
PODER	PRECEDENTE	TERRENO
ANALOGÍA	PROHIBIR	CORRE

Chile: desafío al futuro

R	P	E	G	R	A	S	A	L	T	O
I	O	B	T	E	N	E	R	R	P	R
N	D	S	U	C	E	D	E	R	R	E
T	E	A	J	U	N	T	A	B	E	F
E	R	L	E	P	S	O	D	O	C	E
R	E	D	M	E	O	C	R	I	E	R
R	T	E	R	R	E	N	O	C	D	E
U	C	A	N	A	V	E	A	O	E	N
M	O	C	I	C	A	O	S	T	N	D
P	R	O	H	I	B	I	R	E	T	U
I	R	E	V	O	C	A	R	O	E	M
R	E	A	A	N	A	L	O	G	I	A

Lo que más impresiona de Chile ahora es... ¡el __ __ __ __ __ __ __

a la __ __ __ __ __ __ __ __ __ __ __ !

Composición: *expresar opiniones*

L **La democracia.** En una hoja en blanco, escribe una breve composición sobre los beneficios que existen en tener líderes políticos civiles en lugar de militares ¿Por qué piensas que los pueblos latinoamericanos prefieren un sistema democrático de gobierno con elecciones libres a un gobierno militar autoritario? ¿Qué es necesario para que exista una verdadera democracia? Explica tu punto de vista.

English-Spanish Vocabulary

This **Vocabulary** includes all active and most passive words and expressions in *Pasaporte al Mundo 21* (conjugated verb forms and proper names used as passive vocabulary are generally omitted). A number in parenthesis follows most entries. This number refers to the unit and lesson in which the word or phrase is introduced. The number **(3.1)**, for example, refers to **Unidad 3, Lección 1.** The unit and lesson number of active vocabulary – words and expressions students are expected to remember and use– is given in bold face type: **(3.1).** The unit and lesson number of passive vocabulary –words and expressions students are expected to recognize and understand– is given in lightface type: (3.1).

The gender of nouns is indicated as *m.* (masculine) or *f.* (feminine). When the noun designates a person, both the masculine and feminine forms are given. Adjectives ending in **–o** are given in the masculine singular with the feminine ending **(a)** given in parentheses. Verbs are listed in the infinitive form.

The following abbreviations are used:

adj.	adjective	*past. part.*	past participle
adv.	adverb	*pl.*	plural
f.	feminine	*pres. part.*	present participle
m.	masculine		

A

A.D. d.C. (después de Cristo) (3.3)
(to) **abandon** abandonar **(3.3)**
   abandoned despoblado(a) **(8.1)**
abandonment desvalimiento *m.* **(4.1)**
(to) **abdicate** abdicar **(2.1)**
ability habilidad *f.* (1.3); capacidad *f.* **(1.3)**
abnormal anormal (8.2)
(to go) **aboard** embarcarse (1.3)
abolition abolición *f.* (8.1)
(to) **abound** abundar (6.2) **(8.2)**
about acerca de (3.3)
(to rise) **above** sobrepasar (8.2)
abscess absceso *m.* (6.1)
(to) **abstract** abstraer **(7.2)**
   make abstract abstraer **(7.2)**
abundance abundancia *f.* **(5.3)**
abuse abuso *m.* **(5.2)**
academy academia *f.* **(2.2)**
(to) **accede** acceder (2.2) **(8.1)**
(to) **accelerate** acelerar (2.2) **(3.1)**
   accelerated acelerado(a) **(4.3)**
accentuated acentuado(a) (3.3)
(to) **accept** transar (1.1)
acclaimed aclamado(a) **(4.1)**
(to) **accompany** acompañar (LP)
according to según (1.1)
account cuenta *f.*
   to take into account tomar en cuenta (1.2)
accountant contador *m.* contadora *f.* **(8.1)**
accumulation depósito *m.* **(7.1)**
accusation denuncia *f.* (6.1)
(to) **accuse** acusar **(5.2)**
(to be) **accustomed to** soler (ue) (2.1)

accustomed to acostumbrado(a) (3.1)
(to) **achieve** alcanzar **(1.3)**, lograr (1.1) (1.3)
(to) **acquire** obtener (ie) (LP) **(8.3)**, adquirir **(1.1)**
acquisition adquisición *f.* (2.2)
across:
   to go across atravesar (ie) **(6.2)**
   to be across from dar frente a **(4.2)**
activist activista *m.f.* **(3.2)**
actor actor *m.* **(1.1)**
actress actriz *f.* **(1.2)**
adaptation adaptación *f.* **(1.3)**
(to) add añadir (1.1)
   added añadido(a) (2.2)
(in) **addition to** además *adv.* (LP)
adequate adecuado(a) (5.2)
(to) **adhere** adherirse (4.1)
administer administrar (5.3)
(to) **administrate** administrar (5.3)
administrator (of an estate) mayordomo *m* (8.1)
adolescent adolescente *m.f.* (1.3)
adornment adorno *m.* (6.1)
advance avance *m.* (1.2), **(7.3)**
   in advance por adelantado (5.2)
   advanced adelantado(a)
advantage: to take advantage of (an opportunity) aprovechar (2.2)
adventure aventura *f.* (1.1)
adventurer aventurero *m.,* aventurera *f.* **(5.2)**
adversary adversario *m.* **(4.2)**
adversity adversidad *f.* (8.2)
advertisement propaganda *f.* (8.1)
advice consejo *m.*
advise advertir (ie, i) (2.1)
advocate apóstol *m.f.* (4.1)
aerial aéreo(a) **(7.3)**
aesthetic estético(a) (6.1)

affair asunto *m.* (5.2) **(7.1)**
(to **affirm** afirmar (1.1)
affirmation afirmación *f.* **(7.3)**
African negro(a) **(LP)**
   African-American negro(a)
Afro-Cuban afrocubano(a) **(4.1)**
after tras (3.2)
   after all al fin y al cabo (7.1)
   after Christ d.C. (después de Cristo)
against contra
aged envejecido(a) (2.1)
agency agencia *f.*
   Central Intelligence Agency (USA) Agencia Central de Inteligencia (CIA) **(3.2)**
aggression (against the government) atentado *m.* **(6.3)**
agrarian agrícola (1.1)
agree acceder (2.2) **(8.1)**
agreement concordancia *f.* (1.3); concordia *f.* (3.2); acuerdo *m.* (1.1) **(4.1)**
   peace agreement acuerdo de paz (5.3)
agricultural agrícola (1.1)
agriculture agricultura *f.* (4.1)
aid ayuda *f.* **(2.1)**
aim meta *f.* (1.1) **(1.3)**
air aéreo(a) **(7.3)**
alibi coartada *f.* (8.1)
alien extraterrestre *m.f.* (5.2)
alive vivo(a) (3.2)
alliance coalición *f.* **(1.3)**, alianza *f.* **(6.3)**
allied aliado(a) **(6.1)**
almost casi (1.1)
along a lo largo (2.1)
alphabet: alphabet soup sopa de letras *f.* (4.3)
already ya (1.3)

also asimismo (LP)

(to) **alternate** turnarse (2.3), alternar (4.1) **(4.2)**

altitude altura *f.* **(7.3)**

Amazonian amazónico(a) **(7.2)**

ambassador embajador *m.*, embajadora *f.* (LP) **(3.2)**

ambitious ambicioso(a) **(3.2)**

amnesty: given amnesty amnistiado(a) **(4.1)**

among entre (1.2)

amount cantidad *f.* (2.3) **(8.2)**

ample amplio(a) (LP) **(3.3)**

analogy analogía *f.* (3.2)

ancestors antepasados *m.pl.* **(4.1)**

ancestral ancestral **(4.1)**

anchor: anchor oneself anclarse (4.2)

ancient antiguo(a) **(2.1)**

Andean andino(a) **(7.1)**

Anglo-Saxon anglosajón *m.* anglosajona *f.* **(1.1)**

animal: animal life fauna *f.* (7.2)

(to) **animate** animar (4.1)

(to) **annex** anexar **(7.2)**

annexation anexión *f.* **(4.2)**

annihilated aniquilado(a) **(5.2)**

(to) **announce** anunciar (1.2)

announcer locutor *m.* (1.2), locutora *f.* (1.2)

annoyingly molestamente (8.1)

(to) **annul** anular **(5.3)**

annulment anulación *f.* **(5.3)**

answer respuesta *f.*
in answer to en respuesta a (1.1)

ant hormiga *f.* (3.1)

antagonism enemistad *f.* (2.1)

antagonist antagonista *m.f.* **(5.2)**

anyone cualquiera

apex cima *f.* (3.2) **(7.3)**

apocalypse apocalipsis *m.* (3.2)

apostle apóstol *m.f.* **(4.1)**

apparatus aparato *m.* (8.1)

apparition aparición *f.* (2.2)

(to) **appeal** recurrir

(to) **appear** aparecer (4.3), parecer (3.2)

appearance aparición *f.* (2.2)

apple manzana *f.* (8.3)

apply implementar **(3.1)**
to apply aplicar (6.3)
to apply oneself echarse (1.1)

appointment nombramiento *m.* **(3.2)**

(to) **appreciate** apreciar (1.2)

appreciated apreciado(a) **(5.1)**

apprentice aprendiz *m.f.* **(7.3)**

approach acercarse (1.1)
to approach aproximarse (4.3)

appropriate adecuado(a) **(5.2)**

approval afirmación *f.* **(7.3)**, aprobación *f.* **(6.1)**

approve ratificar **(6.2)**
(to) **approve** aprobar (ue) (2.2)
to be approved aprobarse (4.3) **(7.1)**

aqueduct acueducto *m.* **(2.1)**

Arabic árabe **(LP)**

arch arco *m.* (2.1)

archaeological arqueológico(a) **(3.3)**

archbishop arzobispo *m.* **(5.1)**

architectural arquitectónico(a) (LP)

area region *f.* **(3.1)**, zona *f.*

(to) **argue** argüir (7.1)

argument pelea *f.* (1.1)

arise surgir **(3.2)**

aristocracy aristocracia *f.* (6.3)

aristocrat aristócrata *m.f.* **(7.1)**

arm: arm of a windmill aspa *f.* (2.1)

armed armado(a)
armed battle lucha armada (3.1)
armed forces fuerzas armadas (1.1) (1.2)

armor armadura *f.* (7.1)

army ejército *m.* (1.2) **(4.1)**
to serve in the army military

aroma olor *m.*
glacial aroma olor glacial (6.1)

around alrededor (de) (2.2) (3.3)

arouse fomentar

(to) **arrange** concertar (ie)

arranger arreglista *m.f.* (1.3)

arrival arribo *m.* (4.1), llegada *f.* (3.1)
new arrivals recién llegados (1.3)

(to) **arrive** llegar (1.1), arribar (1.3)

arrow flecha *f.*
bow and arrow arco y flecha (5.1)

artisan artesano *m.*, artesana *f.* (7.1)

artisanry artesanía *f.* (2.1)

artistic estético(a) (6.1)

as:
as much as tanto como *adv.* (LP)
as of a partir de *adv.* (1.1) **(3.1)**

ash ceniza *f.* **(5.3)**

(put) **ashore** desembarcar (4.2) **(7.1)**

aspirante aspirante *m.f.* **(1.2)**

aspiration aspiración *f.* (4.1)

(to) **aspire to** aspirar a **(1.2)**

(to) **assassinate** asesinar (3.1) (3.2)
assassinated asesinado(a) **(5.1)**

assassination asesinato *m.* **(4.2)**

assault asalto *m.* (3.2) **(8.3)**
(to) **assault** asaltar **(4.3)**

assembly asamblea *f.* **(7.2)**

(to) **assign** diputar, delegar

(to) **assimilate** asimilarse **(3.2)**

assistance asistencia *f.*; apoyo *m.* **(1.3)**

associate socio *m.* (6.3)

associated asociado(a)
Associated Free State Estado Libre Asociado **(4.3)**
to be associated with asociarse **(8.1)**

association vinculación *f.* (6.2)

(to) **assume** (responsibilities, command) asumir **(5.2)**

assuredness certeza *f.* (8.2)

Athenian ateniense (4.3)

Attaché(e) agregado *m.*, agregada *f.*
cultural attaché agregado cultural (LP)

attack ataque *m.* **(3.3)**
attacked atacado(a) **(6.1)**

attempt intento *m.*

(to) **attempt** intentar
attempt on someone's life atentado contra la vida de **(6.3)**

(to) **attend** asistir a; acudir (2.2)
to attend (a course of studies) cursar (2.2) **(8.3)**

attention:
to draw someone's attention advertir (ie, i) (2.1)
to pay attention prestar atención (1.3)

attested calificado(a) (6.2)

attitude actitud *f.* (1.3)

(to) **attract** atraer (1.1) **(6.2)**

attractive encantador(a) (2.2)

(to) **attribute** atribuir (8.1)

auction subasta *f.* (1.1)

audacious audaz (8.1)

(to) **augment** aumentar (1.1) **(5.3)**; incrementar **(5.1)**

austerity austeridad *f.* **(5.2)**

authentic verdadero(a) (4.3)

authoritarian autoritario(a) **(5.3)**

authoritarianism autoritarismo *m.* **(8.1)**

authority autoridad *f.* (4.1) **(7.1)**

automatic automático(a)
automatic teller cajero automático (4.3)

autonomous autónomo(a) (5.2)

autonomy autonomía *f.* **(4.3)**

avarice avaricia *f.* (7.1)

avenue avenida *f.* **(2.2)**

aviation aviación *f.* (2.2)

avocado aguacate *m.* (4.2)

(to) **avoid** evitar (1.3)

awarded galardonado(a) (LP)

awarding otorgamiento *m.* (8.2)

aware: to become aware of darse cuenta de (1.1)

away: to give someone away poner en evidencia (8.1)

Aztec azteca (LP)

back espalda *f.*
 back of a chair respaldo *m.* (8.1)
 on the back al dorso (2.3)
 with one's back to de espaldas a (8.1) (6.1)

balance balanza *f.* (8.3)
 to balance equilibrar (8.3)

ball: ball player pelotero *m.* (4.2)

banana plátano *m.* (LP); banana

band conjunto *m.* (4.2)

banishment exilio *m.* (1.3)

bank: bank machine cajero automático (4.3)

bank (of a river) orilla *f.* (6.3)

banker banquero *m.*, banquera *f.* (1.2) (1.3)

bankruptcy bancarrota *f.* (8.1)

barbarian bárbaro(a) (2.2)

barbaric bárbaro(a) (2.2)

barely apenas *adv.* (8.1)

(to) **bark** ladrar (8.1)

based basado(a) (8.3)

basketball baloncesto *m.*
 basketball court cancha de baloncesto (4.2)

Basque vasco(a) (2.2)

battered maltrecho(a) (2.1)

battery pila *f.*

battle batalla *f.* (7.1)

bay bahía *f.*
 Bay of Pigs Bahía de Cochinos (4.1)

(to) **be** estar
 to be about to estar a punto de (1.2)
 to be up-to-date estar al día (3.1)
 to be educated educarse (7.3)
 to be carried out efectuarse (4.2) (6.1)
 to be generated generarse (4.3)
 to be reborn renacer (5.1)
 to be about tartar de, tratarse de

beacon faro *m.* (5.1)

bean frijol *m.* (3.1)

beard barba *f.* (7.1)

(to) **beat** derrotar (1.2) (3.1); latir (8.1)

beating latido *m.* (8.2)

beautiful: made beautiful embellecido(a) (2.1)

beauty belleza *f.* (4.1)

(to) **become** llegar a ser (5.1) convertirse (en) (1.1) (2.3)

to become independent independizarse

to become aware of darse cuenta de (1.1)

beef carne *f.*
 ground beef carne molida (1.1)

before ante (4.3)

(to) **beg** rogar (ue) (7.1)

(to) **begin** inaugurar; emprender (7.1) (8.2); iniciar (1.1) (3.1)

beginning inicio *m.* (2.2)
 at the beginning of a principios de (1.1)

(to stop) **being** dejar de ser (4.3)

belief creencia *f.* (3.2)
 belief system credo *m.* (LP)

bell campana *f.* (3.2)
 bell tower campanario *m.* (2.1)

bellows fuelle *m.* (4.1)

(to) **belong** pertenecer (2.1)

belonging (to) perteneciente (a) (5.2)

beneficial beneficioso(a) (5.3)

benefit beneficio *m.* (3.1)
 to benefit beneficiar (1.2) (5.2)
 to benefit from aprovechar (2.2)

bequest legado *m.* (2.2)

besides además *adv.* (LP)

(to) **betray** traicionar (LP)

between entre (1.2)

beyond más allá de (1.2)

bilingual bilingüe (1.3)

biography biografía *f.* (4.2)

birthplace ciudad natal (7.1)

bison bisonte *m.* (2.1)

bite picar (7.1), picadura *f.* (7.1)
 to bite morder (ue) (7.2)

biting picante

bitter amargo(a)
 bitter tenderness amarga ternura (6.1)

black negro(a)

blacksmith herrero *m.*, herrera *f.* (4.1)

bleach blanqueador *m.* (3.1)

blessed bendito(a) (5.3)

blessing bendición *f.* (7.1)

blind ciego(a) (4.1) (8.1)

blizzard ventisca *f.* (4.3)

block bloque *m.* (3.1)
 to block bloquear (3.2)

blockade bloqueo *m.* (4.1)
 naval blockade bloqueo naval (4.1)

blockage bloqueo *m.*

blood sangre *f.* (3.1)
 of mixed blood mestizo(a) (LP)

bloodthirsty sanguinario(a) (6.3)

bloody sangriento(a) (3.2) (3.3)

blow: blow with a whip chicotazo *m.* (8.1)

board junta *f.* (5.1) (5.2)
 on board a bordo (7.2)

national board consejo nacional (8.1); junta *f.* (5.1) (5.2)

boat buque *m.* (4.1), barco *m.* (6.1), nave *f.* (7.2) (8.2)

body cuerpo *m.* (8.1)
 bodily movement movimiento corporal (1.3)

(to) **boil** hervir (ie, i) (6.1)
 boiled hervido(a) (6.1)

bold atrevido(a) (1.1); audaz (8.1)

bombing bombardeo *m.* (2.2)

bond lazo *m.* (5.2)

bone hueso *m.*
 creaking of bones crujido de huesos (6.1)

bongo-player bongosero *m.* (6.2)

border frontera *f.* (1.1) (3.1); fronterizo(a) *adj.* (5.3) (7.1); límite *m.* (8.1); franja *f.*; borde *m.* (4.1)

born nacido(a)
 to be born nacer (LP)

boss jefe *m.* jefa *f.*

both ambos(as) (3.1)
 both sides ambos lados (1.1)

bother molestia *f.* (8.1)
 to bother molestar (1.1)
 bothered molestado(a) (8.1); molesto(a) (3.1) (6.2)

bound atado(a) (8.1)

bow arco *m.*
 bow and arrow arco y flecha (5.1)

boycott embargo *m.* (4.1); boicoteo *m.* (8.3)

brain cerebro *m.* (5.1)

branch rama *f.*
 olive branch rama de olivo (5.3)

(to) **brand cattle** herrar (ie) (4.1)

bravery bravía *f.* (1.2)

Brazilian brasileño(a) (8.2)

break ruptura *f.* (5.1)
 to break partir (1.1); romper (6.3); quebrar (4.1)
 to break-up disolver (ue) (5.3)
 to break out estallar (4.1)
 breaking off rompimiento *m.* (4.1)

(to) **breathe** respirar (6.1)
 to breathe in respirar (6.1)

breeder; cattle breeder ganadero *m.* (5.2)

bridge puente *m.* (2.1)

brief breve
 in brief en resumidas cuentas (6.1)

bright listo(a)

brilliant brillante

brilliantly brillantemente (2.2)

(to) **bring together** concertar (ie) (8.3); unir (4.1) **(5.2)**; unificar (7.1)

broadcasting station emisora *f.* (1.2)

broken roto(a) (1.1)

    broken-up disuelto(a) **(5.1)**

    with a broken back despaldado(a) (2.1)

bronze bronce *m.* (2.2) **(6.1)**

(to be) **brought up** criarse (1.2)

bubbling hervidero *m.*

buccaneer bucanero *m.* **(4.2)**

budget presupuesto *m.* (5.2) **(5.3)**

(to) **build** construir **(7.2)**

building edificio *m.* (1.2)

bulk bulto *m.* (2.2)

bull calf becerro *m.* (1.1)

bump golpe *m.* (2.1)

bundle bulto *m.*

buried enterrado(a) (3.1) **(5.3)**

(to) **burn** quemar (3.3), arder (5.1) incendiar

bush seto *m.* (8.1)

business empresa *f.* (4.3) **(7.2)**; negocio *m.* (1.3); comercio *m.* (1.3)

buttocks trasero *m.* (5.1)

(to) **button** abotonar (6.1)

by:

    by the way a propósito (2.2)

    by force por la fuerza (1.1) **(3.1)**

C

cabin cabaña *f.* (4.1)

cabinet gabinete *m.* **(1.1)**

cacao cacao *m.* **(5.1)**

(to) **call** llamar

    call together convocar **(6.2)**

    call forth evocar

    to be called denominarse, llamarse, nombrarse

calm sereno(a) (1.1)

(to) **camouflage oneself** camuflarse (7.2)

campaign campaña *f.* (1.2)

canal canal *m.* (1.2)

candidacy candidatura *f.* (3.2) **(6.2)**

candidate aspirante *m. f.* **(1.2)**, candidato

    to be a candidate for postular (6.3)

(to) **cannonize** canonizar (2.1)

canoe canoa *f.* **(5.2)**

canteen cantimplora *f.* (5.1)

canvass lienzo *m.* (2.2)

capable capaz **(8.1)**

capacity capacidad *f.* **(1.3)**

captivity cautiverio *m.* (7.1)

---

cardboard cartón

    cardboard box cajita de cartón *f.* (6.1)

cards tarjetas *f. pl.*

    card game juego de tarjetas (LP)

career carrera *f.* **(1.2)**

careful cuidadoso(a) (6.1)

caress caricia *f.* (8.1)

    to caress acariciar (8.1)

carpeted alfombrado(a) (8.1)

carriage carruaje *m.* (5.1)

(to) **carry out** desempeñar (2.2) **(4.2)**; llevar a cabo (5.1) **(8.2)**; realizar, efectuar

(to) **carve** (rocks) tallar (piedras) (7.1)

case caso *m.*

cashier cajero *m.* cajera *f.* **(8.1)**

Castillian (of Castille) castellano(a) **(2.1)**

cataclysm cataclismo *m.*

catastrophe catástrofe *f.*

catastrophic catastrófico(a) **(4.2)**

(to) **catch** coger (3.1)

catcher: baseball catcher receptor *m.* (1.2)

category categoría *f.* **(1.2)**

cathedral catedral *f.* (4.2)

cattle ganado *f.* (7.2) **(8.1)**

    cattle dealer ganadero *m.*

cause causa *f.;* motivar **(6.1)**

cautious cauteloso(a) (6.1)

cave cueva *f.*

    The Altamira cave cueva de Altamira **(2.1)**

to celebrate conmemorar (6.1) **(6.2)**, festejar (3.2)

Celtic celta **(2.1)**

censure reprobación *f.* (3.2)

census censo *m.* (1.1)

centennial centenario *m.* (7.2)

center núcleo *m.*

    urban center núcleo urbano (3.1)

central central

    Central Intelligence Agency (USA) Agencia Central de Inteligencia (CIA) **(3.2)**

    Central (Middle) American centroamericano(a); mesoamericano(a) (LP) **(3.1)**

century siglo *m.* (1.1) **(2.1)**

ceramics cerámica *f.* **(7.1)**

ceramist ceramista *m.f.* **(8.2)**

certitude certeza *f.* (8.2)

cession cesión *f.* **(6.2)**

chain cadena *f.* (1.3)

challenge desafío *m.* **(LP)**

    educational challenge desafío educativo **(1.2)**

chamber cámara *f.* (6.2)

champion campeón *m.*, campeona *f.* **(2.2)**

championship campeonato *m.* (8.1)

---

chance azar *m.* (8.1)

(to) **change** cambiar, convertir (ie, i) **(4.3)**

    change residence trasladarse (2.1) **(5.1)**

changed convertido(a) (2.1)

channel canal *m.*

    television channel canal de televisión **(1.2)**

chaos caos *m.* (1.1) **(8.3)**

chaotic caótico(a)

    chaotic state (of affairs) estado caótico **(4.2)**

chapel capilla *f.* (7.1)

character personaje *m.*

    colorful character personaje pintoresco (1.2)

(to) **charge** cobrar (1.1); arremeter (2.1)

to take charge of encargarse de (1.1)

    in charge encargado(a) **(6.2)**

charismatic carismático(a) **(4.2)**

charm donaire *m.* (5.1)

chase caza *f.*

(to) **check off** tachar (4.3)

cheek mejilla *f.* (6.1)

chest cofre *m.* (7.1)

Chicano chicano(a) **(1.1)**

    Chicano student movement La Causa **(1.1)**

chief caudillo *m.* **(6.3)**; jefe *m.*, jefa *f.*

    Chief of State jefe de estado (2.2) **(4.1)**

    Commander in chief comandante en jefe **(8.2)**

child (El Salvador) cipote *m.f.* (5.1)

childhood niñez *f.* (3.2)

children: pertaining to children infantil **(5.1)**

    children's literature literatura infantil **(6.2)**

(to) **choose** escoger (3.2); elegir (i,i); optar (1.3) **(7.3)**

(to) **chop** picar (1.1)

chore tarea *f.* (1.1); quehacer *m.*

    household chores quehaceres (1.1)

chorus comparsa *f.*

Christian cristiano(a) **(LP)**

Christianity cristianismo *m.* **(2.1)**

chronicle crónica *f.* (3.1)

cinnamon canela *f.* (7.2)

cite citar

cited citado(a)

citizen ciudadano *m.* ciudadana *f.* **(1.2)**

citizenship ciudadanía *f.* **(1.2)**

city ciudad *f.;* municipio *m.*

    city hall municipio *m.* (3.2); palacio municipal **(3.2)**

city wall muralla *f.* **(4.3)**
    of the city urbano(a) (6.3)
civil civil
    civil war Guerra Civil **(2.2)**
    civil rights derechos civiles **(1.1)**
civilization civilización *f.* **(3.1)**
(to) claim reclamar **(7.2)**
clan clan *m.* (3.2); tribu *f.* **(4.1)**
class clase *f.*
    wealthy class clase acomodada **(4.1)**
    middle class clase media **(1.3)**
    lower class clase menos acomodada **(1.3)**, clase baja
    working class clase trabajadora **(4.1)**
classroom aula *f.* (1.1)
clause cláusula *f.* (2.2)
(to) clean limpiar (1.1)
clear claro(a) (4.2)
clever listo(a)
climate: of or pertaining to the climate climatológico(a) (7.1)
climatological climatológico(a) (7.1)
climb escalar (LP)
close cercano(a) **(LP)**
closure clausura *f.* (2.2)
cloth paño *m.* (4.1)
clothing ropaje *m.* (5.1), vestimenta *f.* (7.3)
cloud nube *m.* (5.1)
coach entrenador *m.*, entrenadora *f.* (1.2)
coalition coalición *f.* (1.3)
coast costa *f.*
    Mediterranean Coast costa mediterránea (2.1)
    from the coast costeño(a) (3.1)
coastal costero(a) (3.3); costeño(a) **(3.1)**
codex códice *m.* (3.2)
coexistence convivencia *f.* (8.2)
coffee café *m.* (4.3)
coffer cofre *m.* (7.1)
(to) coincide coincidir (7.2)
coin moneda *f.* (5.2)
cold helado(a) (6.1), frío(a)
    Cold War Guerra Fría (3.2)
(to) collaborate colaborar
collaborator colaborador *m.*, colaboradora *f.* (4.2)
collapse colapso *m.* (2.1)
(to) collect recoger (3.2); recaudar (2.2); cobrar
    collected recopilado(a) (4.2)
collection agrupación *f.* (7.1)
colonist colono *m.* (3.1)
colonization colonización *f.* **(4.1)**
colonizer colonizador *m.*, colonizadora *f.* **(1.1)**
colony colonia *f.* (LP) **(2.2)**

color colorido *m.* (1.2)
colorful pintoresco(a)
    colorful character personaje pintoresco (1.2)
coloring colorido *m.*
comb peine *m.* (4.2)
combatant combatiente *m.f.* (5.2)
(to) combine religar (8.2), combinar
combustion combustión *f.* (4.3)
come:
    come from derivar (1.1)
    come before preceder (4.2)
    come back retornar (5.3)
    to come provenir (ie) (4.1)
    to come close acercarse (1.1)
    to come nearer aproximarse (4.3)
comedy comedia *f.* (2.2)
(to get) comfortable acomodarse (3.1)
    make oneself comfortable arrellanarse (8.1)
coming back regreso *m.* (3.1)
command jefatura *f.* (6.2); mandato *m.* (2.2); mando *m.* (5.1)
    in command of al mando de (7.1)
    to command comandar (3.1)
commander comandante *m.f.* **(4.1)**, caudillo *m.* **(6.3)**
    commander in chief comandante en jefe (8.2)
(to) commemorate conmemorar **(6.1) (6.2)**
commence comenzar (ie) (1.1)
commentator locutor *m.*, locutora *f.* (1.2)
commerce comercio *m.;* mercancía *f.* **(6.2)**
commercial comercial
    commercial wealth riqueza comercial (5.2)
commissioned encargado(a) **(6.2)**
(to) commit cometer (1.3)
common común (7.1)
communist comunista **(3.2)**
community comunidad *f.* **(LP)**
    autonomous community comunidad autónoma (2.2)
    European Economic Community Comunidad Económica Europea (CEE) **(2.2)**
(to) compare comparar (3.2)
compel obligar **(5.1)**
compete rivalizar (5.2)
    to compete competir (i,i) **(7.1)**
(to) compile recopilar (2.1)
    compiled recopilado(a) (4.2)
(to) complain quejarse (5.2)
complete finalizar **(6.3)**
    to complete cumplir

complex complejo(a) **(3.3)**
complexity complejidad *f.* **(2.3)**
(to) complicate dificultar (8.1)
complicity complicidad *f.* (3.2)
(to) compose componer (4.2); constituir (1.3)
    composed compuesto (de) (1.2)
composer compositor *m.*, compositora *f.* (1.3)
compromise compromiso *m.* **(7.3)**
(to) concede conceder
conceited vanidoso(a) (1.1)
concern preocupación *f.* **(1.3)**
    without concern despreocupadamente (3.1)
concerning acerca de (3.3)
concession concesión *f.* (3.2)
(to) conclude concluir
concord concordia *f.* (3.2)
concordance concordancia *f.* (1.3)
(to) condemn condenar
    condemned condenado(a) (3.2)
confide fiar (4.1)
confidence confianza *f.* (1.1) **(7.1)**
(to) confirm revalidar (1.3)
conflict conflicto *m.* **(3.1)**
(to) confront enfrentarse *f.*, enfrentar **(3.1) (8.2)**
confrontation enfrentamiento *m.* **(6.2)**
confusion desorden *m.* **(6.2)**; tropel *m.* (5.3)
congo-player conguero *m.* (6.2)
congress congreso *m.*
    national congress congreso federal (4.3)
congressional representative congresista *m.f.* (1.2)
congressperson diputado *m.*, diputada *f.* **(1.2)**
conjecture conjetura
conjunction conjunción *f.* (5.3)
connection conexión *f.* **(3.3)**
connoisseur conocedor *m.*, conocedora *f.* (7.2)
(to) conquer conquistar **(2.1)**
conquest conquista *f.* (LP)
conscience conciencia *f.* **(1.1)**
consciousness conciencia *f.* (3.2)
(to) consecrate consagrar (7.1)
consecration consagración *f.* (6.1)
consensus consenso *m.* **(8.1)**
conservative conservador(a) (5.3)
conserve conservar (1.1)
consider tomar en cuenta (1.2)
    to consider considerar (1.1)
(to) consolidate consolidar **(4.1)**
consolidation consolidación *f.* **(4.2)**
consortium consorcio *m.* (7.2)
(to) constitute constituir
constitution constitución *f.* **(4.3)**
construct construir **(7.2)**

construction construcción f.
(6.2)

consultation consulta f. (4.2)

consummate consumado(a) (1.3)

contagious pegajoso(a) (7.1);
contagioso(a)

(to) contain contener (ie) (8.1)

contaminated contaminado(a)
(3.1)

contemporary contemporáneo(a)
(LP) (2.3)
contemporary society sociedad
contemporánea (4.3)

contemptuous despectivo(a)
(5.2)

contents contenido m. (1.3)

contest concurso m. (LP)

(to) continue seguir (i,i) (1.2)

contract encoger (7.1)
to contract contratar (1.2);
contraer (8.1)

contrary contrario(a) (6.2)

contrast contraste m.

(to) contribute contribuir;
colaborar (4.1)

(to) control oneself aguantarse
(1.1)

controversial controvertido(a) (1.3)
(4.1)

controversy polémica f. (3.2)

(to be) convenient convenir (ie)
(5.1)

convention congreso m.

(to) convert convertir (ei,i)
converted convertido(a) (2.1)

(to) convince convencer (2.2)

convincing convincente (4.3)

(to) convoke convocar (6.2)

cool:
to cool off enfriar
to cool down enfriar

(to) coordinate coordinar (1.3)

copper cobre m. (8.3)

(to) copy copiar

coriander cilantro m. (1.1)

corn maíz m. (3.1)

corner esquina f. (1.2)

cornerstone piedra angular (7.1)

coronel coronel m. (3.2)

correct adecuado(a) (5.2)
to correct corregir (i,i) (1.3)

corresponding correspondiente

corrupt corrupto(a) (4.2)

corruption corrupción f. (6.3)

cosmopolitan cosmopolita (7.2)

cost importe m. (3.1)
to cost costar (ue)

cotton algodón m. (3.2)

council consejo m.
governing council junta de
gobierno (5.3)
national council consejo
nacional (8.1)

count: to count on contar (ue) con
(2.2)

country: country person
campesino m., campesina f.

county (land held by a count or
earl) condado m. (2.2)

coup d'état golpe de estado (3.1)
military coup golpe militar
(6.1)

course ruta f.

court corte f. (6.2); tribunal m.
(6.2)

cover (of a record or book)
portada f. (6.2)

covered cubierto(a) (2.3)

coward cobarde m.f. (2.1)

cowboy vaquero; gaucho m.
(Argentina) (8.1)

cradle cuna f. (4.2)

crafter artesano m., artesana f.
(7.1)

cranium cráneo m. (6.1)

(to) crash desplomar (3.1)

crazy: to be crazy about delirar
(4.2)

creak crujido m.
creaking of bones crujido de
huesos (6.1)

(to) create crear (1.1)

creed credo m.

crime crimen m. (3.2)

crisis crisis f. (2.1)

critic crítico m., crítica f. (1.3)

criticism crítica f.

crop cosecha f. (3.2)

(to) cross cruzar (3.1)
cross-breeding mestizaje m.
(6.1)
to cross out tachar (4.3)

crossroads encrucijada (4.1)

crossword puzzle crucigrama m.
(3.3)

crow cuervo m. (1.1)

crowd multitud f. (3.3)

(to) crown coronar
to be crowned coronarse
(8.1)

crucible crisol m. (LP)

cruel despiadado(a) (8.1);
sanguinario(a) (6.3)

(to) crush aplastar (5.1); machucar
(7.1)

crushed aplastado(a) (7.1)

cry grito m. (4.1)

(to) cry llorar (1.1)

Cuban-American
cubanoamericano(a) (1.3)

cubism cubismo m. (2.2)

(to) culminate culminar (1.2)
(5.3)

(to) cultivate cultivar (3.1)

cultivated culto(a)

cultivation cultivo m. (LP) (4.1)

cultural cultural
cultural roots raíces culturales
(3.1)

cunning astuto(a)

cup copa f.
World Cup (soccer) Copa
Mundial (8.1)

cupola cúpula f. (2.1)

currency moneda f. (5.2)

current actual (3.1); corriente f.
(2.1)

custom costumbre f. (1.1); moda f.
(2.2)

cut corte m. (4.2)
to cut (stone) labrar (3.1)
to cut out recortar (5.3)
to cut off segar (ie) (4.1)

cutter cortador m., cortadora f.

cutting recorte m. (8.1)

cycle ciclo m. (3.2)

D

dagger puñal m. (8.1)

dam presa f. (8.2)

damage daño m. (4.1)

(to) damage dañar (4.2)

damaged maltrecho(a) (2.1)

dance danza f. (1.2)

danceable bailable (4.1) (7.1)

dancer bailarín m., bailarina f.
(1.2)

dangerous peligroso(a) (3.1)

daring atrevido(a) (1.1)

(to) dawn amanecer (6.1)

dead muerto(a) (1.1)

deaf sordo(a) (6.1)

(to) deal with tratarse de (3.1)

death:
bled to death desangrado(a)
(4.3)
death rate mortalidad f.

debt deuda f. (8.1)

debut: to make one's debut
debutar

decade década f. (3.1)

decadence decadencia f. (2.2)

decandent decadente (2.2)

decisive decisivo(a) (7.3)

(to) declare declarar (6.3);
proclamar (4.2)

decline decadencia f. (2.2); caer
(2.1) (3.1)

(to) decline decaer (6.2)

decoration adorno m. (6.1)

(to) decree decretar (7.1) (8.2)
decreed decretado(a) (4.1)

dedicate consagrar (7.1)
to dedicate oneself consagrarse
(4.2)

dedication consagración f. (6.1)

deed hazaña f. (5.3)

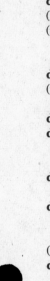

deep hondo(a)
deer venado *m.* (5.1), ciervo *m.* (2.1)
(to) **defeat** derrotar (1.2) **(3.1)**, vencer **(7.1)**
   defeated derrotado(a) **(4.1)**, vencido(a) **(6.1)**, derrocado(a) **(3.2)**
defect defecto *m.* (4.1), falla *f.* (5.2)
defense defensa *f.* **(3.2)**
deferred diferido(a) (1.2)
(to) **deform** deformar **(7.2)**
deformation deformación *f.* (5.2)
(high) **degree** alto grado (2.2)
(to) **delay** detener (ie) **(7.1)**
   delayed diferido(a)
   to be delayed detenerse
delicious sabroso(a) (LP)
(to make) **deliveries** hacer entregas (1.1)
demagogic demagógico(a) (8.1)
demand exigencia *f.*
   to demand exigir (4.3) reclamar **(7.2)**
democratization democratización *f.* (6.3)
demographic demográfico(a)
   demographic increase incremento demográfico (3.1)
(to) **demolish** derrocar **(3.2)**
demonstrate mostrar (ue) (5.2) **(6.1)**
   demonstrated demostrado(a)
(to) **demystify** desmistificar **(5.2)**
denomination denominación *f.* **(4.3)**
dense denso(a)
densely densamente (7.3)
density densidad *f.* (5.1)
dentures dentadura postiza *f.* (6.1)
denunciation denuncia *f.* (6.1)
(to) **deny** negarse(ie) **(8.2)**
(to) **depend** depender **(6.1)**
dependence dependencia *f.* **(8.1)**
(to) **depopulate** despoblar **(4.3)**
   depopulated despoblado(a) **(8.1)**
deported deportado(a) (4.1)
(to) **depose** deponer (5.2)
deposit depósito *m.* **(7.1)**; yacimiento *m.* (7.1)
depression depresión *f.* **(4.3)**
(to) **deprive** privar (8.1)
depth profundidad *f.* (3.1)
(to) **derive** derivar (1.1)
derogatory despectivo(a) (5.2)
descendant descendiente *m.f.* (1.1) **(2.1)**
descent descenso *m.* (5.3); ascendencia *f.* (1.1) **(8.2)**
described descrito(a) (4.2)
desert desierto *m.* **(7.1)**
(to) **deserve** merecer(se) (1.1)

deserving merecedor(a) (1.2)
design diseño *m.* **(3.2)**
(to) **designate** designar (2.2); diputar (5.2)
   to be designated denominarse **(4.3)**
designer dibujante *m.f.* (8.1)
desire deseo; voluntad *f.* **(LP)**
   to desire desear (2.1)
despicable vil (2.1)
despite a pesar de (2.2)
(to) **despoil** despojar (3.2)
(to) **destabilize** desestabilizar (3.2)
destiny destino *m.* **(2.2)**
(to) **destroy** devastar (8.1); destruir; destrozar **(5.2)**
destruction destrucción *f.* **(3.2)**
detail detalle *m.* (3.2)
detain detener (ie) **(7.1)**
   detained detenido(a) **(5.1)**; detenerse
(to) **deteriorate** deteriorar **(5.2)**
deterioration deterioro *m.* (5.3) **(8.3)**
(to) **devalue** desvalorizar
(to) **devastate** devastar (8.1)
development desarrollo *m.* **(2.1)**
diagram diagrama *m.*
(to) **dictate** dictar (8.1)
dictatorship dictadura *f.* **(4.1)**
(to) **die** morir
(to) **differ** diferir (ie,i) (8.3)
difference diferencia *f.*, contraste *m.* (3.2)
different distinto(a) (3.3). diverso(a)
   to be different diferir (ie,i) (8.3)
difficult pesado(a) (1.1)
   to be difficult costar (ue) (3.1)
   to make difficult dificultar
difficulty pena *f.* (6.2)
   with difficulty a duras penas (7.1)
dignified digno(a) (5.1)
dilemma dilema *m.* (4.1); disyuntiva *f.* (8.1)
(to) **diminish** disminuir **(6.1)**, reducir **(3.1)**
diplomatic diplomático(a) **(4.1)**
(to) **direct** dirigir (2.1) **(3.2)**, manejar (4.1)
directed dirigido(a) (1.1)
director director *m.*, directora *f.* (1.1) cineasta *m.f.* **(1.1)**
dirty sucio (3.1)
   to get dirty ensuciarse (3.1)
disadvantage desventaja *f.* (4.2) debilidad *f.* (5.1)
disagreement desacuerdo *m.* **(6.1)**
(to) **disappear** desaparecer (1.1) **(3.3)**

disappearance desaparición *f.* **(3.2)**
disappointed decepcionado(a) **(8.3)**, desilusionado(a) **(6.3)**
disappointment desilusión *f.* **(4.1)**
disaster desastre *m.* **(8.2)**
   natural disaster desastre natural (4.3)
   social disaster cataclismo social **(3.3)**
disastrous catastrófico(a) **(4.2)**
(to) **discharge** destituir (6.1)
discipline disciplina *f.* **(2.2)**
discourse discurso *m.* (8.2)
discovery descubrimiento *m.* **(6.2)**, hallazgo *m.*
(to) **disembark** desembarcar
disenchanted decepcionado(a) **(8.3)**
disgraceful oprobioso(a) (8.2)
dish (of food) platillo *m.* (1.1)
disillusioned desilusionado(a) **(6.3)**
disillusionment desilusión *f.* **(4.1)**
disintegration desintegración *f.* **(6.2)**
(to) **dismember** desmembrar (ie)
(to) **dismiss** destituir (6.1), despedir (i,i) **(1.1)**
dismissal despido *m.* (5.2)
disorder desorden *m.* **(6.2)**
dispersion diáspora *f.* (1.2)
display: display case vidriera *f.* (6.1)
displeasure descontento *m.* **(6.2)**
disproportion desproporción *f.* (8.2)
dispute disputa *f.* **(7.3)**
   to dispute disputar **(7.3)**
   disputed disputado(a) (5.2)
dissatisfaction descontento *m.* **(6.2)**
dissident disidente *m.f.* **(3.2)**
(to) **dissolve** disolver (ue)
   dissolved disuelto(a) **(5.1)**
dissonant destemplado(a) (6.1)
distant lejano(a) (1.3) **(6.3)**
distinct distinto(a) (3.3)
distinguish: to distinguish oneself distinguirse (LP) **(8.3)**
distinguished distinguido(a) **(5.1)**
distorted distorsionado(a) (2.2)
(to) **distribute** distribuir **(3.2)**
distribution repartición *f.* **(3.1)**
district distrito *m.* **(1.2)**
distrustful receloso(a) (8.1)
(to) **disturb** conmover (ue), conmocionar (4.1)
(to) **dive** sumergirse (6.1)
diverse diverso(a)

ENGLISH-SPANISH VOCABULARY

(to) **diversify** diversificar
  (3.1)
diversity diversidad *f.* **(LP)**
(to) **divert** desviar
(to) **divine** adivinar (1.2)
division división; repartición *f.*
  (3.1)
divorce divorcio *m.* (8.1)
dizziness mareo *m.*, vértigo *m.*
  (4.2)
(to) **do** hacer
  do away with suprimir (2.2)
  (6.2)
  to have to do with tener que
  ver con (2.1)
doctor:
  doctor's office or clinic
  consultorio *m.* (LP)
  to earn a doctoral degree
  doctorar (3.1)
documentary documental *m.*
  (LP)
domain dominio *m.* **(2.1)**
dome cúpula *f.* (2.1)
dominant dominante **(3.2)**
(to) **dominate** dominar **(4.2)**
dominion dominio *m.* **(2.1)**
donkey asno *m.* (2.1)
dose dosis *f.* (8.1)
doubt: to place in doubt dudar,
  poner en duda (3.1)
downfall caída *f.* **(2.1)**
dozen docena *f.* (1.2)
(to) **draft** reclutar **(1.2)**
(to) **drag** arrastrar (7.2)
dramatist dramaturgo *m.f.*
  (1.1)
dramatization escenificación *f.*
  (6.1)
drawer dibujante *m.f.* (8.1); gaveta
  f. (6.1)
drawing dibujo *m.* (LP)
dream sueño *m.* (LP)
  to dream about soñar (ue) con
  (8.1)
(to) **dress** vestir (i,i) (5.1)
drill (dentist) fresa *f.* (6.1)
(to) **drive** impulsar (2.1); conducir,
  manejar
  drive out expulsar (2.1)
  drive back rechazar
driven impulsado(a) (2.2)
drug-dealer narcotraficante *m.f.*
  (6.1)
(the) **drug trade** narcotráfico *m.*
  (6.1)
drug-traffickers traficantes de
  drogas *m.pl.* **(6.2)**
drunkenness borrachera *f.*
dry seco(a) (7.1)
due debido(a) (1.1)
  due to debido a (3.3)

duet dúo *m.* **(6.3)**
duo dúo *m.* **(6.3)**
dusk crepúsculo *m.* (8.1)

early: early riser madrugador *m.*,
  madrugadora *f.* (6.1)
(to) **earn** ganar
earnestly fervientemente (1.3)
earth tierra *f.*
  earthquake terremoto *m.* (3.2)
  (5.1), temblor de tierra **(5.1)**
earthenware: earthenware
  bottle pomo de loza (6.1)
east este (1.1); oriente *m.*
(to make) **easy** facilitar (1.3) **(3.2)**
(to) **eat** alimentarse (5.1)
economic económico(a)
  European Economic
  Community Comunidad
  Económica Europea (CEE) **(2.2)**
economy economía *f.*
  agricultural economy
  economía agrícola **(5.2)**
edge borde *m.* (4.1); filo *m.* (4.1);
  corte *m.* (4.2)
(to) **edit** redactar (2.1)
editing redacción *f.* (3.3)
education docencia *f.* **(8.1)**
educational educativo(a)
  educational challenge desafío
  educativo **(1.2)**
(to take) **effect** entrar en vigor **(4.3)**
effective eficaz **(2.1)**
efficacious eficaz **(2.1)**
effort esfuerzo *m.*
ejected expulsado(a) **(8.2)**
ejecting expulsión *f.* **(2.1)**
elation euforia *f.* (8.2)
elbow codo *m.* (3.1)
(to) **elect** elegir (i,i) **(1.3)**
  elected elegido(a) (1.1) **(1.3)**
electronic electrónico(a) **(4.3)**
(to) **elevate** elevar (3.1)
elf duende *m.* (5.1)
elite élite *f.* **(3.3)**
elongated alargado(a) (8.1)
emancipation emancipación *f.*
  (7.1)
embargo embargo *m.* (4.1)
(to) **embark** embarcarse **(1.3)**
embedded enclavado(a) (2.1)
embellished embellecido(a) (2.1)
emigrant emigrante *m.f.* **(4.1)**
(to) **emigrate** emigrar (1.1)
emigration emigración *f.* **(1.2)**
(to) **emit** emitir (2.2)
emotional emotivo(a) (4.1)

emotive emotivo(a) (4.1)
emperor emperador *m.* **(2.1)**
(to) **emphasize** enfatizar (1.1)
empire imperio *m.* (1.1)
  Roman Empire imperio romano
  (2.1)
(to) **employ** emplear
  employed empleado(a) **(1.3)**
employee empleado *m.*, empleada *f.*
empowered capacitado(a) (7.2)
empress emperatriz *f.*
emptiness vacío *m.* (6.1)
empty vacío(a) (6.1)
(to) **enchant** hechizar (5.1)
enchanting encantador(a) (2.2)
enclosed encerrado(a) (8.3)
enclosure encierro *m.* (8.3)
encounter encuentro *m.* **(LP)**
encourage fomentar (7.3)
end fin *m.*
  at the end of a finales de (1.1)
  (7.1)
(to) **endure** durar (2.2) **(3.1)**
enemy enemigo *m.*, enemiga *f.* (4.3)
energy ánimo *m.* (2.2)
engraver grabador(a) **(6.1)**
engraving grabado *m.*
enigma enigma *m.* (8.1)
(to) **enjoy** gozar (de) (1.2) **(7.1)**
(to) **enlarge** ampliar (LP)
enlargement aumento *m.* (LP)
enlightment deslumbramiento
  m. (8.2)
enmity enemistad *f.* (2.1)
enormous enorme (6.1)
enough suficiente (4.3)
(to) **enrich** enriquecer (1.2)
(to) **entangle** enredar (8.1)
(to) **enter** entrar; ingresar (1.2) **(6.2)**
enterprise empresa *f.* (4.3) **(7.2)**
entertainment entretenimiento *m.*
  (LP)
enthusiasm entusiasmo *m.* **(1.3)**
entire entero(a) (3.1)
(to) **entrust** fiar (4.1)
  to entrust oneself completely
  encomendarse de todo corazón
  (2.1)
environment medio ambiente *m.*
  (5.3)
epaulete charretera *f.* (5.1)
epic épico(a)
  epic hero héroe épico **(2.1)**
epoch época *f.* (3.1)
equal igual (1.3)
equipped capacitado(a)
(to) **eradicate** exterminar **(4.3)**
eradication exterminio *m.* **(4.1)**
eruption erupción *f.* **(5.3)**
escapade travesura *f.* (5.1)
essay ensayo *m.* (LP) **(3.1)**
essence esencia *f.* (2.2)

(to) **establish** fundar (1.1) **(3.1)**; establecer (1.1) **(3.1)**; instaurar
to establish oneself instalarsee (1.2)

established fundado(a) **(4.2)**
to be established establecerse **(6.3)**

estate hacienda *f.* (3.1)

ethical ético(a) **(4.2)**

ethnic étnico(a)
ethnic groups grupos étnicos **(1.2)**
ethnic pride orgullo étnico **(1.1)**

euphoria euforia *f.* (8.2)

European europeo(a) **(LP)**
European Economic Community Comunidad Económica Europea (CEE) **(2.2)**

evangelization evangelización *f.* **(8.2)**

even aun, hasta

event acontecimiento *m.* (2.2); caso *m.*

everlasting perpetuo(a) **(8.2)**

evil maldad *f.* (7.1)

(to) **evoke** evocar

exact justo(a) (4.1)

(to) **exaggerate** exagerar **(6.1)**

(to) **exalt** enaltecer (8.2)

excavation excavación *f.* **(3.3)**

excel sobresalir **(2.2)**, distinguirse **(LP) (8.3)**

exceptional excepcional **(2.2)**

exchange intercambio *m.* **(8.2)**
to exchange intercambiar; trocar (5.3)

(to) **exclaim** exclamar

(to) **exclude** excluir **(LP)**

exclusion marginación *f.* **(5.3)**

excuse pretexto *m.* **(4.1)**

executed ejecutado(a) **(5.1)**

exercise ejercicio *m.*
physical exercise ejercicio físico **(4.2)**
to exercise (one's rights) ejercer **(2.2) (6.3)**

exhausted exhausto(a) **(6.1)**

(to) **exhibit** exhibir (1.1)

exhuberant exuberante **(4.1)**

exigency exigencia *f.*

exile exilio *m.* **(1.3)**

existed existido(a) (1.1)

existence existencia *f.* **(3.3)**

exodus éxodo *m.* (4.1)

expanse extensión *f.* (1.1)

expansion expansión *f.* **(3.2)**

expedition expedición *f.* **(3.1)**

(to) **expel** expulsar (2.1)
expelled expulsado(a) **(8.2)**

expense gasto *m.* (2.2)

experience experiencia *f.* **(4.1)**
to experience experimentar

(to) **experiment** experimentar **(LP)**

---

expert conocedor *m.*, conocedora *f.* (7.2)

(to) **explode** estallar

exploit hazaña *f.* **(5.3)**
to exploit explotar (5.3)

exploitation explotación *f.* **(3.1) (4.2)**

exploited explotado(a) (4.2)

(to) **explore** explorar (1.1)

explosion explosión *f.* **(4.1)**; combustión *f.* (4.3)

exportation exportación *f.* (4.2)

expounder exponente *m.f.* (3.1) **(8.3)**

expression vocablo *m.* (6.2)

expulsion expulsión *f.* **(2.1)**

(to) **extend** extender (ie)

extension extensión *f.*

extensive extenso(a), amplio(a) **(LP) (3.3)**

extent ámbito *m.*

exterior exterior *m.*

(to) **exterminate** exterminar **(4.3)**

exterminated exterminado(a)

extermination exterminio *m.*

external externo(a) **(8.1)**

(to) **extinguish** extinguir

extraction extracción *f.* **(7.1)**

extraterrestrial extraterrestre *m.f.* (5.2)

extroverted extrovertido(a) (1.2)

F

fable fábula *f.* (8.2)

fabric paño *m.* (4.1)

face faz *f.* (2.1); rostro *m.* (2.2) **(4.1)**
to face enfrentarse (1.2) **(8.1)**
faced-up bocarriba (3.1)
faced with frente a (4.1)

(to) **facilitate** facilitar

facing enfrentado(a) (2.2)

fact hecho *m.* (2.1)

faction facción *f.* (3.3)

factory fábrica *f.* (4.2)

faded marchito(a) (6.1)

(to) **fail** fracasar **(4.1)**
failed fallido(a) **(6.2)**

failure fracaso *m.* (2.1) **(6.2)**

faithful fiel (3.2)

fall caída *f.* **(2.1)**; descenso *m.* (5.3); decaer **(6.2)**; caer
to fall in love (with) enamorarse (de) (1.1)

fallen derrumbado(a) (8.2)

false: false teeth dentadura postiza *f.* (6.1)

fame fama *f.* **(4.2)**; proyección *f.* (3.2)

familiar reconocido(a) **(4.1)**; familiar *m.f.*

---

to be familiar with conocer
to become familiar (with) familiarizarse (con) (4.1)

family clan *m.* (3.2)
pertaining to the family familiar *m.f.*
family member familiar *m.f.* (1.1)

famous ilustre, célebre (2.2) **(8.3)**

fan: to fan oneself abanicarse (5.1)

far-reaching extenso(a) **(2.1)**

far-off lejano(a) (1.3) **(6.3)**

farm hacienda *f.*; finca *f.* (3.2)

fascinating fascinante (3.3)

fashion moda *f.* **(2.2)**

fate fortuna *f.* (8.2)

father-in-law suegro *m.* (3.1)

fatherland patria *f.* (4.2)

(to) **favor** favorecer (1.3)
favored predilecto(a) (1.1)

favorite predilecto(a)

fear miedo *m.* (3.2), temor *m.* (3.2)
to fear temer (1.3)

feathered emplumado(a) (3.1)

federal federal

federation federación *f.* (5.1)

(to) **feed on** alimentarse (5.1)

feeling sentimiento *m.* **(LP)**

fellowship: fellowship student becario *m.*, becaria *f.* **(7.3)**

ferocious feroz (5.1); fiero(a) (2.1)

fertile prolífico(a) (8.1)

fertilizer fertilizante *m.* **(7.1)**

fervently fervientemente (1.3)

fever fiebre *f.* (7.2)

field cancha *f.*; campo *m.* (LP)
playing field cancha *f.*

fielder (baseball) jardinero *m.* (LP)

fierce fiero(a) (2.1)

fight pelea *f.* (1.1), lucha *f.* **(LP)**
to fight pelear (5.2)
to fight for luchar por (3.2)

figure cifra *f.*

film:
film maker cineasta *m.f.* (1.1)

(to) **film** rodar (2.1)

final último(a)

(to) **finalize** finalizar **(6.3)**

finance finanza *f.*
public finances finanzas públicas (5.2)

financial financiero(a) **(1.3)**

(to) **find** localizar (3.1)
to find out averiguar
to be found hallarse (2.2)
finding hallazgo *m.*

fingerprint huella *f.* (5.2)

(to) **finish** concluir; acabar (2.2)

fire incendio *m.*
   forest fire incendio forestal (4.3);
   to fire despedir (i,i); disparar **(5.2)**
firing despido *m.* (5.2)
(to make) firm afirmar (1.1)
firmness firmeza *f.*
first primero(a)
fish pez *m.* (*pl.* peces) **(6.2)**
fisher pescador *m.,* pescadora *f.* (4.2)
fishing pesca *f.* **(4.1)**
five hundred quinientos (3.1)
flag bandera *f.* (1.2)
flatland llanura *f.* (7.3) (8.1)
flavor sabor *m.* (1.2)
(to) flee huir **(3.1)**
fleet flota *f.* **(6.3),** armada *f.* **(4.1)**
(to take) flight tomar vuelo (3.1)
flood inundación *f.* (4.3); desbordamiento *m.*
floodgate esclusa *f.* (6.2)
floor suelo *m.*
flour harina *f.* (1.1)
(to) flourish florecer (3.1) (7.1)
flowering florecimiento *m.* (1.1)
flung tirado(a) (3.1)
(to) fly volar (ue) (4.2)
focus foco *m.* (8.2)
fodder pastura *f.*
fog bruma *f.*
   violet fog bruma malva (8.1)
(to) follow seguir (i,i)
   following a continuación (4.1), continuación (4.1); tras (3.2)
follower seguidor *m.,* seguidora *f.* **(7.1)**
food alimento *m.* (3.2); comestibles *m.pl.;* alimentación *f.* (7.1)
   food shop bodega *f.* (1.2)
foodstuffs comestibles *m.pl.*
foolish tonto(a) (4.1)
foolishness tontería, zoncera *f.* (7.1)
foot pie *m.*
footprint huella *f.* (5.2)
forbid prohibir (2.2) **(8.3)**
force upon imponer (1.3) (3.1)
force fuerza *f.* **(3.1)**
   armed forces fuerzas armadas (1.1) **(1.2)**
   work force fuerza laboral (4.3)
   by force por la fuerza (1.1) **(3.1)**
   to force forzar (ue) **(3.1)**
forced forzado(a) **(4.2)**

foreign extranjero(a) **(2.3)**
   foreign interests intereses extranjeros **(3.2)**
   foreign countries exterior *m.* (4.1)
foreseen previsto(a) (6.2)
forest bosque *m.* (2.1)
   forest fire incendio forestal *m.* (4.3)
former antiguo(a)
formerly antiguamente (1.3)
fortify fortalecer (7.3)
   fortified fortificado(a)
fortress fortaleza *f.* (2.1) **(4.3)**
fortunate afortunado(a) (8.2)
fortunately afortunadamente (8.2)
fortune fortuna *f.* (8.2)
   good fortune ventura *f.* (2.1)
(to go) forward adelantarse (2.1)
(to) foster fomentar
(to) found fundar (1.1) **(3.1)**
   founded fundado(a)
foundation: to lay the foundation fundamentar (7.2)
founder fundador *m.,* funadora *f.* (4.1)
fountain fuente *f.*
fox zorro *m.* (7.1)
fraudulent fraudulento(a) **(5.1)**
free libre
   Associated Free State Estado Libre Asociado **(4.3)**
   to free librar (7.1)
   set free suelto(a) (8.1)
   to set free soltar (ue) (6.1)
   freed suelto(a) (8.1)
freedom libertad *f.* (4.3)
freeway autopista (2.2)
friar fray *m.* (3.2)
friendly amable (1.1), amistoso(a) (8.2)
friendship amistad *f.* (5.2)
fringe franja *f.*
from desde
   from (a particular moment) a partir de *adv.* (1.1) **(3.1)**
front: in front of ante (4.3)
frontier frontera *f.;* fronterizo(a) *adj.* (5.3) **(7.1)**
frozen helado(a) (6.1), congelado(a) **(8.1)**
fruit fruto *m.* (5.2)
   of or pertaining to fruit frutero(a) (5.2)
   fruit store frutería *f.* (8.3)
fugitive fugitivo(a) *adj.* **(6.1)**
(to) fulfill cumplir (1.2); realizar (2.2); desempeñar (2.2) **(4.2)**
fumarole fumarola *f.* (5.1)

function función *f.*
functioning funcionamiento *m.* (6.2)
furious furibundo(a) (5.1)
furniture muebles *m.pl.* **(6.1)**
further: further than más allá de (1.2)
fury furia *f.* (2.1)

gain beneficio *m.* (3.1)
gallant galán (1.1) **(2.2)**
game partido *m.* (4.2); juego *m.*
   card game juego de naipes (LP)
   Olympic Games Juegos Olímpicos *m.pl.* **(2.2)**
garden jardín *m.* **(2.2)**
gather recoger (3.2)
gathering agrupación *f.* (7.1)
general:
   general consent consenso *m.* **(8.1)**
   General Captaincy of Guatemala Capitanía General de Guatemala *f.* **(3.2)**
generation generación *f.* **(1.3)**
generator generador *m.* (8.2)
gentle apacible (1.1)
gentleman caballero *m.* (2.1)
geographical geográfico(a) (1.1)
Germanic germánico(a) (2.1)
gestation gestación *f.*
(to) get conseguir (i,i) (2.2)
   get used to acostumbrarse (1.1)
   to get dark anochecer (8.1)
   to get nearer aproximarse (4.3)
giant gigante *m.f.* (2.1)
gift: to give as a gift regalar (4.2)
gifted privilegiado(a) (3.2)
gigantic gigantesco(a) **(4.3)**
(to) give otorgar (3.2); dar; conceder (3.1) **(6.2)**
   give off emitir (2.2)
   to give up ceder (2.2) **(3.1);** prescindir (4.2); abdicar **(2.1)**
glacial glacial
   glacial aroma olor glacial (6.1)
glance vistazo *m.* (4.3)
glasses lentes *m.pl.* (4.2)
glove guante *m.* (LP)
(to) go acudir (2.2); andar (1.1)
   to go away quitarse (2.1)
goal meta *f.* (1.1) **(1.3);** aspiración *f.* (4.1)
goat cabra *f.* (7.2)
goblin duende *m.* (5.1)
god dios *m.* (3.3)
goddess diosa *f.* (3.3)

godfather padrino *m.* (1.2)
godmother madrina *f.* (1.2)
gold oro *m.* **(2.1)**; dorado(a) (7.1)
golden dorado(a) (7.1)
good-looking apuesto(a) (6.2)
good will buena voluntad *f.* (1.2)
Gothic gótico(a) **(4.2)**
government gobierno *m.* (1.3) **(3.2)**
governor gobernador *m.*, gobernadora *f.* **(1.1)**
(to) **grab** agarrar (6.2)
grace donaire *m.* (5.1)
(to) **graduate** graduar(se)
    to be graduated graduar(se)
granddaughter nieta *f.* (1.1) **(2.2)**
grandson nieto *m.* (1.1) **(2.2)**
grant concesión *f.* (3.2)
    to grant otorgar (3.2)
granting otorgamiento *m.* (8.2)
grape uva *f.* (1.1)
(to) **grasp** aferrar (6.1)
grass grama *f.* (4.2); hierba *f.*
grave tumba *f.* (8.1); grave (8.1)
gravely gravemente **(5.2)**
great mayor; magno(a)
    great-great-grandchildren tataranietos *m.pl.* (5.1)
greed avaricia *f.* (7.1)
Greek griego(a) **(LP)**
grill plancha *f.* (5.1)
gropingly tientas: a tientas (6.1)
ground suelo *m.* (3.1); tierra *f.*
    solid ground tierra firme **(6.3)**
group grupo *m.;* agrupación *f.* (7.1); conjunto *m.* (4.2)
    ethnic groups grupos étnicos **(1.2)**
(to) **grow** cultivar **(3.1)**
    to grow accustomed to acostumbrarse (1.1)
growing creciente **(6.1)**
growth crecimiento *m.* (1.2)
grudge resentimiento *m.* (1.1) **(6.2)**; rencor *m.* (5.3)
guarani (indigenous language and people of Paraguay) guaraní (8.1)
guarantee garantía *f.* (1.1)
    to guarantee garantizar **(4.3)**
guerrilla guerrillerro *m.* (3.2) **(4.1)**
    guerrilla warfare guerra de guerrillas *f.* (2.2)
(to) **guess** adivinar (1.2)
(to) **guide** guiar
guilty culpable **(6.2)**
Gypsy gitano(a) **(LP)**

half mitad *f.* (1.1) **(3.1)**
    half turn media vuelta *f.* (6.1)
hammer martillo *m.* (4.1)
hammock hamaca *f.* (5.1)
hand:
    on the one hand por un lado (4.2)
    on the other hand por otro lado (4.2)
handful puñado *m.* (6.1)
handicrafts artesanías *f.* (2.1)
handsome apuesto(a) (6.2)
(to) **hang up** colgar (ue) (3.1)
(to) **happen** suceder **(8.3)**
happening acontecimiento *m.* (2.2)
happiness felicidad *f.* (7.1)
hard-working trabajador(a)
hardly apenas *adv.* (8.1)
hardware: hardware store ferretería *f.*
hare liebre *f.* (5.2)
harmony armonía *f.* (5.2)
harsh recio(a)
harvest cosecha *f.*
    harvested cosechado(a) (7.1)
hash picadillo *m.* (7.1)
hatchet hacha *f.* (4.1)
(to) **have** tener
hazard azar *m.* (8.1)
head testa *f.* (4.1)
    headed by presidido(a) (8.3)
    to head encabezar (1.2) **(5.3)**
headquarters sede *f.* (3.2) **(7.3)**
headrest cabezal *m.* (6.1)
healing curativo(a)
    healing herbs hierbas curativas (1.2)
health salud *f.* (1.1)
healthy saludable (4.2)
heart corazón *m.* (1.1) **(7.2)**
heavy pesado(a) (1.1)
hectare (approx. 2.5 acres) hectárea *f.* **(3.2)**
heel talón *m.* (6.1)
    high heel tacón *m.* (2.3)
heir heredero(a) **(7.2)**
help apoyo *m.* (1.3), ayuda *f.* (2.1)
    to help ayudar **(3.2)**; apoyar (3.2); beneficiar (1.2) **(5.2)**
    helped apoyado(a) (6.1)
helplessness desvalimiento *m.*
hemisphere hemisferio *m.* (LP)
herb hierba *f.*
    healing herbs hierbas curativas (1.2)
    herb shop botica *f.* **(1.2)**
herd manada *f.* (7.2)

here aquí
heritage patrimonio *m.* (7.3); herencia *f.* (LP) **(2.1)**
hero héroe *m.* **(2.1)**
heron garza *f.* (4.3)
herself propia; sí misma *f.* (1.2)
hidden oculto(a) (4.2); agazapado(a) (8.1)
(to) **hide** ocultar **(5.3)**
    to hide behind (something) parapetarse (8.1)
high alto(a); sumo(a) (6.2)
highest supremo(a) (8.2); sumo(a) (6.2)
highway carretera *f.* (2.1)
hill colina *f.* (8.2); cerro *m.* (7.1) **(7.3)**
hillside ladera *f.* (6.3)
himself propio; sí mismo *m.* (1.2)
hippogriff (imaginary animal) hipogrifo *m.* (4.1)
(to) **hire** contratar
hit golpe *m.*
hoe azada *f.* (5.3)
(to) **hoist** alzar (1.1)
hole agujero *m.* (5.1)
holy sagrado(a) **(3.3)**; sacro(a) (2.1)
homage homenaje *m.*
home hogar *m.* (1.3)
hometown ciudad natal **(7.1)**; patria chica (8.2)
honestly honradamente (1.1)
(to) **honor** coronar (2.2)
    honored coronarse (8.1)
    decorated with honors condecorado(a) **(1.2)**
hope esperanza *f.* **(1.2)**
hopscotch rayuela *f.*
horizon horizonte *m.* (1.3)
horse caballo *m.* **(8.1)**
horseshoe herradura *f.* (4.1)
host anfitrión *m.* (3.3); animador *m.* (4.2)
hostess anfitriona *f.* (3.3); animadora *f.* (4.2)
hostility hostilidad *f.* (8.1)
hot cálido(a) (7.2); picante (7.1)
hotel parador *m.* (2.1)
house casa, hogar *m.* (1.3)
    large house casona *f.* (2.1)
housing vivienda *f.* (1.1) **(1.3)**
however sin embargo, no obstante (1.1) (2.2)
human:
    human being ser humano *m.* (7.2)
    human rights derechos humanos **(3.2)**
humble humilde (4.1)
hunger hambre *f.* (7.1)
    hunger strike huelga de hambre *f.* (7.1)

ENGLISH-SPANISH VOCABULARY

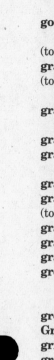

Copyright © McDougal Littell, Inc.

English-Spanish Vocabulary 297

hunt caza *f.*
>**witch hunt** caza de brujas (3.2)
>(8.2)
>**to hunt** cazar (5.1)

hunter cazador *m.* **(8.1)**

hurricane huracán *m.* (4.1)

(to) **hurry** apresurarse (6.1)

hurt lastimado(a) (8.1)

husband esposo (1.1)

hydrocarbon hidrocarburo *m.*
(6.3)

hydroelectric hidroelétrico(a)
(8.2)

I

Iberian ibero(a) **(LP)**

icy glacial

idealism idealismo *m.* **(2.2)**

idealist idealista *m.f.* **(3.2)**

idol ídolo *m.*
>**stone idol** ídolo de piedra
>(6.1)

ill enfermo(a) (4.2)

illegal: illegal immigrant
indocumentado(a) **(1.1)**

illiteracy analfabetismo *m.* (5.3)

illustrious ilustre (1.2); hidalgo(a)

image imagen *f.* (1.1); ídolo *m.* (1.3)
(3.1)

imaginary imaginario(a) **(6.1)**

immense inmenso(a) **(4.3)**

immigrant inmigrante *m.f.* **(1.1)**

impassioned vehemente **(1.3)**

(to) **impede** impedir (i,i)

impediment obstáculo *m.* **(3.1)**

(to) **impel** impulsar (2.1)
>**impelled** impulsado(a) (2.2)

impenetrable impenetrable (8.3)

(to) **implement** implementar
(3.1)

importance alcance *m.* **(8.2)**;
realce *m.* (8.2)

important urgente (8.1)

importation importación *f.* **(4.2)**

(to) **impose** imponer (1.3) (2.2)

(to) **impoverish** empobrecer
(LP)

(to) **impress** impresionar (2.3)

**impression: to make an
impression** impresionar

imprisonment encarcelamiento *m.*
(3.1) encierro *m.* (8.3)

(to) **improve** mejorar (1.1)

impulse impulso *m.*

in en

(to) **inaugurate** inaugurar

incapable incapaz **(8.1)**; inepto(a)
(2.2)

incentive incentivo *m.* **(1.3)**

incite provocar **(4.1)**

(to) **include** incluir **(LP)**
>**including** incluso (1.3); hasta
>(4.2)

income ingreso *m.* (1.1) **(6.3)**
>**national income** ingreso
>nacional (5.3)

(to) **incorporate** (oneself)
asimilarse **(3.2)**

incorporated incorporado(a)
(5.1)

increase aumento *m.* (LP),
incremento *m.*; aumentar (1.1)
(5.3)
>**to increase** incrementar **(5.1)**

increasing creciente **(6.1)**

increment incremento *m.*

indecent sórdido(a) (8.1)

independence independencia *f.*
(3.1)

independent independiente
(7.1); autónomo(a) (5.2)

index índice *m.*

indifferent displicente (6.1)

indigenous indígena **(LP)**
>**indigenous past** pasado
>indígena **(1.1)**

indigo añil *m.* (5.2)

industrial industrial (1.3)

industrialization industrialización
f. **(2.2)**

industry industria *f.*
>**sugar industry** industria
>azucarera (4.1)
>**oil (petroleum) industry**
>industria petrolera (6.3)

inept inepto(a) (2.2)

inequality desigualdad *f.* **(5.3)**

inexhaustible inagotable (6.2)

infantile infantil (5.1)

(to) **infer** hilar

inferiority inferioridad *f.* **(7.3)**

inflation inflación *f.* **(2.1)**

(to) **influence** influir (3.2)

ingenious ingenioso(a) (2.2)

ingratitude malagradecimiento *m.*
(7.1)

(to) **inhabit** habitar (LP) **(6.3)**

inhabitant habitante *m.f.* **(3.3)**

(to) **inherit** heredar **(7.2)**

inheritance herencia *f.* (LP) **(2.1)**

inhumanely inhumanamente **(7.3)**

(to) **initiate** iniciar (1.1) **(3.1)**;
inaugurar **(1.2)**

initiative iniciativa *f.* **(7.1)**

initiator iniciador *m.*; iniciadora *f.*
(1.1)

injured lastimado(a) (8.1)

injustice injusticia *f.* **(7.3)**

ink tinta *f.* (3.1)

inn posada, parador *m.* (2.1)

innate innato(a) (3.2)

inspiration musa *f.* (4.2)

inspire animar (4.1)
>**to inspire** inspirar (1.1) **(8.3)**;
>alentar (ie) (6.2)

instability inestabilidad *f.* (1.1)
(3.2)

installation instalación *f.* (4.1)

insurrection insurrección *f.* (4.1)

intact intacto(a) **(4.3)**

intelligence inteligencia *f.*
>**Central Intelligence Agency**
>(USA) Agencia Central de
>Inteligencia (CIA) **(3.2)**

(to) **intend** intentar **(LP)**

intense hondo(a) (1.1), intenso

(to) **intensify** intensificar **(6.2)**

intention intento *m.* (3.2) **(4.1)**

interchange intercambio *m.*
(8.2)

interest interés *m.*
>**foreign interests** intereses
>extranjeros **(3.2)**

interlude interludio *m.* (8.3)

intermediate intermedio(a)

internal intrínsico(a) (8.2)

interoceanic interoceánico(a)
(6.2)

(to) **interpret** interpretar

interpretation interpretación *f.*

(to) **interrupt** interrumpir **(8.3)**

intervention intervención *f.*
(4.2)

interview: to have an interview
entrevistarse **(7.1)**

intricate complejo(a) **(3.3)**

intrinsic intrínsico(a) (8.2)

intuited intuido(a) (8.3)

(to) **invade** invadir **(2.2)**

invasion invasión *f.* **(2.1)**

inversion inversión *f.* **(4.1)**

(to) **invert** invertir (ie, i)

(to) **invest** invertir (ie, i) **(4.3)**

investigator investigador *m.*,
investigadora *f.*
>**scientific investigators**
>investigadores científicos
>**(1.2)**

investment inversión *f.*

(to get) **involved** meter (la) mano
(6.2)

involvement complicidad *f.*
(3.2)

iron hierro *m.* (4.1); fierro *m.* (4.1);
plancha *f.* (4.1)
>**made of iron** férreo(a) (4.1)

irreverent irreverente (5.3)

irritating irritante (8.1)

islamic islámico(a) (2.1)

island isla *f.* **(4.1)**

(to) **isolate** aislar (2.2)
   isolated aislado (a) **(6.2)**
isolation aislamiento *m.* (7.2)
isthmus istmo *m.* **(6.1)**
itch picazón *m.* (5.1)
itching picazón *m.* (5.1)
(in) **itself** sí: en sí (1.2)

jail cárcel *f.* (1.1)
jasper jaspe *m.* (2.1)
jaw mandíbula *f.* (6.1)
jewel joya *f.* (6.1)
Jewish judío(a) **(LP)**
job oficio *m.* (5.1)
(to) **join** allegarse (4.1)
   to join oneself to unirse a **(3.2)**
journalism periodismo *m.* **(3.1)**
journalist peridista *m.f.* **(3.1)**
journey jornada *f.* (1.2)
joy júbilo *m.* (3.2)
jubilation júbilo *m.* (3.2)
judge juez *m.* (7.1)
   to judge juzgar (5.2); medir (i, i) (2.1)
(to) **jump** saltar **(4.3)**
jungle selva *f.* (3.1)
juridic (having to do with law) jurídico(a)
just; just as tal como (3.1)

(to) **keep** retener (4.3)
   to keep up mantener (ie) (1.1)
key clave *f.* (3.3); llave *f.*
   keys to the city llaves de la ciudad **(6.2)**
kidnapped secuestrado(a) (3.2)
kidney riñón *m.* (6.1)
(to) **kill** dar muerte (3.2), quitar la vida (2.1)
   killed exterminado(a) **(4.1)**
killing matanza *f.* (3.1)
king rey *m.* (1.2) **(2.1)**
   the Three Kings (Three Wise Men) Reyes Magos *m.pl.* (1.2) **(7.1)**
kingdom reino *m.* (2.1)
kinship parentesco *m.* (1.1)
knight caballero *m.*
knock golpe *m.*
(to) **know** conocer
known reconocido(a)

label etiqueta *f.* **(7.1)**
laboratory taller *m.* (1.1)
laborer péon *m.* (1.1)
lack:
   to lack carecer (7.1); faltar
   lack (of) falta (de) *f.* (4.1)
   to be lacking carecer (7.1); faltar (2.2)
lance lanza *f.* (2.1)
land tierra *f.* **(1.1)**; terrano *m.* (4.3) (8.3)
   land holder terrateniente *m.f.* (3.2) **(6.3)**
   land owner propietario *m.,* propietaria *f.,* latifundio *m.f.* (8.3)
   land reform: reforma agraria **(3.2)**
   to land aterrizar (2.2)
landlord propietario *m.,* propietaria *f.* **(3.2)**
last último(a)
   last name apellido *m.* (6.2)
   to last durar (2.2) **(3.1)**
(to be) **late** tardar (3.1)
lately últimamente (5.1)
later posterior
   later-on posteriormente (3.2) **(5.3)**
latest último(a) (LP) **(3.1)**
laugh risa *f.* (6.1)
law ley *f.* **(2.1)**; derecho *m.*
   international law derecho internacional **(6.2)**
(to) **lead** guiar; encabezar (1.2) **(5.3)**; conducir (6.1)
   to lead away desviar (5.1)
lead plomo *m.* (5.1)
leader líder *m.f.* **(1.1)**; dirigente *m.f.* **(4.1)**
leadership liderazgo *m.* (1.3), jefatura *f.*
league (approx. 3 miles) legua *f.* (2.1)
league liga *f.* (LP)
lean enjuto(a) (6.1)
leap saltar (4.3)
   leap year año bisiesto *m.* (3.1)
learn: to learn about enterarse (3.1)
learned culto(a) (1.1)
learning capacitación *f.* (7.2)
(to) **leave** dejar (1.1); retirarse (6.3)
left-winger izquierdista *m.f.* **(5.1)**
leftist izquierdista *m.f.* **(5.1)**
legacy legado *m.* (2.2)

legal: Legal Penal Code Código Procesal Penal *m.* (6.1)
legalization legalización *f.* **(8.1)**
legend leyenda *f.* (LP)
legendary legendario(a) (1.3)
lend prestar (1.3)
length largo *m.* (1.2)
lengthwise a lo largo (2.1)
lessen disminuir **(6.1)**
(to) **let go of** soltar (ue)
level nivel *m.* **(1.2)**
liberation emancipación *f.* **(7.1)**
liberty libertad *f.* (4.3)
librarian bibliotecario *m.,* bibliotecaria *f.* **(8.1)**
lieutenant teniente *m.f.* (LP) **(6.2)**
life vida *f.*
   way of life modo de vida (1.1)
   for life vitalicio(a) (7.1)
life-long vitalicio(a) (7.1)
(to) **lift up** alzar (1.1)
light (color) claro(a) (4.2)
   to come to light volver (ue) a la luz
lighthouse faro *m.* (5.1)
lightning relámpago *m.* (4.3)
likeness semejanza *f.* (LP)
likewise asimismo (LP)
limit límite *m.* **(8.1)**; ámbito *m.* (6.2)
limited escaso(a) **(4.1)**
lineage ascendencia *f.* (1.1) **(8.2)**
link vinculación *f.* (6.2)
   link together religar (8.2)
   to link enlazar (8.2)
list nómina *f.* (5.2)
literacy alfabetismo *m.* (8.1)
literature literatura *f.*
   children's literature literatura infanil **(6.2)**
live vivo(a) (3.2); en vivo (1.2)
   to live with convivir (3.1)
   to live in a place residir (1.2) **(6.1)**
   to live alongside of convivir (3.1)
   live cargo embarcadura *f.*
livestock ganadería *f.* (7.2) **(8.1)**
living viviente (7.2)
lizard lagartija *f.* (3.1)
(to) **loan** prestar (1.3)
(to) **locate** situar (1.1); localizar
   to be located localizarse (LP)
   located situado(a) **(3.3)**; hallarse (2.2)
location sitio *m.* (1.1)
loneliness soledad *f.* (LP)
long alargado(a) (8.1); largo(a)
   long play (record) de larga duración (3.1)
longing anhelante *m.* (8.1)

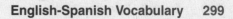

loss pérdida *f.* (3.1)
loud: out loud en voz alta (1.3)
lover amante *m.f.* (8.1)
loyal leal **(4.1)**
luck suerte *f.*
    bad luck mala suerte *f.* (7.1)
lucky afortunado(a) (8.2)
lukewarm tibio(a) (6.1)
luminous luminoso(a) (7.1)
lung pulmón *m.* (6.3)
luxurious lujoso(a) (4.2)
lyricism lirismo *m.* (7.1)
lyrics (of a song) letra *f.* (4.1)

M

machine aparato *m.* (8.1); máquina
machinery maquinaria *f.* (7.1)
made hecho(a) (LP)
    made up (of) compuesto (de)
    (1.2)
    to be made known volver (ue) a
    la luz (3.1)
magazine revista *f.* (8.2)
magician mago *m.* (5.2)
magnificent magnífico(a) **(3.3)**
maiden doncella *f.* (2.1)
(to) maintain mantener (ie) (1.1)
majestic majestuoso(a) (3.2)
majesty majestad *f.* (8.2)
majority mayoría *f.* (1.1) **(3.2)**
(to) make hacer
    to make note of anotar (2.2)
    to make up constituir (1.3)
    to make unstable desestabilizar
    (3.2)
    to make better mejorar (1.1)
malaise malestar *m.*
male macho *m.*
malnutrition desnutrición *f.* (3.3)
man macho *m.* (1.1)
(to) manage manejar
manager dirigente *m.f.*
mandate mandato *m.* (2.2)
manner modo *m.* (5.2), manera *f.*,
    estilo *m.* (1.1) **(3.1)**
    in this manner así (1.1)
manuscript manuscrito *m.* (3.2);
    códice *m.* (3.2)
marble mármol *m.* (2.1)
march marcha *f.*
mare yegua *f.* **(8.1)**
marginalization marginación *f.*
    (5.3)
marine marítimo(a) **(4.2)**
maritime marítimo(a)
(to) mark marcar (2.1)
    to leave one's mark marcar con
    sus huellas (5.2)
market mercado *m.* (1.3)

(to) marry casarse con (1.1)
    get married to casarse con (1.1)
marvelously prodigiosamente
    (8.1)
mask máscara *f.* (3.3)
mason albañil *m.f.* (4.1)
massacre masacre *f.* **(3.1)**
massive multitudinario(a) (3.2)
master amo *m.* (2.1); patrón *m.*
    (7.1); maestro(a); dueño *m.*,
    dueña *f.*
    master of ceremonies
    animador *m.*, animadora *f.* **(4.2)**
    Master of Arts degree
    licenciatura en letras *f.* **(8.1)**
    master's degree maestría *f.*
    (6.2)
    to receive a master's degree
    obtener una maestría (4.1)
    to master dominar **(4.2)**
masterpiece obra maestra (LP)
match partido *m.* (4.2)
    to match corresponder (6.1)
matching correspondiente (2.2)
matter asunto *m.* (5.2) **(7.1)**;
    cuestión *f.* (LP)
maybe acaso *adv.* (1.1)
mayor alcalde *m.* **(1.1)**
meadowland pradera *f.* (8.1)
meaning significado *m.* (2.2)
(by) means of por medio de (6.2)
(in the) meantime entretanto (1.1)
meanwhile mientras tanto (2.1),
    entretanto (1.1)
measure gestión *f.* (2.2)
    to measure medir (i,i)
meat carne *f.*
    minced meat picadillo *m.* (7.1)
medal medalla *f.* **(2.2)**
mediation mediación *f.* **(7.1)**
mediator mediador *m.*, mediadora
    f. **(8.1)**
medical:
    medical studies carrera de
    medicina **(8.3)**
    medical profession carrera de
    medicina **(8.3)**
    medical assistance asistencia
    médica (4.1)
(to) meditate meditar (4.1)
Mediterranean mediterráneo(a)
    Mediterranean Coast costa
    mediterránea (2.1)
meeting reunión *f.* (7.2); asamblea
    f. (7.2)
    to have a meeting reunirse,
    tener una reunión **(7.1)**
(to) melt derretir (i,i) (5.1)
melting pot crisol *m.*
member socio *m.* **(6.3)**
menace amenazar (6.1)

(to) mention citar (4.2)
    mentioned citado(a)
merchant comerciante *m.f.*
merciless despiadado(a) (8.1)
mere mero(a) (8.2)
merit merecer(se) (1.1)
message mensaje *m.* (4.2)
messenger mensajero *m.*,
    mensajera *f.* (6.2)
messiah mesías *m.* (4.2)
mestizo mestizo(a) (LP)
metal (of or pertaining to)
    metalúrgico(a) (6.1)
metallurgical metalúrgico(a) (6.1)
metaphor metáfora *f.* (4.2)
meteorological metereológico(a)
    (4.1)
metropolis metrópoli *f.* (3.3)
Mexican-American chicano(a)
    (1.1); méxicoamericano(a) **(1.1)**
middle medio(a)
    middle class clase media **(1.3)**
    middle school escuela
    intermedia (5.2)
    Middle (Central) American
    mesoamericano(a) (LP) **(3.1)**,
    centroamericano
migrant: migrant worker
    campesino migratorio **(1.1)**
migratory: migratory birds aves
    errantes *f.pl.* (7.2)
mild apacible (1.1)
mile milla *f.* (3.3)
militant: to be a militant
    member militar (6.2)
military militar
    military barracks cuartel *m.*
    (5.3)
    military bastion bastión militar
    (4.3)
    military coup golpe militar
    (6.1)
    military expedition jornada *f.*,
    expedición militar
    military junta junta militar *f.*
    (8.3)
    military occupation ocupación
    militar **(4.2)**
    military power poder militar
    (2.1)
    military takeover golpe militar
    (6.1)
    the military fuerzas militares
    (3.1)
(to) milk ordeñar (1.1)
millstone piedra del molino
    (2.1)
mind mente *f.* (4.2)
mine (mineral pit) mina *f.*
    (4.1)
mining minero(a) (7.3)

minister ministro *m.*
   Prime Minister primer ministro
   (4.1)
minority minoría *f.* **(4.3)**
miracle milagro *m.* **(2.2) (3.1)**
mirror espejo *m.* **(2.3)**
misfortune desgracia *f.* (5.1)
(to) **miss** echar de menos
missile misil *m.* **(4.1)**
mission (settlement of converted
   indigenous people) reducción *f.*
   (8.2)
(to be) **mistaken** equivocar (6.2)
(to) **mix** mezclar **(4.1)**
mixture mezcla *f.* (3.1); menjurje *m.*
   (4.1)
model prototipo *m.* (2.1)
moderate moderado(a) (4.2)
(to) **modernize** modernizar **(3.2)**
modernizer modernizador *m.*,
   modernizadora *f.* (5.1)
modified modificado(a) **(7.2)**
molar muela *f.* (6.1)
monarch monarca *m.f.* **(2.2)**
monarchy monarquía *f.* **(2.2)**
monolith monolito *m.* (3.1)
monopoly monopolio *m.* **(5.3)**
monument monumento *m.* (4.2)
Moorish moro(a) **(LP)**
more: more and more cada vez
   más (1.2)
morning: morning glory
   campánula *f.* (5.1)
mortality mortalidad *f.*
   mortality rate índice de
   mortalidad
   children's mortality
   mortalidad infantil (5.3)
morter mortero *m.* (4.1)
mosaic mosaico *m.* (LP) **(3.2)**
Moslem musulmán *m.*, musulmana
   f. **(2.1)**
mosque mezquita *f.* (2.1)
mother-in-law suegra *f.* (3.1)
motherland patria *f.* (4.2)
(in) **motion** en marcha (5.1)
(to) **motivate** motivar (6.1)
motive motivo *m.*
motto lema *m.*
mountain montaña *f.* (1.1)
   mountain range cordillera *f.*
   (8.1)
moustache bigotes *m.pl.* (7.1)
mouth boca *f.* (6.1); desembocadura
   f. **(7.1)**
mouthful buche *m.*
   mouthful of water buche de
   agua (6.1)
mouthpiece portavoz *m.* (5.1)
(to) **move** mudarse **(1.3)**,
   trasladarse (2.1) **(5.1)**; conmover
   (ue) (7.2)

movement movimiento *m.* **(4.1)**;
   mudanza *f.* (4.2)
moving conmovedor(a) (2.2);
   movedizo(a) (LP)
mulatto (of mixed African and
   European blood) mulato(a) **(5.2)**
multicultural multicultural **(LP)**
multiracial multirracial **(LP)**
multitude multitud *f.* **(3.3)**
mummy momia *f.* (7.1)
municipality municipio *m.*
mural mural *m.* **(3.2)**
muse musa *f.* (4.2)
mutual mutuo(a) **(7.1)**
mystic místico(a)
myth mito *m.* (3.1)
mythology mitología *f.* (1.1) **(3.1)**

named denominado(a) **(6.2)**;
   llamado
natal (pertaining to birth) natal
national nacional, federal
   national council consejo
   nacional (8.1)
   national board consejo nacional
   (8.1)
   national congress congreso
   federal **(4.3)**
nationalism nacionalismo *m.* **(6.3)**
nationalization nacionalización *f.*
   (3.1)
(to) **nationalize** nacionalizar **(4.1)**
native natal (2.2); indígena;
   originario(a) (1.1)
   native region patria chica (8.2)
natural natural
   natural disaster desastre
   natural (4.3)
   natural resources recursos
   naturales (7.2)
nature naturaleza *f.* (5.2)
nautical marítimo(a) **(4.2)**
naval naval
   naval blockade bloqueo naval
   (4.1)
navel ombligo *m.* (1.1)
navigation navegación *f.*
navy armada *f.* **(4.1)**
nearby cercano(a) (LP)
nearness cercanías *f.pl.*
necessary obligado(a) (4.1) **(6.2)**;
   vital (3.2)
needy necesitado(a) (7.2)
(to) **negotiate** negociar **(3.1)**
negotiation negociación *f.* **(5.3)**
negotiator negociante *m.f.* (3.1)
neighbor vecino *m.*, vecina *f.*
   (1.1)

neighborhood vecindario *m.* (4.2);
   barrio *m.* (1.2); cercanías *f.pl.*
   (6.1)
   neighborhood scene viñeta de
   barriada *f.* (6.2)
neither tampoco
neoclassical neoclásico(a) **(2.2)**
nerve nervio *m.*
nervous: nervous breakdown
   ataque de nervios (2.3)
net red *f.* (1.1) **(8.1)**; enredar (8.1)
network red *f.* (1.1) **(8.1)**
nevertheless sin embargo
new: new arrivals recién llegados
   (1.3)
newspaper diario *m.* (2.2),
   periódico
   newspapers prensa *f.* (1.2) **(8.1)**
nitrate nitrato *m.* **(7.1)**
no: in no way de ningún modo (7.1)
noble hidalgo(a)
   of noble blood hidalgo(a) (2.2)
noise bullicio *m.* (4.2)
noisily estrepitosamente (3.1)
nomad nómada *m.*
nomadic nómada *m.*
(to) **nominate** nominar (2.3)
nomination nominación *f.* **(1.2)**;
   nombramiento *m.* (3.2)
not:
   not even ni siquiera (5.2)
   not . . . either tampoco (1.2)
notwithstanding no obstante
**novels: of or pertaining to
   novels** novelesco(a) (8.1)
nucleus núcleo *m.*
nuisance molestia *f.* (8.1), vaina *f.*
   (6.1)
nullification anulación *f.* **(5.3)**
nullify anular **(5.3)**
number cifra *f.*

oak: oak tree roble *m.* (8.1)
(to) **oblige** obligar (5.1)
   obliged obligado(a) (4.1) **(6.2)**
obstacle obstáculo *m.* **(3.1)**
(to) **obstruct** obstruir
(to) **obtain** obtener (ie) (LP) **(8.3)**;
   lograr (1.1) (1.3); conseguir (i,i)
   (2.2)
occasion caso *m.* (1.1); ocasión
occupancy ocupación *f.* **(4.1)**
occupation ocupación *f.*, oficio *m.*
   (5.1)
   military occupation ocupación
   militar **(4.2)**
(to) **occupy** ocupar (1.2)
ocean océano *m.* **(6.2)**

ENGLISH-SPANISH VOCABULARY

odor olor *m.*

off-tune destemplado(a) (6.1)

(to) **offer** ofrecer (3.1); extender (ie) (2.2)

office gabinete *m.* (6.1)

oh: Oh my God! ¡Válgame Dios! (2.1)

oil aceite *m.* (7.2); óleo *m.*; petróleo *m.* (4.1)

  oil (petroleum) industry industria petrolera (6.3)

  done in oil (painting) al óleo (5.1)

old envejecido(a) (2.1); antiguo(a) **(2.1)**; viejo

  old person anciano *m.*, anciana *f.* (5.1)

oligarchic oligárquico(a) (5.2)

oligarchy oligarquía *f.* **(3.2)**

omnipresent omnipresente (4.1)

one: one's own propio(a) (1.1)

only únicamente; único(a) (LP)

(to) **open** (a play) debutar (3.1)

opening apertura *f.* (2.1)

ophthamologist oftalmólogo *m.*, oftamóloga *f.* (4.2)

opponent adversario *m.* **(4.2)**; opositor *m.f.* (5.2)

opportunistic aprovechado(a) (1.1)

(to) **oppose** oponer (1.3); oponerse (3.2) (7.2)

opposing contrario(a) **(6.2)**

opposition oposición *f.* **(4.2)**

  in opposition to contra (1.1)

oppress agobiar **(7.1)**

oppressed oprimido(a) (8.2)

oppression opresión *f.* **(3.2)**

opulent opulento(a) **(6.2)**

order orden *m.* (1.3)

  to order ordenar (2.1)

  ordered mandado(a) (4.1)

organize coordinar **(1.3)**

organizer organizador *m.*, organizadora *f.*

  union organizer organizador sindical **(1.1)**

(the) **orient** oriente *m.* (3.1)

(to) **originate** provenir (ie) (4.1)

originating procedente **(2.1)**; originario(a) (1.1)

other otro(a)

otherwise de otra manera (1.1)

out: out loud en voz alta (1.3)

outcome resultado *m.* (1.2)

outdoors al fresco (2.2)

outlet (of a river) desembocadura *f.* **(7.1)**

outline boceto *m.* (2.2)

  to outline plantear (LP)

  outlined trazado(a) (3.2)

outstanding sobresaliente (1.3) **(2.1)**, destacado(a) (5.2); magno(a) (1.2)

overcome prevalecer **(7.3)**

  to overcome superar **(1.2)**

overcoming superación *f.* (5.2)

overflow desbordamiento *m.* (4.3)

  to overflow rebosar (4.1)

overthrow derrocamiento *m.* **(6.2)**

  to overthrow derrocar

overthrown derrocado(a) **(3.2)**

overturned volteado(a) (2.1)

(to) **overwhelm** agobiar **(7.1)**

owl búho *m.* (7.1)

own: on one's own de su propia cuenta (1.1)

owner dueño *m.*, dueña *f.* (1.1) **(3.2)**

  land owner latifundio *m.f.* (8.3)

ox buey *m.* (7.1)

P

pacific pacífico(a)

pacification pacificación *f.* (5.2)

(to) **pacify** amansar (4.1)

pack manada *f.* (7.2)

package bulto *m.*; paquete

pact acuerdo *m.* (1.1) **(4.1)**

pain dolor *m.* (3.1); dolencia *f.* (4.2); pena *f.* (6.2)

painful dolorido(a) (6.1)

painting pintura *f.*; cuadro *m.* (LP)

  outdoor painting pintura al fresco (3.1)

palace palacio *m.*

  (to) **palpitate** latir (8.1); palpitar

pampa pampa *f.* **(8.1)**

panting jadeante (6.1)

parade desfile *m.* (LP)

paradoxically paradójicamente (6.1)

paralyzation paralización *f.* **(8.1)**

part parte

  the greater part la mayor parte (1.1)

  to act a part interpretar

  to play the part hacer el papel (1.2)

partition cancel *m.*

partnership consorcio *m.* (7.2); aparcería *f.* (8.1)

pass: to pass away fallecer (1.2)

past pasado *m.*

  indigenous past pasado indígena **(1.1)**

pasture pastura *f.*

path camino *m.* (2.2), sendero *m.* (7.1), senda *f.* (8.1); trayectoria *f.* **(6.2)**

patrimony patrimonio *m.* (7.3)

patriotism patriotismo *m.* **(8.2)**

patronage auspicios *m.pl.* (4.2)

pavillion pabellón *m.* (2.2)

(to) **pay** recompensar (7.1)

payment pago *m.* (5.2)

payroll nómina *f.* (5.2)

peace paz *f.* (5.1)

  Nobel Prize for Peace Premio Nóbel de la Paz **(3.2)**

peaceful pacífico(a) **(3.2)**; serenísimo(a) (8.2)

peach melocotón *m.* (8.3)

pear pera *f.* (8.3)

pearl perla *f.* **(6.3)**

peasant campesino *m,.* campesina *f.* (2.1) **(3.1)**

(to) **pedal** pedalear (6.1)

pen pluma *f.* (7.1)

penetrating penetrante **(1.3)**

penetration penetración *f.* **(7.1)**

peninsula península *f.* **(2.1)**

penknife cortapluma *f.* (4.1)

per cent por ciento *m.* (3.1)

perceived intuido(a) (8.3)

percentage porcentaje *m.* **(8.3)**

percussionist percusionista *m.f.* (1.2)

perfect consumado(a) (1.3)

(to) **perform** interpretar **(6.3)**; efectuar

performance actuación *f.* (LP); interpretación *f.* (LP)

perhaps acaso *adv.* (1.1)

period período *m.* **(3.1)**

  period of time época *f.* (3.1)

peripheral periférico(a) (4.2)

perpetual perpetuo(a) **(8.2)**

perpetuity perpetuidad *f.* **(6.2)**

(to) **persecute** perseguir (i,i) **(8.3)**

perseverance perseverancia *f.* (4.2)

persistence persistencia *f.* (2.1)

personality personaje *m.*

perspective perspectiva *f.* **(6.3)**

perverse perverso(a) (8.1)

petrochemical petroquímico(a) **(4.3)**

petroleum petróleo *m.* (4.1)

pharmaceutical farmacéutico(a) **(4.3)**

phenomenon fenómeno *m.* (5.2)

philosophy filosofía *f.* **(LP)**

Phoenician fenicio(a) **(2.1)**

phony fraudulento(a) **(5.1)**

physical físico(a)

  physical exercise ejercicio físico **(4.2)**

piece trozo *m.* (6.2), pedazo *m.* (2.1); pieza *f.* (2.2)

piercing penetrante **(1.3)**

pig cerdo *m.* (7.2)

pigment pigmento *m.* **(7.2)**

pile pila *f.* (1.3)

piles pilotes *m.pl.* **(6.3)**
pillage saquear **(6.2)**
pillaging saqueo *m.* **(7.1)**
pioneer iniciador *m.*, iniciadora *f.* **(1.1)**; pionero *m.*, pionera *f.*
pirate pirata *m.* **(4.2); corsario** *m.* **(4.2)**
pitcher (baseball) lanzador *m.* **(4.2)**
place lugar *m.* (LP), sitio *m.* (1.1); colocar (1.2)
   to take place efectuarse **(4.2) (6.1)**
   to place the blame echar la culpa (5.2)
plain llanura *f.* **(7.3) (8.1)**
plan esquema *m.*
planned planeado(a) (3.3)
planning planificación *f.* **(5.2)**
(to) **plant** sembrar (ie)
   plant life flora *f.* (7.2)
plantain plátano *m.*
plantation plantación *f.* (3.2)
   banana plantations plantaciones bananeras **(5.3)**
plate platillo *m.* (1.1)
plateau meseta *f.* **(5.3)**
   high plateau altiplano *m.* (3.2) **(7.1)**
player jugador *m.*, jugadora *f.*
   Most Valuable Player jugador más valioso (4.2)
playwright dramaturgo *m.f.* **(1.1)**
pleasure placer *m.* (2.1)
(to be) **plentiful** abundar **(6.2) (8.2)**
plenty abundancia *f.* **(5.3)**
plot trama *f.* (4.1)
(to) **plunder** explotar (5.3)
(to) **plunge** sumergirse (6.1)
pocket: from one's own pocket de su propia cuenta
poet poeta *m.f.* (1.1)
   mystical poets poetas místicos (2.2)
point punto *m.*
   starting point punto de partida (2.2)
   point of view punto de vista (1.2)
   to point out señalar (4.2)
(to) **poke (a fire)** atizar (4.1)
polarization polarización *f.* (5.1)
(to) **polarize** polarizar (5.1)
policy política *f.*
(to) **polish** pulir (6.1)
political político(a) (1.1)
   political unity unidad política (2.1)
   political boss cacique *m.*
   political party partido político (2.2) **(6.3)**
politician político *m.* política *f.* (1.1)
politics política *f.*

polluted contaminado(a)
(to make) **poor** empobrecer **(LP)**
(to) **populate** poblar (ue) (1.1)
   populated poblado(a) (3.1)
population población *f.* (1.2) **(3.1)**
populism populismo *m.* **(8.1)**
populous populoso(a) (3.3)
port puerto *m.* (1.3) **(6.2)**
portable portátil (4.2)
portrait retrato *m.* (3.1)
pose pose *m.* (6.2)
(to) **possess** poseer (8.1)
possession posesión *f.* **(4.3)**; ocupación *f.* **(4.1)**
   to take possession of apoderarse **(6.3)**
poster letrero *m.* (1.2); afiche *m.* (1.3)
posture postura *f.* (6.2)
poverty pobreza *f.* (3.2)
power fuerza *f.*; potencia *f.*
   world power potencia mundial (2.1); poder *m.*
   military power poder militar (2.1)
powerful poderoso(a) (1.3) (3.2)
practice costumbre *f.* (1.1)
practitioner practicante *m.f.* **(7.2)**
(large) **prairie** pradera *f.* **(8.1)**
prank travesura *f.* (5.1)
prayer oración *f.* (2.1)
pre-Columbian precolombino(a) (1.2) **(7.1)**
pre-determined predeterminado(a) **(8.2)**
pre-set predeterminado(a) (8.2)
preaching evangelización *f.* **(8.2)**
precaution precaución *f.* (6.1)
(to) **precede** preceder (4.2)
precedent precedente **(8.3)**
preceding precursor(a) (4.1); anterior **(7.1)**
precious: precious in my eyes caro(a) a mi afecto (8.2)
precise justo(a) (4.1)
precursory precursor(a) (4.1)
preferred preferido(a) (1.3)
prejudice prejuicio *m.* (8.2)
preoccupation preocupación *f.* **(1.3)**
prepared listo(a) (1.1)
presence presencia *f.* **(4.3)**
present actual (3.1)
   present time actualidad *f.* **(3.1)**
   to present presentar, dar a conocer (1.1)
   to present oneself acudir (2.2)
(to) **preserve** preservar **(4.3)**, conservar (1.1)
preside: presided over by presidido(a) por (8.3)

presidency presidencia *f.* **(6.2)**
president presidente *m.*, presidenta *f.* **(1.1)**
(the) **press** prensa *f.*
   press conference rueda de prensa *f.* (4.2)
pressed (together) apeñuzcado(a) (3.1)
pressure presión *f.* **(3.2)**
prestigious prestigioso(a) **(3.3)**
(to) **pretend** fingir (6.1)
pretext pretexto *m.* **(4.1)**
(to) **prevail** prevalecer **(7.3)**
(to) **prevent** impedir (i,i) **(6.2)**
previewed previsto(a) (6.2)
previous anterior **(7.1)**
price importe *m.* (3.1), precio
priceless inapreciable (2.2)
pride orgullo *m.*
   ethnic pride orgullo étnico **(1.1)**
priest sacerdote *m.* (3.2)
   Jesuit priest jesuita *m.* **(8.2)**
Prime Minister primer ministro (4.1)
prince príncipe *m.* (2.2)
print grabado *m.* (1.2)
printshop imprenta *f.* (4.1)
prison cárcel *f.* (1.1)
privacy privacidad *f.* (4.2)
(to make) **private** privatizar (3.1)
privatization privatización *f.* **(8.1)**
(to) **privatize** privatizar (3.1)
privileged privilegiado(a) (3.2)
prize premio *m.* (LP) **(1.2)**
   Nobel Prize for Literature Premio Nóbel de Literatura **(3.2)**
problem vaina *f.* (6.1); disyuntiva *f.* (8.1)
(to) **proceed** proseguir (i,i)
proceeding procedente **(2.1)**
process proceso *m.* **(4.3)**; procedimiento *m.* (1.1)
(to) **proclaim** promulgar; exclamar (LP); proclamar **(4.2)**
   to proclaim oneself (as) proclamarse (3.2)
produce: garden produce hortaliza *f.* (8.3)
product producto *m.*; obra *f.* (1.1) (1.2)
   gross national product producto doméstico bruto (8.3)
profession carrera *f.* (1.2)
professorship profesorado *m.* (6.2)
profile perfil *m.* **(LP)**
profundity profundidad *f.* (3.1)
program programa *m.*
progressive progresista (3.1)
(to) **prohibit** prohibir (2.2) **(8.3)**
project proyecto *m.* (4.1)

projection proyección *f.* (3.2)
prolific prolífico(a) (8.1)
prominent destacado(a) (5.2)
promise promesa *f.* (5.2)
 to promise prometer **(3.1)**
(to) **promote** promocionar (4.2),
 promover (ue) (1.1) **(3.1)**
promoter promotor *m.f.* (4.3)
prompting impulso *m.* (1.3)
(to) **promulgate** promulgar (2.2)
 (3.2)
proof prueba *f.* (7.1); testimonio *m.*
 (2.2)
propaganda propaganda *f.*
proper debido(a) (1.1)
property propiedad *f.* (1.3) **(5.2)**
(lack of) **proportion** desproporción
 f. (8.2)
(to) **propose** proponer (1.3) **(3.2)**
 proposed propuesto(a) **(6.3)**
prosper florecer (3.1) **(7.1)**
 to prosper prosperar
prosperity prosperidad *f.* (6.1)
prosperous próspero(a) **(2.1)**;
 floreciente **(5.1)**
protagonist protagonista *m.f.* **(2.1)**
 to be the prprotagonist in
 protagonizar (2.2) **(8.2)**
(to) **protect** proteger (2.1) **(5.2)**;
 resguardar
 to protect oneself parapetarse
 protected protegido(a)
 protected zone zona protegida
 (5.3)
protectorate protectorado *m.* (6.2)
Protestantism protestantismo *m.*
 (2.1)
prototype prototipo *m.* (2.1)
proud orgulloso(a) (1.1)
proven demostrado(a) (1.2);
 calificado(a) (6.2)
provide proporcionar (1.3)
 to provide proveer (5.2) **(6.3)**
province provincia *f.* **(3.2)**, comarca
 f. (6.2)
provisional provisional (8.3)
provisions comestibles *m.pl.*
 (1.2)
(to) **provoke** provocar **(4.1)**
proximity cercanías *f.pl.*
psychic psíquico(a) **(7.3)**
public público(a)
 public finances finanzas
 públicas (5.2)
 public road carretera *f.* **(2.1)**
publication publicación *f.* (8.3)
Puerto Rican boricua *m.f.*
 (1.2)
(to) **pull** arrastrar (7.2)
pumice pómez *m.* (3.1)
pumpkin calabaza *f.* (5.1)
purpose propósito *m.* (1.1)

(to) **pursue** perseguir (i,i) (8.3);
 proseguir (i,i)
(to) **put** poner, colocar (1.2)
 to put on colocarse (4.2)
 put down suprimido(a) (7.1)
 to put up with aguantar (5.1)
puzzle enigma *m.* (8.1)
pyramid pirámide *f.* **(3.2)**

(to) **quadruple** cuadruplicar (6.3)
qualification calificación *f.* (2.2)
qualified calificado(a)
quality calidad *f.* **(2.2)**
quantity cantidad *f.* (2.3) **(8.2)**
quarrelsome pendenciero(a) (1.1)
queen reina *f.* **(2.1)**
question cuestión *f.* (LP)
Quetzalcoatl (mythical
 Mesoamerican god) Quetzalcóatl
 m. **(3.1)**
Quiche (people and language
 spoken in parts of Guatemala)
 quiché *m.* **(3.2)**
quiet callado(a) (1.1)
 to make quiet callar (2.1)
(to) **quiver** vibrar (LP); palpitar
 (7.2)
quotation mark comilla *f.* (6.3)
(to) **quote** citar
 quoted citado(a) (2.2)

race raza *f.* (LP) **(1.1)**
radical: to become radical
 radicalizarse (2.2)
railroad ferrocarril *m.* **(1.1)**
railway (cable) teleférico *m.* (6.3)
(to) **raise** elevar (3.1), alzar (1.1)
 to be raised criarse (1.2)
 to raise (children or animals)
 criar (1.1)
ranch hacienda *f.*
rancor rencor *m.* (5.3)
rate tasa *f.* (5.3); índice *m.*
 mortality rate índice de
 mortalidad (4.1)
(to) **ratify** ratificar (6.2)
raven cuervo *m.* (1.1)
razor navaja *f.* (4.1)
(to) **re-elect** reelegir (i,i) **(8.2)**
reach alcance *m.* **(8.2)**
 to reach alcanzar (1.3)
ready listo(a) (1.1)
(to) **reaffirm** reafirmar **(6.3)**
real real, verdadero(a) (4.3)
realism realismo *m.* **(2.2)**
(to) **realize** darse cuenta de (1.1)

reason razón *f.* (1.1); arguyendo
 pres. part.
 to reason argüir (7.1)
rebel rebelde *m.f.* (8.1)
 to rebel rebelar **(2.2)**
rebellion sedición *f.* (3.2)
rebirth renacimiento *m.*
recently recién, últimamente (5.1)
reception recibimiento *m.* (8.1)
recipe receta *f.* (1.1)
recognition reconocimiento *m.*
 worldwide recognition
 reconocimiento mundial (3.1)
(to) **recognize** reconocer (LP)
 recognized reconocido(a)
(to) **recompense** recompensar (7.1)
Reconquest (of Spain) Reconquista
 f. **(2.1)**
recording grabación *f.* (LP)
records: pertaining to records
 disquero(a) (6.2)
(to) **recover** recuperar (4.2) **(4.3)**,
 recobrar (2.2); reivindicar (2.2)
recovery recuperación *f.* (8.3);
 reivindicación *f.* (3.2)
(to) **recruit** reclutar (1.2)
recuperation recuperación *f.* (8.3)
(to) **reduce** reducir
 reduced reducido(a) (4.2)
reed caña *f.* (4.1)
reelected reelegido(a) (4.2)
(to) **reestablish** restablecer (6.2)
refer (to) aludir (a) (4.1)
referendum referéndum *f.* **(8.3)**
refined culto(a)
refinery refinería *f.* (7.2)
(to) **reflect** reflejar (LP) **(2.3)**
 reflected reflejado(a) (4.2)
reform reforma *f.* (3.2)
reformer reformador *m.*,
 reformadora *f.* (2.1)
reformist reformista *m.f.* **(8.3)**
refugee refugiado *m.*, refugiada *f.*
 (1.3)
(to) **refuse** rehusar (2.1), negarse(ie)
regime régimen (*pl.* regímenes)
 (1.3)
regiment regimiento *m.* **(1.2)**
region región *f.*
registered inscrito(a) (6.2)
reign reinado *m.* **(2.1)**
(to) **reject** rechazar (8.1) **(8.2)**;
 repudiar (2.2)
(to) **relate** relatar (3.2)
 related relacionado(a) (3.2)
 relationship parentesco *m.* (1.1)
religious:
 religious brother fray *m.*
 (3.2)
 religious order orden *f.* (2.1)
(to) **remain** permanecer (4.3),
 quedar (1.1) **(4.2)**, durar

remains restos *m.pl.* (4.2), despojos *m.pl.* (4.1)

(to) **remember** acordarse (ue) (1.1), recordar (ue), evocar (3.2); retener (8.1)

(to) **remind** recordar (ue) (1.1)

removal extracción *f.* (7.1)

(to) **remove** quitar (1.3); retirar (5.2)

Renaissance renacimiento *m,* (3.1)

(to) **renegotiate** renegociar (5.3)

(to) **renew** renovar (ue) (1.1) (7.2); revalidar (1.3); reanudar (5.2)

(to) **renounce** renunciar (4.1) (6.1)

(to) **renovate** renovar (ue) (1.1) (7.2)

(to) **rent** alquilar (1.1)

renunciation renuncia *f.* (5.2)

repatriated repatriado(a) (1.1)

(to) **repay** corresponder

(to) **repel** rechazar

(to) **replace** reemplazar (4.3) (7.2); suplantar (8.1)

reporter periodista *m.f.* (3.1)

representation representación *f.* (1.2)

representative diputado *m.,* diputada *f.* (1.2); comisionado *m.f.* (4.3)

(to) **repress** reprimir (8.1)

repressed reprimido(a) (5.1) (6.3)

repression represión *f.* (8.1)

(to) **reproduce** reproducir (3.1)

reproval reprobación *f.* (3.2)

(to) **repudiate** repudiar (2.2)

reputation fama *f.*

(to) **require** exigir (4.3); requerir (ie,i)

requirement exigencia *f.* (6.1)

rescue rescata *f.* (7.2)

to rescue salvar (3.1)

(to) **resent** resentir (ie,i) (6.3)

resentment resentimiento *m.*

(to) **reside** residir

(to) **resign** renunciar (4.1) (6.1)

resignation renuncia *f.*

resistance resistencia *f.* (4.3)

(to) **resolve** resolver (ue) (3.2)

resolved resuelto(a) (8.1)

resource recurso *m.*

natural resources recursos naturales (7.2)

respect respeto *m.* (3.3)

respectful respetuoso(a) (2.2)

respectively respectivamente (4.1)

(to) **rest** reposar (8.1)

restless inquieto(a) (3.1)

restoration restauración *f.* (8.2)

(to) **restore** restaurar (5.2); instaurar (2.2)

to be restored restaurarse (2.2)

result resultado *m.*

resume reanudar (5.2)

(to) **retain** retener (4.3)

return regreso *m.* **(3.1),** retorno *m.* (2.2)

to return corresponder; retornar (5.3)

to return (an item) devolver (ue) (3.3)

returning to de regreso a (LP)

reunion reunión *f.* (7.2)

(to) **reunite** reunir

(to) **revalidate** revalidar

revaluation revaloración *f.* (3.1)

revenge venganza *f.* (6.1)

(to) **revert** recurrir (1.3)

revision repaso *m.* (8.1)

(to) **revitalize** revitalizar (6.2)

revocation abolición *f.* (8.1)

(to) **revoke** revocar (8.3)

revolt revuelta *f.* (7.1)

revolution revolución *f.* (3.1)

revolutionary revolucionario(a) (3.1)

rewarded galardonado(a)

rhythmical cadencioso(a) (5.3)

rich acomodado(a) **(5.3)**

to get rich enriquecerse (LP) **(4.1)**

richness riqueza *f.* (3.1) **(6.3)**

rifle fusil *m.* (5.3)

right derecho *m.* (LP) **(4.2)**

with full rights de pleno derecho (2.2)

right-winger derechista *m.f.* **(5.1)**

rightist derechista *m.f.* **(5.1)**

(to) **rip** desgajar

risk riesgo *m.* (5.1)

rite rito *m.*

ritual rito *m.* **(3.2)**

(to) **rival** rivalizar (5.2)

rivalry rivalidad *f.* **(7.2)**

river río *m.* (1.1)

road vía *f.* (2.2); camino *m.* (2.2)

(to) **rob** despojar (3.2)

(relating to) **rock-and-roll** roquero(a) **(4.3)**

role papel *m.* (4.2)

to play the leading role in protagonizar (2.2) **(8.2)**

rolling arrollador(a) (6.2)

Roman romano(a) **(LP)**

Roman Empire imperio romano **(2.1)**

room habitación *f.* (8.1)

roomy amplio(a) (LP) **(3.3)**

root raíz *f.* (1.3)

cultural roots raíces culturales **(3.1)**

route ruta *f.*

royal real (3.2)

(to) **rub** frotar (5.1)

rubber caucho *m.* **(7.3)**

ruins (archeological) ruinas *f.pl:* **(3.3)**

(to be) **rumored** rumorearse (1.3)

run recorrido *m.* (LP)

to run around corretear (1.1)

to run away huir **(3.1)**

to run over rebosar (4.1)

rupture ruptura *f.* (5.1)

rythm ritmo *m.* **(4.1)**

S

(to) **sack** saquear **(6.2)**

sacking saqueo *m.* (7.1)

sacred sagrado(a) **(3.3);** sacro(a) (2.1)

sailing navegación *f.* **(2.1)**

saint:

to declare as a saint canonizar (2.1)

patron saint santo patrón *m.,* santa patrona *f.* (1.2)

sale venta *f.* (1.1)

salsa: salsa musician sonero *m.* (6.2)

saltpeter (potassium nitrate) salitre *m.* **(8.3)**

sample muestra *f.*

satellite satélite *m.* (3.1)

satire sátira *f.* **(6.1)**

(to) **satirize** satirizar (2.2)

(to) **satisfy** satisfacer (1.1)

sausage salchicha *f.* (1.1)

(to) **save** salvar **(3.1)**

savior mesías *m.* (4.2)

(to) **savor** saborear (6.2)

saw sierra *f.* (4.1)

say: that is to say o sea (1.1)

(to) **scale** escalar (LP)

scarce escaso(a) **(4.1)**

scenery escenario *m.* **(4.3)**

scheme esquema *m.*

scholarship beca *f.* (4.2)

school escuela *f.*

middle school escuela intermedia (5.2)

scientific científico(a)

scientific investigators investigadores científicos **(1.2)**

scissors tijeras *f.pl.* (4.1)

scope ámbito *m.* (6.2)

screen red *f.,* cancel *m.*

screenplay guión *m.* (2.2)

script guión *m.* (2.2)

sculptor escultor *m.,* escultora *f.* **(6.1)**

sculpture escultura *f.* (1.2)

sea mar *m.* **(6.2)**
  sea lion león marino *m.* (7.2)
  sea port puerto marítimo (7.1)
seal sello *m.* (LP)
search búsqueda *f.* (5.1)
  in search of en busca de (1.1)
seasickness mareo *m.* (3.1)
seat sede *f.*
second segundo(a)
  Second World War Segunda Guerra Mundial **(3.1)**
secret clandestino(a) (4.1)
secretary secretario *m.*, secretaria *f.*
  Secretary of Housing and Urban Development Secretario de Vivienda y Desarrollo Urbano **(1.1)**
(to) **secure** asegurar (4.1)
  to make oneself secure afianzarse (4.1)
  to make secure asegurar (4.1)
  to secure oneself anclarse (4.2)
security seguridad *f.* **(6.3)**
sedition sedición *f.* (3.2)
seed semilla *f.* (2.1) (6.3)
  to sow seeds sembrar (ie) (6.2)
(to) **seem** parecer (3.2)
seen visto(a) (LP)
(to) **seize** apoderarse (6.3)
(to) **select** escoger (3.2), elegir (i,i); optar (1.3) **(7.3)**
self-governing autónomo
self-determination autonomía *f.* **(4.3)**
self-portrait autorretrato *m.* (3.1)
selling venta *f.* (1.1)
semi-autonomous semiautónomo(a) (6.2)
semi-independent semindependiente (6.2)
senate senado *m.* (1.1)
(to) **send** enviar **(7.2)**
  sent mandado(a) (4.1)
sense sentido *m.*
  in every sense en todo sentido (1.1)
  common sense sentido común (2.1)
(to) **sentence** sentenciar (7.1), condenar **(7.1)**
  sentenced condenado(a) (3.2)
sentiment sentimiento *m.* **(LP)**
(to) **separate** apartar (1.1); aislar (2.2)
separation aislamiento *m.* (7.2)
separatist separatista *m.f.* **(6.2)**
Sephardic sefardita **(2.1)**
serene sereno(a) (1.1)
  very serene serenísimo(a) (8.2)
series serie *f.* (2.1)
  World Series (baseball) Serie Mundial **(4.2)**

serious grave (8.1)
seriously gravemente **(5.2)**
seriousness seriedad *f.* **(3.1)**
serpent serpiente *f.* **(3.1)**, culebra *f.* (5.1)
(to) **serve** servir (i,i) (4.1)
(to) **set off** arrancar (2.2)
(to be) **set up** establecerse **(6.3)**
(to) **settle in** radicarse (8.1)
settler colono *m.* **(3.1)**
severe recio(a)
shade sombra *f.* (5.1)
shadow sombra *f.* (2.3)
(to) **shake** sacudir (5.1); temblar (6.1)
shaking temblor *m.*
shameful oprobioso(a) (8.2)
(to) **share** compartir (LP)
  shared común (7.1)
(to) **shave** afeitarse (4.1)
sheep borrego *m.* (7.1)
(to) **shelter** resguardar (4.2)
  to take shelter resguardar (4.2)
shield: shield bearer escudero *m.* (2.1)
shine brillo *m.* (4.2)
shining luminoso(a) (7.1), brillante **(3.3)**
ship buque *m.* (4.1), nave *f.* (7.2) **(8.2)**
shipment embarque *m.* **(7.1)**, embarcadura *f.* (1.1)
shoe:
  to shoe a horse herrar (ie)
  glass shoe zapatilla de cristal *f.* (5.1)
(to) **shoot** pegar un tiro (6.1), disparar **(5.2)**
shop gabinete *m.* (6.1)
shore orilla *f.* (6.3)
short breve **(3.2)**
  in short en resumen, en resumidas cuentas (6.1)
  short story cuento *m.* (LP)
shortcoming falla *f.* (5.2)
shorts shorts *m.pl.* (4.2)
shot fusilado(a) (2.2)
shoulder: shoulder pad charretera *f.* (5.1)
show programa *m.*
  variety show programa de variedades (4.2)
  to show mostrar (ue) (5.2) **(6.1)**
showing muestra *f.* (2.2)
shown demostrado(a)
(to) **shrink** encoger (7.1)
(to) **shut up** callarse (1.1)
sick enfermo(a) (4.2)
side lado *m.*
  both sides ambos lados (1.1)
  to put to one side poner de lado (7.1)

siege sitio *m.* **(3.1)**
sign letrero *m.*
  to sign firmar (2.2) **(3.1)**
(to) **signal** señalar (4.2)
signed firmado(a) **(4.1)**
significance significado *m.* (2.2)
silent callado(a) (1.1)
  to be silent callarse (1.1)
silliness zoncera *f.* (7.1)
silver plata *f.* (2.1)
similar to parecido(a) a (7.2)
similarity semejanza *f.*
simple sencillo(a), mero(a) (8.2)
simply únicamente **(6.3)**
since desde (LP)
singer cantante *m.f.* (LP) **(3.1)**; vocalista *m.f.* **(4.3)**
single sencillo(a) (4.1)
(to) **situate** situar (1.1)
  situated situado(a)
size tamaño *m.* (2.2)
(to) **sizzle** chirriar (5.1)
skeptical escéptico(a) (5.3)
sketch boceto *m.* (2.2)
skirt falda *f.*
skull cráneo *m.* (6.1)
skyscraper rascacielos *m.* (6.3)
slave esclavo *m.*, esclava *f.* **(4.1)**
slicer cortador *m.*, cortadora *f.*
sliver astilla *f.* (1.2)
slogan lema *m.* **(4.3)**
slope ladera *f.* (6.3)
small:
  small town aldea *f.* (3.2) **(8.2)**
  small bottle pomo *m.*
smart: smart aleck respondón *m.*, respondona *f.* (8.1)
smile sonrisa *f.* (1.1)
smoke humo *m.* (5.1)
snail caracol *m.* (7.1)
  snail shell caracol *m.* (7.1)
snake culebra *f.* (5.1); víbora *f.* (7.1)
snowstorm ventisca *f.* (6.3)
soap opera telenovela *f.* (6.3)
sobriety seriedad *f.* **(3.1)**
social social (3.2)
  social spectacle espectáculo social (5.3)
  social drama sociodrama *m.* (5.2)
society sociedad *f.*
  contemporary society sociedad contemporánea **(4.3)**
sociological sociológico(a) **(7.3)**
soft dulce (4.1)
(to) **soften** dulcificar
sojourn estancia *f.* (4.1)
soldier soldado *m.* (2.1)
solid sólido(a) (4.1)
solitude soledad *f.*
soloist solista *m.f.* (1.3)
son-in-law yerno *m.* (1.1) **(4.2)**

song canción *f.* (LP)
soon pronto
(to) **sooth** amansar (4.1)
sophisticated sofisticado(a) (7.1)
sordid sórdido(a) (8.1)
(to) **sort** apartar (1.1)
soul alma *f.* (1.1)
source fuente *f.*
   sources of work fuentes de
   trabajo **(1.3)**
southern austral (8.3); meridional
  (5.2)
southwest suroriental (8.2)
   the Southwest suroeste (1.1)
Soviet soviético(a) **(4.1)**
sowing siembra *f.* (6.2)
Spanish-speaking
  hispanohablante (LP)
sparkling centelleante (5.1)
spear espada *f.* (2.1)
specialty especialidad *f.* (4.2)
spectacle espectáculo *m.*
   social spectacle espectáculo
   social (5.3)
spectator espectador *m.*,
  espectadora *f.* (1.2)
speech discurso *m.* (8.2)
(to) **speed up** acelerar (2.2) **(3.1)**
   sped up acelerado(a) **(4.3)**
speed marcha *f.*
   at full speed a toda marcha
   (5.1)
spell: to put a spell on hechizar
spelling ortografía *f.* (5.3)
sphere esfera *f.* (5.2)
spicy picante (7.1)
spider araña *f.*
(to) **spin** (thread) hilar (3.1)
spirit espíritu *m.* (8.2); ánimo *m.*
  (2.2); esfuerzo (1.1)
spittoon escupidera *f.* (6.1)
(to) **splash** salpicar (7.2)
splendor esplendor *m.* **(8.2)**
splinter astilla *f.* (1.2)
spokesperson portavoz *m.* (5.1)
sponsorship auspicios *m.pl.* (4.2)
spontaneity espontaneidad *f.*
  (1.3)
spot mancha *f.* (3.1)
   to spot salpicar (7.2)
spouse esposo *m.* esposa *f.* (1.1)
(to) **spread** esparcir
   to spread out desplegar (ie)
   (1.2)
(to) **spring up** surgir (3.2)
spurs espuelas *f.pl.* (2.1)
(to) **squeak** chirriar
(to) **squeeze** apretar (ie) (6.1)
(to) **squint** guiñar
stability estabilidad *f.* (3.1),
  firmeza *f.* (3.1)
(to) **stabilize** estabilizar **(5.2)**

stage escenario *m.*
   brought to the stage llevada al
  escenario (1.2)
staging escenificación *f.* (6.1)
stain mancha *f.* (3.1)
   to stain oneself mancharse (3.1)
stairway escalera (8.1)
stamp sello (LP)
stance postura *f.* (6.2)
(to) **stand out** sobresalir **(2.2)**,
  destacarse (LP) **(3.2)**
stardom estrellato *m.* (2.2)
(to) **start** arrancar (2.2); comenzar
  (ie) (1.1)
   starting point punto de partida
  m. (2.2)
startled asustado(a) (3.1)
state estado *m.*
   Associated Free State Estado
  Libre Asociado **(4.3)**
   chaotic state (of affairs) estado
  caótico (4.2)
   pertaining to the state estatal
  (4.3)
   to state plantear (LP)
statehood estadidad *f.* (4.3)
stay estancia *f.* (4.1);
   to stay permanecer **(4.3)**;
  quedarse (4.2)
steadiness firmeza *f.* (3.1)
stellar estelar (1.2)
step peldaño *m.* (8.1); gestión *f.* (2.2)
   to step foot on pisar (6.3)
   to step on pisotear (5.1), pisar
  (6.3)
stepmother madrastra *f.* (3.1)
stereotype estereotipo *m.* **(1.2)**
steward mayordomo *m.* (8.1)
stick palo *m.* (1.2)
sticking pegajoso(a)
still todavía (1.1); aún (1.1)
sting picadura *f.* (7.1)
   to sting picar (7.1)
(to) **stir up** atizar (4.1)
stock caña *f.* **(4.1)**
(to) **stomp on** pisotear (5.1)
stone piedra *f.*
   stone idol ídolo de piedra (6.1)
stop parada *f.* (1.1)
   to stop the flow of restañar
  (8.3)
stopover escala *f.* (6.2)
stopped detenido(a) **(5.1)**
stopping-place parada *f.* (1.1)
storm tormenta *f.* (3.3), tempestad
  f. (4.3)
stormy tormentoso(a) (3.1)
story cuento *m.*, relato *m.* (8.2);
  fábula *f.* (8.2)
straight estrecho(a) **(8.3)**
strange extraño(a) (3.1)
strategic estratégico(a) **(4.3)**
strategically estratégicamente (2.1)

straw paja *f.* (LP)
strawberry frambuesa *f.* (8.3)
strength fuerza *f.*
(to) **strengthen** fortalecer (7.3)
   strengthened fortificado(a)
  (4.3)
strengthening fortalecimiento *m.*
  (6.2)
stressed acentuado(a) (3.3)
(to) **stretch** estirar (6.1)
   to stretch estirar (6.1)
   to stretch out arrellanarse
  (8.1)
strike huelga *f.* **(1.1)**
   hunger strike huelga de
  hambre
strip (of land) franja *f.* **(6.2)**
strong fuerte (4.3); recio(a) (1.1)
structure estructura *f.* **(7.2)**
struggle lucha *f.* **(LP)**
stubbornness tenacidad *f.* (6.2)
(pertaining to) **students** estudiantil
  (1.1)
(pertaining to) **studies** estudiantil
  (1.1)
(to) **study** estudiar; cursar (2.2) **(8.3)**
style estilo *m.*
subhuman infrahumano(a) **(7.2)**
(to) **submit** entregar (1.3)
subsequent posterior (1.1)
subsequently posteriormente (3.2)
  (5.3)
subsistence subsistencia *f.* (5.3)
(to) **substitute** substituir, sustituir
  (2.2)
success éxito *m.* (1.1) **(1.3)**
successful próspero(a) **(2.1)**,
  exitoso(a) (3.1) **(6.2)**; victorioso(a)
  (5.2)
   to be successful prosperar
  (3.1); triunfar **(5.2)**
succession sucesión *f.* (2.2) **(6.3)**
successor sucesor *m.*, sucesora *f.*
  (2.2)
suddenly repente: de repente **(3.3)**;
  de pronto (1.1)
(to) **suffer** sufrir (3.1) **(3.2)**
suffering sufrimiento *m.* (3.1)
sufficient suficiente (4.3)
suffix sufijo *m.* (5.2)
sugar azúcar *m.* (1.2)
   sugar cane caña *f.*, caña de
  azúcar **(4.3)**
   sugar cane cutter cortador de
  caña **(1.2)**
   sugar industry industria
  azucarera (4.1)
   of or pertaining to sugar
  azucarero(a)
(to) **suggest** proponer (1.3) **(3.2)**
suggestion sugerencia *f.* (1.3)
suicide suicidio *m.* (4.1)

sum suma
    sum total cifra *f.* (1.3)
    in sum en resumen (4.1)
    to sum up resumir (3.1)
summarizing en resumen (4.1)
summary resumen *m.*
summit cumbre *f.* (2.1); auge *m.*
    (3.2) **(7.3)**
sunset puesta del sol (2.1)
supernatural sobrenatural (5.2)
(to) supplant suplantar (8.1)
(to) supply proporcionar **(1.3)**
(to) support apoyar (3.2)
    supported apoyado(a) (6.1)
supporter exponente *m.f.* (3.1)
    (8.3)
(to) suppress suprimir (2.2) **(6.2)**
supremacy supremacía *f.* (8.1)
supreme supremo(a) (8.2)
supressed suprimido(a)
(to make) sure asegurarse (LP)
surface superficie *f.* (3.1) **(6.1)**; faz
    f. (2.1)
surgeon cirujano *m.,* cirujana *f.*
surmounting superación *f.* (5.2)
surprise sorpresa *f.* (LP)
(to) surrender rendirse (i,i) **(6.3)**
(to) surround rodear (3.1)
survival supervivencia f. (7.2)
(to) survive sobrevivir (LP)
(to) suspect sospechar (4.2)
(to) suspend suspender (3.2)
suspicious receloso(a) (8.1)
(to) swallow tragar
swan cisne *m.* (7.1)
sweaty sudoroso(a) (6.1)
(to) sweep barrer (1.1)
sweet dulce
(to) sweeten dulcificar (4.1)
swollen hinchado(a) (6.1)
syndicate sindicato *m.* **(1.1)**
system sistema *m.* (3.2)
    socialist system sistema
    socialista **(1.3)**

T

tableland (plateau) meseta *f.* **(5.3)**
    high tableland altiplano *m.*
    (3.2) **(7.1)**
(to) take tomar
    to take away privar (8.1), quitar
    (1.3)
    to take back revocar **(8.3)**
    to take turns turnarse
    to take place tener lugar (6.2)
    (7.2); suceder **(8.3)**
(to) tame amansar (4.1)
task tarea *f.* (1.1)

taste gusto *m.*
    to one's taste al gusto (1.1)
    to taste saborear (6.2)
tastiness sobrosura *f.* (6.2)
tasty sabroso(a) (LP)
tax impuesto *m.* (1.2) **(4.3)**
teaching docencia *f.* **(8.1)**
team equipo *m.* (4.2)
tear lágrima *f.* (5.2)
    to tear off desgajar
    to tear to pieces desgajar
    (8.1)
technique técnica *f.* (7.2)
teenager adolescente *m.f.* (1.3)
television: television viewer
    televidente *m.f.* (1.3)
(to) tell relatar (3.2)
temple templo *m.* (2.1)
temporary provisional (8.3);
    temporal (1.1)
tenacity tenacidad *f.* (6.2)
(to) tend to atender (ie) a (4.2),
    asistir (1.1)
tendency tendencia *f.* (2.2)
tenderness cariño *m.,* ternura *f.*
    bitter tenderness amarga
    ternura (6.1)
tennis: tennis player tenista *m.f.*
    (2.2)
tent tienda de campaña *f.* (5.1)
tepid tibio(a) (6.1)
terrain terreno *m.* (4.3) **(8.3)**
territorial territorial
    territorial unity unidad
    territorial **(2.1)**
territory territorio *m.* (1.1);
    comarca *f.* (6.2)
terrorism terrorismo *m.* **(7.1)**
test prueba *f.* (7.1)
testimony testimonio *m.* **(2.2)**
textile textil **(4.3)**
theater teatro *m.* (1.1)
    traveling theater teatro
    rodante (1.2)
    having to do with theater
    teatral **(1.2)**
theme tema *m.* (1.3); motivo *m.*
    (2.2); temática *f.* (3.1)
then entonces
theology teología *f.* (5.1)
therefore por lo tanto (5.1)
thick denso(a) (2.1)
thickness densidad *f.* (5.1)
thin estrecho(a) **(8.3)**; enjuto(a)
    (6.1)
thing: the only thing lo único
    (1.1)
thinker pensador *m.,* pensadora *f.*
    (4.1)

third tercio *m.*
    one third un tercio (5.2)
thirty-fourth trigésimocuarto (1.2)
thousand mil *m.*
    thousands of miles de (1.1)
thread hilo *m.* (4.1)
threat amenaza *f.* (2.2) **(7.3)**
(to) threaten amenazar (6.1)
threshold umbral *m.* (6.1)
(to) throb palpitar **(7.2)**
throne trono *m.* **(2.1)**; sitial *m.* (8.2)
through a través de (1.1)
    to pass through atravesar (ie)
    (1.1)
thrown tirado(a) (3.1)
thumping latido *m.* (8.2)
tie lazo *m.* (5.2)
tied atado(a) (8.1)
time:
    time during which something
    is conceived or planned
    gestación *f.* (2.2)
    to be ahead of one's time
    adelantarse (2.1)
    that time entonces (1.2)
    space of time período *m.* **(3.1)**
    to take time tardar
title título *m.* (LP) **(1.3)**;
    denominación *f.* **(4.3)**
    to be titled titularse (LP)
together:
    to get together reunirse (4.2)
    to bring together reunir **(2.1)**
tolerance tolerancia *f.* **(2.1)**
(to) tolerate aguantar (5.1)
(type of) tomato jitomate *m.* **(3.1)**
tomb tumba *f.* (8.1)
ton tonelada *f.* (3.1)
tongs pinzas *f.pl.* (6.1)
tool herramienta *f.* (4.1)
    tool store ferretería *f.* (4.1)
top cumbre *f.* (2.1)
topic tema *m.* (1.3)
torment tormenta *f.*
torn roto(a) (1.1)
tortoise tortuga *f.* (5.2)
torture tortura *f.* (3.2)
touch conmover (ue) (7.2)
    to touch tocar **(6.2)**
tour gira *f.* (2.2)
tournament torneo *m.* (2.2)
toward hacia (1.1)
tower torre *f.* (2.1)
town pueblo *m.* (1.1)
    town hall cabildo *m.* **(4.2)**
(to) trace trazar (7.2)
    traced trazado(a) (3.2)
track traza *f.* (7.2)
trade mercancía *f.* **(6.2)**
trader comerciante *m.f.* **(3.3)**

tradition tradición *f.*
    colonizing tradition tradición colonizadora **(1.1)**
traffic circulación *f.* (4.2)
tragedy tragedia *f.* **(2.2)**
trained capacitado(a)
trainer entrenador *m.,* entrenadora *f.*
training entrenamiento *m.* **(8.1)**; capacitación *f.* (7.2)
trajectory trayectoria *f.* **(6.2)**
transaction transacción *f.* **(1.3)**
transcendence trascendencia *f.* (8.2)
transfer transferencia *f.* **(6.2)**; cesión *f.* **(6.2)**
    to transfer transferir (3.2)
(to) **transform** transformar **(4.3)**
transition transición *f.* **(6.3)**
translated traducido(a) (1.1)
translation traducción *f.* (2.1)
translator traductor *m.,* traductora *f.* (4.1)
transportation acarreo *m.* (4.2)
treatise tratado *m.* **(1.1)**
treatment: ill treatment maltrato *m.* (3.3) **(4.1)**
treaty tratado *m.*
(to) **tremble** temblar (6.1)
tribe tribu *f.* **(4.1)**
    tribe chieftain cacique *m.* **(5.2)**
tribunal tribunal *m.* (6.2)
tribute homenaje *m.* (LP)
trifle minucia *f.* (4.1)
trimming recorte *m.* **(8.1)**
trip recorrido *m.*
triumph triunfo *m.* (4.1) **(8.3)**
    to triumph triunfar
triumphant triunfante (3.1)
(the) **Tropics** trópico *m.* **(4.1)**
trouble conmover (ue)
troupe tropa *f.* **(2.1)**
trowel: bricklayers's trowel paleta de albañil *f.* (4.1)
(to) **trust** confiar
(to) **try to** intentar; tratar de (1.2)
tumbled volteado(a) (2.1)
turbulent tormentoso(a) (3.1)
turn:
    in turn a su vez (5.2)
    to turn girar (6.1)
    to turn in entregar (1.3)
    turn into convertir (ie,i)
turtle tortuga *f.* (5.2)
twilight postrimería *f.* (4.1)
twin (brother/sister) mellizo *m.,* melliza *f.* **(4.2)**
twisted distorsionado(a) (2.2)
type clase *f.*

U

unable incapaz **(8.1)**
(to) **unburden** descargar (6.1)
(to) **unbutton** desabotonar (6.1)
uncomfortable incómodo(a) (6.2)
underdevelopment subdesarrollo *m.* **(5.1)**
(to) **underline** subrayar (1.3)
underprivileged desfavorecido(a) **(8.3)**
(to) **undertake** emprender (7.1) **(8.2)**
(to) **undo** deshacer (1.1)
undocumented indocumentado(a) **(1.1)**
uneasiness malestar *m.* (3.1) **(7.3)**
uneasy inquieto(a) (3.1)
unemployment desempleo *m.* (4.3) **(8.1)**
unequal desigual (2.1)
unequivocal inequívoco(a) (2.2)
unexpected inesperado(a) (4.3)
unexplainable inexplicable (4.1)
(to) **unfold** desplegar (ie)
unfortunate desafortunado(a) (8.2)
unfortunately desafortunadamente (4.1), desgraciadamente **(5.2)**
(to) **unify** unificar (7.1)
union sindicato *m.* (1.1)
    of or pertaining to unions sindical (1.1)
    union organizer organizador sindical **(1.1)**
unique único(a) (LP)
(to) **unite** enlazar (8.2)
    to unite oneself unirse (3.2)
    to unite unir (4.1) **(5.2)**
United Nations Naciones Unidas *f.pl.* **(7.1)**
unity unidad *f.*
    political unity unidad política **(2.1)**
    territorial unity unidad territorial **(2.1)**
unlike a diferencia de (1.2)
(to) **unload** descargar (6.1); desembarcar (4.2) **(7.1)**
unlucky desafortunado(a) (8.2)
unmistakeable inequívoco(a) (2.2)
unpleasant desagradable, displicente (6.1)
unprepared desprevenido(a) (5.1)
until aun, hasta
untiring infatigable (8.2)
uprising insurrección *f.* (3.1), levantamiento *m.* (2.2)
upset molesto(a) (3.1) **(6.2)**

urban urbano(a) **(6.3)**
    urban center núcleo urbano **(3.1)**
urbanized urbanizado(a) **(3.1)**
urgent urgente (8.1)
use función *f.* (4.2); vigencia *f.* (3.2)
    to use utilizar (1.2); emplear (2.2) **(3.2)**
(to be) **used to** soler (ue) (2.1)
    used to acostumbrado(a) (3.1)
(to) **utilize** utilizar (1.2)

V

vain vanidoso(a) (1.1)
valley valle *m.* (1.1)
valuable valioso(a) (LP)
value valor *m.* **(1.3)**
vandal vándalo(a) (2.1)
vanquish vencer **(7.1)**
varied diverso(a) **(4.1)**
variety variedad *f.*
    variety show programa de variedades (4.2)
vegetable vegetal *m.* (4.1); hortaliza *f.*
vehement vehemente
velocity marcha *f.* (5.1)
velvet terciopelo *m.* (8.1)
vengeance venganza *f.* (6.1)
verge: on the verge of al borde de (2.3)
vertigo vértigo *m.* (4.2)
vibrant vibrante **(1.2)**
(to) **vibrate** vibrar
viceroy virrey *m.* **(6.1)**
    Viceroyalty of New Spain Virreinato de la Nueva España *m.* **(3.1)**
victor vencedor *m.,* vencedora *f.* **(7.3)**
victorious victorioso(a)
victory victoria *f.* **(4.1),** triunfo *m.* (4.1) **(8.3)**; vencimiento *m.* (2.1)
view:
    in view of ante (4.3)
    point of view punto de vista (1.2); perspectiva *f.* (6.3)
vigor esfuerzo *m.* (1.1)
vile vil (2.1)
village pueblo *m.* (1.1)
violence violencia *f.* **(5.1)**
violent violento(a) (3.1)
viper víbora *f.* (7.1)
Visigoth visigodo(a) **(2.1)**
vital vital (3.2)
vocalist vocalista *m.f.* **(4.3)**
voice voz *f.*

volcano volcán *m.* (3.2) **(5.1)**
    foothills of the volcano faldas
    del volcán (5.1)
volume volumen *m.* (6.1)
(to) **vote** votar (4.3)

wages: day's wages jornal *m.* (3.2)
waist cintura *f.* (3.1)
walk marcha *f.*
wall pared *f.* (1.1)
(to) **wander** vagar (5.2)
wandering nómada *m.* **(8.2)**
(to) **want** desear (2.1)
war guerra *f.* **(1.1)**
    civil war Guerra Civil **(2.2)**
    Cold War Guerra Fría **(3.2)**
    Second World War Segunda
    Guerra Mundial **(3.1)**
warlike guerrero(a) **(7.2)**
warlock brujo *m.*
warm cálido(a) (7.2)
    to warm up entibiarse (8.1)
    to get warm entibiarse (8.1)
(to) **warn** advertir (ie,i) (2.1)
wave ola *f.* **(6.1)**
way ruta *f.*
    way out ruta de salida (1.1); vía
    f. (2.2); manera *f.;* modo *m.*
    in no way de ningún modo (7.1)
    way of life modo de vida (1.1)
    by the way a propósito (2.2)
    in this way de esta suerte (2.2)
(to become) **weak** flaquear (3.1)
weakness debilidad *f.* (5.1)
wealth riqueza *f.* (3.1) **(6.3)**
wealthy opulento(a) **(6.2)**
    wealthy class clase acomodada
    (4.1)
(to) **weigh** pesar (3.1)
weight pesa *f.* (4.1)
well:
    well-to-do acomodado(a)
    (5.3)
    well-being bienestar *m.* **(8.1)**
western occidental (1.2)
(to) **wet** remojar (5.1)
whale: whale boat ballenero *m.*
    (7.2)
whaler ballenero *m.* (7.2)
whatever cualquiera (1.3)
wherever dondequiera (1.1)
which el cual (1.1)
whiplash chicotazo *m.* (8.1)
whiskers bigotes *m.pl.* (7.1)
whitener (bleach) blanqueador *m.*
    (3.1)
whoever cualquiera (1.3)
whole entero(a) (3.1)
wicked perverso(a) (8.1)

width ancho *m.* (1.2) **(7.3)**; anchura
    f. (6.2)
wild silvestre (7.1)
will voluntad *f.* **(LP)**
    good will buena voluntad (1.2)
(to) **win** ganar (1.3), triunfar
    to win one's freedom
    independizarse (1.1) **(5.2)**
wind: gust of wind soplo de viento
    m. (5.1)
windmill molino de viento *m.* (2.1)
window: large window ventanal
    m. (8.1)
(to) **wink** guiñar (1.1)
winner vencedor *m.*, vencedora *f.*
    (7.3), triunfador *m.*, triunfadora *f.*
    (4.2)
wiped: wiped out aniquilado(a)
    (5.2)
wisdom: wisdom tooth cordal *m.*
    (6.1)
witch bruja *f.*
    witch hunt caza de brujas (3.2)
with:
    with regard to ante (4.3)
    with which con lo cual (5.1)
    with full rights de pleno
    derecho (2.2)
    with himself/herself consigo
    mismo(a) (4.2)
(to) **withdraw** retirar **(5.2)**;
    retirarse (6.3)
withered marchito(a) (6.1)
without: to do without prescindir
    (4.2)
witness testigo *m.f.* (3.2)
wonderfully prodigiosamente
    (8.1)
wooded boscoso(a) (7.1)
woody boscoso(a) (7.1)
word palabra *f.* (written); vocablo
    m. (spoken) (6.2)
work quehacer *m.;* obra *f.* (1.1)
    (1.2); trabajo *m.*
    work force fuerza laboral **(4.3)**
    sources of work fuentes de
    trabajo **(1.3)**
    to work labrar
    worker peon *m.* (1.1)
working: working class clase
    trabajadora **(4.1)**
workshop taller *m.*
world:
    world power potencia mundial
    (2.1)
    World Cup (soccer) Copa
    Mundial (8.1)
worldwide mundialmente (4.1)
worry: without worry
    despreocupadamente (3.1)
worsen deteriorar **(5.2)**
(to be) **worth** valer (1.1)

worthy digno(a) (5.1), merecedor(a)
    (1.2)
wrist (of the hand) muñeca *f.* (6.1)
(to) **write** redactar
writer escritor *m.*, escritora *f.* **(1.1)**
writing escritura *f.* **(3.2)**; redacción *f.*
    in writing por escrito (6.2)
written escrito(a); por escrito (6.2)
(to be) **wrong** equivocar (6.2)

X-ray rayo equis *m.* (6.1)

yearning anhelante *m.* (8.1)
yet aún (1.1)
(to) **yield** ceder (2.2) **(3.1)**
Your Grace (title) vuestra merced
    (2.1)
youth juventud *f.* (LP) **(7.2)**

Zambo (of mixed African and
    Native American blood) zambo(a)
    (5.2)
zero cero *m.* **(3.2)**
zone zona *f.*
    protected zone zona protegido
    (5.2)

Answer Key

¡A escuchar!

Gente del Mundo 21

A Sammy Sosa.

1. F   3. N/R   5. F
2. F   4. C   6. C

Gramática en contexto: *narración descriptiva*

B Los hispanos de Chicago.

1. c   3. a   5. c
2. b   4. a

C Mirando edificios.

1. A   3. B   5. B
2. A   4. A

Separación en sílabas

E Separación.

1. co / mu / ni / dad   9. mu / sul / ma / na
2. ex / tran / je / ro   10. cri / sis
3. em / po / bre / cer   11. des / truc / ti / vo
4. cel / ta   12. im / po / ner
5. nom / brar   13. ca / li / dad
6. ab / di / car   14. com / ple / ji / dad
7. pro / tes / tan / te   15. in / fla / ción
8. o / ro   16. jar / di / nes

F Dictado.

El español o castellano es hoy una de las lenguas más habladas en el mundo. Nació en una pequeña región de España llamada Castilla. El español se ha convertido en la lengua común de un importante sector de la humanidad. Alrededor de 360 millones de personas hablan este idioma, que tiene su origen en el latín que se habló en la Península Ibérica desde la conquista romana. Pero también incluye palabras de origen ibérico, celta, germánico y árabe. Así, la lengua española refleja la historia de las distintas culturas que habitaron la Península Ibérica.

¡A escribir!

Gramática en contexto: *descripción*

G Influencia de las lenguas amerindias.

1. aguacates   5. caimanes   9. jaguares
2. alpacas   6. cóndores   10. nopales
3. cacahuates   7. coyotes   11. pumas
4. cacaos   8. iguanas   12. tomates

H Lenguas de España.

1. La   4. X   7. (de)l
2. el   5. X   8. la
3. X   6. Las

I Edward James Olmos.

1. X   4. el   7. los
2. un   5. la   8. la
3. el   6. una

J Diversiones.

Answers may vary.

1. Gabriel toca la guitarra.
2. Cristina asiste a un partido de básquetbol.
3. Yo monto en bicicleta.
4. Julia y Ricardo cenan en un restaurante de lujo.
5. Tú nadas en la piscina.
6. Jimena y yo corremos por el parque.
7. Los hermanos Ruiz toman sol.

K Rutina del semestre.

1. estudio   5. escucho   9. gano
2. trabajo   6. miro   10. ahorro
3. leo   7. preparo   11. echo
4. hago   8. paso   12. junto

L Diversidad multirracial.

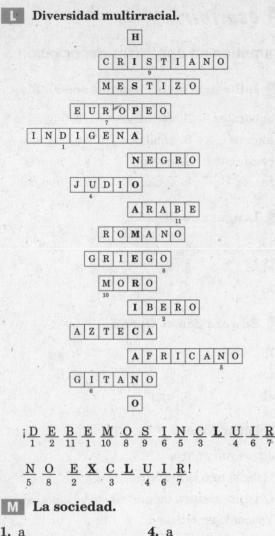

```
        H
    C R I S T I A N O
        9
    M E S T I Z O
  E U R O P E O
        7
I N D I G E N A
        1
            N E G R O
    J U D I O
    4
            A R A B E
                11
        R O M A N O
      G R I E G O
              8
    M O R O
    10
          I B E R O
          2
A Z T E C A
          A F R I C A N O
                    5
  G I T A N O
  6
        O
```

¡D E B E M O S I N C L U I R
 1 2 11 1 10 8 9 6 5 3   4 6 7

N O E X C L U I R!
5 8 2 3   4 6 7

M La sociedad.

1. a   4. a
2. b   5. c
3. c

Unidad 1
Lección 1

¡A escuchar!

Gente del Mundo 21

A Carlos Santana.

1. F   4. C
2. C   5. N/R
3. F

Gramática en contexto: *descripción*

B Mis amigos.

1. Ana   3. Óscar
2. Josefina   4. Lorenzo

C Mi clase de español.

1. colorida   3. respetuosos
2. distraída   4. descorteses

D Niños.

1. Nora es buena.   4. Carlitos está limpio.
2. Pepe está interesado.   5. Tere está aburrida.
3. Sarita es lista.

Acentuación y ortografía

E El "golpe".

es-tu-dian-<u>til</u>   o-ri-gi-<u>na</u>-rio
Val-<u>dez</u>   ga-bi-<u>ne</u>-te
i-ni-cia-<u>dor</u>   <u>pre</u>-mios
<u>ca</u>-si   ca-ma-<u>ra</u>-da
re-a-li-<u>dad</u>   glo-ri-fi-<u>car</u>
al-<u>cal</u>-de   sin-di-<u>cal</u>
re-<u>loj</u>   o-<u>ri</u>-gen
re-cre-a-<u>cio</u>-nes   fe-rro-ca-<u>rril</u>

F Acento escrito.

con-<u>tes</u>-tó   do-més-<u>ti</u>-co
prín-<u>ci</u>-pe   ce-le-<u>bra</u>-ción
lí-<u>der</u>   po-lí-<u>ti</u>-cos
an-glo-<u>sa</u>-jón   ét-<u>ni</u>-co
rá-<u>pi</u>-da   in-dí-<u>ge</u>-nas
tra-<u>di</u>-ción   dra-má-<u>ti</u>-cas
e-co-nó-<u>mi</u>-ca   a-grí-<u>co</u>-la
dé-<u>ca</u>-das   pro-pó-<u>si</u>-to

G Dictado.

Desde la década de 1970 existe un verdadero desarrollo de la cultura chicana. Se establecen centros culturales en muchas comunidades chicanas y centros de estudios chicanos en las más importantes universidades del suroeste de EE.UU. En las paredes de viviendas, escuelas y edificios públicos se pintan murales que proclaman un renovado orgullo étnico. Igualmente en la actualidad existe un florecimiento de la literatura chicana.

¡A escribir!

Gramática en contexto: *descripción*

H ¿Cómo son?

Answers will vary.

1. Sabine Ulibarrí es simpático.
2. Adolfo Miller es guapo y joven.
3. Don Anselmo es gordo.
4. Víctor es inteligente.
5. Francisquita, la madre, es seria y honesta.
6. Francisquita, la hija, es guapa y tímida.

I Tierra Amarilla.

Answers will vary.

J Estados de ánimo.

Answers will vary.

1. Don Anselmo se siente decepcionado.
2. Francisquita, la madre, se siente sorprendida.
3. Francisquita, la hija, se siente preocupada.
4. Adolfo Miller se siente contento.
5. Yo me siento...

K Viajeros.

1. Alfonso es de Ecuador, pero ahora está en Uruguay.
2. Pamela es de Argentina, pero ahora está en Perú.
3. Graciela es de Panamá, pero ahora está en Chile.
4. Fernando es de Paraguay, pero ahora está en Bolivia.
5. Daniel es de Colombia, pero ahora está en Paraguay.
6. Yolanda es de México, pero ahora está en Brasil.

L Hombre de negocios.

1. es
2. está
3. Es
4. está
5. Es
6. está
7. está
8. es
9. está

M Lógica.

1. inventora
2. ferrocarril
3. anglosajón
4. iniciador
5. angloamericano

N Definiciones.

1. f
2. j
3. i
4. g
5. h
6. c
7. e
8. a
9. b
10. d

Unidad 1
Lección 2

¡A escuchar!

Gente del Mundo 21

A Esperando a Rosie Pérez.

1. F
2. C
3. F
4. C
5. N/R
6. F

Gramática en contexto: *hacer una invitación, pedir en un restaurante y descripción*

B Planes.

1. C
2. F
3. C
4. F
5. C

C Almuerzo.

1. Sí
2. No
3. Sí
4. Sí
5. No
6. Sí
7. Sí
8. No

D Una profesional.

1. psicóloga
2. 27 años
3. Nueva York
4. Jóvenes
5. practica el tenis

ANSWER KEY

Acentuación y ortografía

E Diptongos.

b a i l a r i n a	in a u g u r a r	v e i n t e
J u l i a	c i u d a d a n o	f u e r z a s
b a r r i o	p r o f e s i o n a l	b o r i c u a s
m o v i m i e n t o	p u e r t o r r i q u e ñ o	c i e n t í f i c o s
r e g i m i e n t o	p r e m i o	e l o c u e n t e

F Separación en dos sílabas.

escenario	desafío	judío
todavía	taínos	cuatro
ciudadanía	refugiado	país
periódicos	categoría	miembros
literaria	diferencia	Raúl

G ¡A deletrear!

1. migratorio
2. caótico
3. garantías
4. iniciado
5. conciencia
6. economía

H Dictado.

A diferencia de otros grupos hispanos, los puertorriqueños son ciudadanos estadounidenses y pueden entrar y salir de EE.UU. sin pasaporte o visa. En 1898, como resultado de la guerra entre EE.UU. y España, la isla de Puerto Rico pasó a ser territorio estadounidense. En 1917 los puertorriqueños recibieron la ciudadanía estadounidense. Desde entonces gozan de todos los derechos que tienen los ciudadanos de EE.UU., excepto que no pagan impuestos federales.

¡A escribir!

Gramática en contexto: *hacer una invitación, pedir en un restaurante y descripción*

I Desfile puertorriqueño.

1. vamos
2. Quieres
3. sabes
4. siento
5. puedo
6. Juego
7. cuentan
8. tenemos
9. pierdes

J Después del desfile.

1. tienen
2. recomiendo
3. Pueden
4. incluye
5. tiene
6. Vuelvo
7. Creo
8. voy
9. tengo
10. pienso
11. pido
12. sigue
13. convence
14. quiero
15. sé
16. sugieren
17. agrada
18. entiendo
19. hacen

K Presentación.

1. Soy
2. tengo
3. quiero
4. satisface
5. voy
6. hago
7. salgo
8. distraigo
9. conduzco
10. tengo
11. Estoy

L Lógica.

1. comunitarias
2. acelerado
3. nivel
4. tratado
5. vecino

M Definiciones.

1. b
2. c
3. a
4. b
5. a

Unidad 1
Lección 3

¡A escuchar!

Gente del Mundo 21

A Actor cubanoamericano.

1. F
2. F
3. C
4. N/R
5. F
6. C

Gramática en contexto: *descripción y comparación*

B ¿Qué fruta va a llevar?

1. A
2. B
3. B
4. C
5. A

C Mi familia.

1. A
2. A
3. A
4. B
5. A

D Islas caribeñas.

1. Sí
2. No
3. Sí
4. Sí
5. No
6. No
7. Sí
8. Sí

Acentuación y ortografía

E Triptongos.

1. desafiéis
2. caraguay
3. denunciáis
4. renunciéis
5. anunciéis
6. buey
7. iniciáis
8. averigüéis

F Separación en sílabas.

1. 3
2. 1
3. 1
4. 3
5. 3
6. 4
7. 3
8. 3

G Repaso.

1. filósofo
2. diccionario
3. diptongo
4. número
5. examen
6. cárcel
7. fáciles
8. huésped
9. ortográfico
10. periódico

H Dictado.

De todos los hispanos que viven en EE.UU., los cubanoamericanos son los que han logrado mayor prosperidad económica. El centro de la comunidad cubana en EE.UU. es Miami, Florida. En treinta años los cubanoamericanos transformaron completamente esta ciudad. La Calle Ocho ahora forma la arteria principal de la Pequeña Habana, donde se puede beber el típico café cubano en los restaurantes familiares que abundan en esa calle. El español se habla en toda la ciudad. En gran parte, se puede decir que Miami es la ciudad más rica y moderna del mundo hispanohablante.

¡A escribir!

Gramática en contexto: *hacer compras y comparaciones*

I ¡De compras en Miami!

1. ¿Compro estos aretes o este anillo? o ¿Compro este anillo o esos aretes?
2. ¿Compro esa cachucha o este sombreo? o ¿Compro este sombrero o esa cachucha?
3. ¿Compro ese gato de peluche o este osito de peluche? o ¿Compro este osito de peluche o ese gato de peluche?
4. ¿Compro ese libro de ejercicios o este libro de cocina? o ¿Compro este libro de cocina o ese libro de ejercicios?
5. ¿Compro ese casete o este disco compacto? o ¿Compro este disco compacto o ese casete?

J Ficha personal.

1. Soy menos alto(a) que mi hermana. o Mi hermana es más alta que yo.
2. Soy menos elegante que mi hermana. o Mi hermana es más elegante que yo.
3. Trabajo menos (horas) que mi hermana. o Mi hermana trabaja más (horas) que yo.
4. Peso más que mi hermana. o Mi hermana pesa menos que yo.
5. Voy al cine tanto como mi hermana. o Mi hermana va al cine tanto como yo.

K Las dos islas.

1. La población de Cuba es más grande. Es casi tres veces más grande.
2. La población de La Habana es más grande. Es casi cinco veces más grande.
3. La tasa de crecimiento de Cuba es menor que la tasa de crecimiento de Puerto Rico.
4. El ingreso por turismo en Puerto Rico es mayor que en Cuba. Es más de cinco veces más grande.
5. La población urbana de Cuba es mayor. Es un 5% mayor.
6. Hay más carreteras pavimentadas en Cuba. Hay más de 15.000 kilómetros pavimentados.

L Descripciones.

1. e
2. h
3. a
4. g
5. b
6. d
7. c
8. f

ANSWER KEY

M Refugiados.

Answers may vary slightly.

Primeros refugiados cubanos	Todos los refugiados cubanos	Marielitos
banqueros	exilio	clase desventajada
bilingües	cubano-	adaptación
éxito	americanos	lenta
incentivos de trabajo		125,000 se embarcaron
clase media		

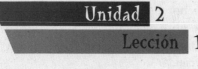

Unidad 2
Lección 1

¡A escuchar!

Gente del Mundo 21

A Los Reyes Católicos.

1. F
2. F
3. C
4. C
5. F

Gramática en contexto: *explicar lo que pasó*

B Narración confusa.

1. cruzó (Julián)
2. prestó (Julián)
3. presto (Teresa)
4. miró (Julián)
5. miro (Teresa)
6. atropelló (Julián)
7. quedó (Julián)
8. quedo (Teresa)

C El Cid.

1. No
2. Sí
3. No
4. No
5. Sí
6. No
7. Sí

D Ayer.

1. A
2. B
3. B
4. A
5. C
6. A
7. C

Acentuación y ortografía

E Repaso de acentuación.

1. h é / <u>r o</u> / e
2. in / <u>v a</u> / s i ó n
3. Re / c o n / <u>q u i s</u> / t a
4. á / <u>r a</u> / b e
5. <u>j u</u> / d í / o s
6. pro / t e s / t a n / <u>t i s</u> / m o
7. e / f i / <u>c a z</u>
8. in / <u>f l a</u> / c i ó n
9. ab / d i / <u>c a r</u>
10. <u>c r i</u> / s i s
11. se / f a r / <u>d i</u> / t a s
12. é / <u>p i</u> / c o
13. u / n i / <u>d a d</u>
14. pe / n í n / <u>s u</u> / l a
15. prós / <u>p e</u> / r o
16. im / <u>p e</u> / r i o
17. is / l á / <u>m i</u> / c o
18. he / <u>r e n</u> / c i a
19. ex / <u>p u l</u> / s i ó n
20. to / l e / <u>r a n</u> / c i a

F Acento escrito.

1. El sábado tendremos que ir al médico en la Clínica Luján.
2. Mis exámenes fueron fáciles pero el examen de química de Mónica fue muy difícil.
3. El joven de ojos azules es francés pero los otros jóvenes son puertorriqueños.
4. Los López, los García y los Valdez están contentísimos porque se sacaron la lotería.
5. Su tía se sentó en el jardín a descansar mientras él comía.

G Dictado.

En el año 711, los musulmanes procedentes del norte de África invadieron Hispania y cinco años más tarde, con la ayuda de un gran número de árabes, lograron conquistar la mayor parte de la península. Establecieron su capital en Córdoba, la cual se convirtió en uno de los grandes centros intelectuales de la cultura islámica. Fue en Córdoba, durante esta época, que se hicieron grandes avances en las ciencias, las letras, la artesanía, la agricultura, la arquitectura y el urbanismo.

¡A escribir!

Gramática en contexto: *descripción*

H Cervantes.

1. nació
2. falleció
3. Escribió
4. apareció
5. entró
6. Perdió
7. pasó
8. volvió
9. trabajó
10. logró
11. ayudó
12. permitió

I Preguntas.

1. Sí, la leí. o No, no la leí.
2. Sí, las busqué. o No, no las busqué.
3. Sí, las contesté. o No, no las contesté.
4. Sí, la averigüe. o No, no la averigüe.
5. Sí, alcancé a terminarlo. o No, no alcancé a terminarlo.
6. Sí, se lo mostré. o No, no se lo mostré.
7. Sí, las incorporé. o No, no las incorporé.

J Reacciones.

1. A David le impresionó el comienzo.
2. A las hermanas Rivas les encantó la historia.
3. A Yolanda le entusiasmaron las imágenes.
4. A Gabriel le ofendieron un poco algunas escenas.
5. A mí me gustó mucho la actuación de los protagonistas.
6. A Enrique no le agradaron los actores secundarios.
7. A todos nosotros nos interesó la película.

K Encuentros.

Answers may vary.

1. Vimos a dos jóvenes estudiando para sus exámenes.
2. Vimos a un profesor de química.
3. Vimos la biblioteca principal.
4. Vimos dos perros delante del edificio de física.
5. Vimos al rector de la universidad.

L Palabras cruzadas.

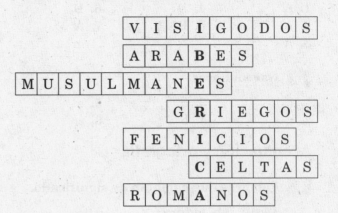

V	I	S	I	G	O	D	O	S
A	R	A	B	E	S
M	U	S	U	L	M	A	N	E	S
				G	R	I	E	G	O	S
F	E	N	I	C	I	O	S
				C	E	L	T	A	S
R	O	M	A	N	O	S

M Relación.

1. d
2. j
3. g
4. a
5. i
6. b
7. h
8. c
9. e
10. f

Unidad 2

Lección 2

¡A escuchar!

Gente del Mundo 21

A Antonio Banderas.

1. C
2. F
3. C
4. F
5. C
6. N/R

Gramática en contexto: *hablar de gustos y del pasado*

B Robo en el banco.

1. F
2. F
3. C
4. C
5. F

C Gustos en televisión.

1. A	4. D	6. D
2. A	5. D	7. A
3. A		

D García Lorca.

1. c	3. b	5. a
2. a	4. b	6. c

Acentuación y ortografía

E Palabras que cambian de significado.

1.	crítico	critico	criticó
2.	dialogo	dialogó	diálogo
3.	domesticó	doméstico	domestico
4.	equivoco	equívoco	equivocó
5.	filósofo	filosofó	filosofo
6.	líquido	liquido	liquidó
7.	numero	número	numeró
8.	pacifico	pacificó	pacífico
9.	publico	público	publicó
10.	transitó	tránsito	transito

F Acento escrito.

1. Hoy publico mi libro para que lo pueda leer el público.
2. No es necesario que yo participe esta vez, participé el sábado pasado.
3. Cuando lo magnifico con el microscopio, pueden ver lo magnífico que es.
4. No entiendo cómo el cálculo debe ayudarme cuando calculo.
5. Pues ahora yo critico todo lo que el crítico criticó.

G Dictado.

A la muerte de Francisco Franco, ocurrida en 1975, lo sucedió en el poder el joven príncipe Juan Carlos de Borbón. Una vez coronado Rey de España como Juan Carlos I, trabajó desde el primer momento por la democracia hasta conseguir instaurarla. En 1978 se redactó y aprobó una nueva constitución, la cual refleja la diversidad de España al designarla como un Estado de Autonomías. El milagro de una transición sin violencia a la democracia se había producido.

¡A escribir!

Gramática en contexto: *hablar de gustos y del pasado*

H Los gustos de la familia.

Answers may vary.

1. Al bebé le encanta el biberón.
2. A mi mamá le fascina armar rompecabezas.
3. A mi hermana le fascina tocar el piano.
4. Al gato le gusta dormir en el sofá.
5. A mi papá le gusta mirar programas deportivos en la televisión.
6. A mí me gusta / encanta / fascina...

I Fue un día atípico.

Answers may vary.

1. Pero ayer consiguió un lugar lejos del trabajo.
2. Pero ayer se sintió muy mal.
3. Pero ayer se durmió.
4. Pero ayer no se concentró y se distrajo.
5. Pero ayer no tuvo tiempo para almorzar.
6. Pero ayer no resolvió los problemas de la oficina.
7. Pero ayer regresó temprano a casa.

J Crucigrama.

K Relación.

1. d		6. c
2. i		7. b
3. f		8. e
4. a		9. h
5. j		10. g

Unidad 2
Lección 3

¡A escuchar!

Gente del Mundo 21

A Antes de entrar al cine.

1. F	3. F	5. C
2. N/R	4. F	6. C

Gramática en contexto: *hablar de lo que pasó y expresar opiniones impersonales*

B Domingos del pasado.

1. F	3. F	5. F
2. C	4. C	

C Opiniones impersonales.

1. Sí	4. No	6. No
2. No	5. Sí	7. Sí
3. Sí		

D Robo.

1. c	3. c	5. a
2. a	4. b	

Acentuación y ortografía

E Palabras parecidas.

1.	el	artículo definido: *the*
	él	pronombre sujeto: *he*
2.	mí	pronombre personal: *me*
	mi	adjetivo posesivo: *my*
3.	de	preposición: *of*
	dé	forma verbal: *give*
4.	se	pronombre reflexivo: *himself, herself, itself, themselves*
	sé	forma verbal: *I know, be*
5.	mas	conjunción: *but*
	más	adverbio de cantidad: *more*
6.	té	sustantivo: *tea*
	te	pronombre personal: *you*
7.	si	conjunción: *if*
	sí	adverbio afirmativo: *yes*
8.	aun	adjetivo: *even*
	aún	adverbio de tiempo: *still, yet*
9.	sólo	adverbio de modo: *only*
	solo	adjetivo: *alone*

F ¿Cuál corresponde?

1. Este es **el** material que traje para **él**.
2. ¿**Tú** compraste un regalo para **tu** prima?
3. **Mi** amigo trajo este libro para **mí**.
4. Quiere que le **dé** café **de** México.
5. No **sé** si él **se** puede quedar a comer.
6. **Si** llama, dile que **sí** lo acompañamos.

G Dictado.

Tacones lejanos es un melodrama que trata de la tormentosa relación entre una famosa cantante llamada Becky y su hija Rebeca. Becky regresa a España después de pasar muchos años en América. Rebeca está ahora casada con Manuel Sancho, quien había tenido una relación amorosa con Becky. Manuel y Becky restablecen a escondidas su vieja relación amorosa. Esto lleva a Rebeca a una crisis emocional y a asesinar a su esposo Manuel. Después de un enfrentamiento, Rebeca y Becky llegan a la reconciliación. Becky se declara culpable del crimen antes de morir de una enfermedad al corazón.

¡A escribir!

Gramática en contexto: *explicar lo que hicimos y vimos*

H Exageraciones paternas.

1. era		9. estaba
2. vivíamos		10. había
3. me levantaba		11. debía
4. alimentaba		12. era
5. teníamos		13. hacía
6. me arreglaba		14. nevaba
7. tomaba		15. necesitaba
8. salía		

Copyright © McDougal Littell, Inc.

I Resoluciones.

1. Papá volvió a jugar al golf.
2. Mamá se decidió a caminar.
3. Mi hermanita aprendió a nadar.
4. Los mellizos aprendieron a escalar rocas.
5. Yo... *(Answer will vary).*

J Actividades de verano.

1. Lola y Arturo tomaban sol.
2. Los hijos de Benito nadaban en la piscina.
3. Marcela y unos amigos andaban a caballo.
4. Carlitos acampaba.
5. Gloria practicaba esquí acuático.
6. Yo...

K Lógica.

1. completo
2. conocido
3. inspirarse
4. grueso
5. extra
6. enflaquecer
7. creación

Unidad 3
Lección 1

¡A escuchar!

Gente del Mundo 21

A Elena Poniatowska.

1. C
2. F
3. N/R
4. F
5. C

Gramática en contexto: *narración*

B Hernán Cortés.

1. b
2. c
3. a
4. a
5. c

C Frida Kahlo.

1. C
2. F
3. C
4. C
5. F
6. C

D Inés y su hermana.

1. su hermana
2. Inés
3. Inés
4. su hermana
5. su hermana
6. Inés

Acentuación y ortografía

E Adjetivos y pronombres demostrativos.

1. Este, aquél
2. Aquella, ésa
3. Ese, éste
4. estos, ésos
5. esos, éste

F Palabras interrogativas, exclamativas y relativas.

1. ¿Quién llamó?
   ¿Quién? El muchacho a quien conocí en la fiesta.
2. ¿Adónde vas?
   Voy adonde fui ayer.
3. ¡Cuánto peso! Ya no voy a comer nada.
   ¡Qué exagerada eres hija! Come cuanto quieras.
4. ¿Quién sabe dónde viven?
   Viven donde vive Raúl.
5. ¡Qué partido más interesante!
   ¿Cuándo vienes conmigo otra vez?
6. Lo pinté como me dijiste.
   ¡Cómo es posible!
7. ¿Trajiste el libro que te pedí?
   ¿Qué libro? ¿El que estaba en la mesa?
8. Cuando era niño, nunca hacía eso.
   Lo que yo quiero saber es, ¿cuándo aprendió?

G Dictado.

Para cualquier visitante, México es una tierra de contraste: puede apreciar montañas altas y valles fértiles, así como extensos desiertos y selvas tropicales. En México, lo más moderno convive con lo más antiguo. Existen más de cincuenta grupos indígenas, cada uno con su propia lengua y sus propias tradiciones culturales. Pero en la actualidad la mayoría de los mexicanos son mestizos, o sea, el resultado de la mezcla de indígenas y españoles. De la misma manera que su gente, la historia y la cultura de México son muy variadas.

ANSWER KEY

¡A escribir!

Gramática en contexto: *narrar y solicitar preferencias*

H Los aztecas.

1. eran
2. llegaron
3. dominaron
4. se extendía
5. fundaron
6. tenía
7. comenzó
8. fueron

I Fuimos al cine.

1. estábamos
2. decidimos
3. estaban
4. fuimos
5. gustó
6. hizo
7. interpretó
8. Encontré
9. informó
10. fuimos
11. dijo
12. había

J Mi familia.

1. Mi
2. mi
3. nuestros
4. Mis/Nuestros
5. Mi/Nuestro
6. su
7. Su

K Preferencias.

1. ¿Y la tuya?
2. ¿Y las tuyas?
3. ¿Y los tuyos?
4. ¿Y el tuyo?
5. ¿Y la tuya?

L La historia de México.

```
P R I P  S A L V A R  L  F  S  C  D
R E V O L U C I O N A R I  O  D
C A C B E N E F I C I O  T  L  E
A A A L  L L E G A D A N  I  O  R
M C A A  M A S A C R E  T  O  N  R
P T E R  C O R R I D O S  E  R  O  T
E U R I  E V  F O R Z A R  O  S  A
S A A O  L  E M P L U M A D O R
I L I N U C  J I T O M A T E S
N A C I O N A L I Z A C I O N
O  Q U E T Z A L C O A T L  I  O
```

¡L A R E V O L U C I Ó N!

M Relación.

1. c
2. f
3. j
4. g
5. a
6. i
7. h
8. e
9. b
10. d

Unidad 3
Lección 2

¡A escuchar!

Gente del Mundo 21

A Miguel Ángel Asturias.

1. F
2. C
3. F
4. C
5. N/R
6. C

Gramática en contexto: *narración descriptiva*

B Los mayas.

1. Sí
2. No
3. Sí
4. No
5. No
6. Sí
7. No

C ¿Sueño o realidad?

1. F
2. C
3. F
4. C
5. C
6. F
7. F

Pronunciación y ortografía

D Los sonidos /k/ y /s/.

1. /k/
2. /k/
3. /s/
4. /s/
5. /s/
6. /k/
7. /k/, /s/
8. /s/, /k/
9. /k/
10. /s/

Deletreo del sonido /s/.

1. **c**apitanía
2. opre**s**ión
3. blo**qu**ear
4. fuer**z**a
5. re**s**olver
6. oligar**quí**a
7. **s**urgir
8. **c**omunista
9. urbani**z**ado
10. **c**oronel

G **Dictado.**

Hace más de dos mil años los mayas construyeron pirámides y palacios majestuosos, desarrollaron el sistema de escritura más completo del continente y sobresalieron por sus avances en las matemáticas y la astronomía. Así, por ejemplo, emplearon el concepto de cero en su sistema de numeración y crearon un calendario más exacto que el que se usaba en la Europa de aquel tiempo. La civilización maya prosperó primero en las montañas de Guatemala y después se extendió hacia la península de Yucatán, en el sureste de México y Belice.

¡A escribir!

Gramática en contexto: *contradecir y describir lo que hacías, lo que hiciste y el tiempo*

H **Discrepancias.**

1. No me gustaría visitar ni México ni Guatemala.
2. No me gustaría visitar Belice tampoco.
3. No quiero aprender nada acerca de la cultura maya.
4. Nunca me ha interesado la cultura maya.
5. No he leído ningún libro interesante acerca de esa cultura.

I **¿Qué le pasará?**

1. nadie
2. nunca
3. ni ... ni
4. ningún

J **Temblor.**

Answers may vary.

1. Yo manejaba por la ciudad cuando ocurrió el temblor.
2. Nosotros caminábamos por el río cuando ocurrió el temblor.

3. Nosotros jugábamos al béisbol cuando ocurrió el temblor.
4. Yo entraba al banco cuando ocurrió el temblor.
5. Nosotros conversábamos cuando ocurrió el temblor.

K **Tiempo loco.**

Answers may vary.

1. El martes, cuando llegué a casa, hacía mucho calor.
2. El miércoles, cuando llegue a la universidad, hacía viento.
3. El jueves, cuando salí de clase, estaba nublado.
4. El viernes, cuando salí de la biblioteca, llovía (estaba lloviendo).
5. El sábado, cuando llegué a la biblioteca, nevaba (estaba nevando).

L **Palabras cruzadas.**

1. c
2. f
3. j
4. g
5. a
6. i
7. h
8. e
9. b
10. d

P R E M I O (1) N O B E L (8)
Q U I C H E (12)
G O B I E R N O (7)
P O B R E Z A (4)
A M B I C I O S A (5)
D E F E N S O R A (10 18 6)
P O D E R O S A
I D E A L I S T A (3)
A C T I V I S T A (11 14 9)

S U (13) L I B R O (3 7 8 6 5): M E (1 2)
L L A M O (3 3 4 1 5) R I G O B E R T A (6 7 15 6 8 2 6 9 4)
M E N C H Ú (1 2 10 11 12) Y A S Í (4 13 7) M E (1 2)
N A C I Ó (10 4 11 7 5) L A (3 4) C O N C I E N C I A (11 5 10 11 7 2 10 11 7 4)

M **Lógica.**

1. comunista
2. diseño
3. surgir
4. rito
5. propietario

¡A escuchar!

Gente del Mundo 21

A Visita a la exhibición teotihuacana.

1. C
2. C
3. F
4. F
5. C
6. N/R

Gramática en contexto: *narración*

B Tarea incompleta.

1. No
2. No
3. Sí
4. No
5. Sí
6. Sí
7. Sí
8. Sí
9. No

C La Piedra del Sol.

1. c
2. a
3. b
4. b
5. b

Pronunciación y ortografía

D Los sonidos /g/ y /x/.

1. /x/
2. /g/
3. /x/
4. /g/
5. /g/
6. /x/
7. /x/
8. /g/
9. /x/
10. /g/

F Deletreo del sonido /x/.

1. gobernante
2. embajada
3. golpe
4. surgir
5. juego
6. tragedia
7. guerra
8. prestigioso
9. frijol
10. agencia

G Dictado.

Durante el último siglo de existencia de la ciudad como centro principal del poder, comenzaron a surgir problemas que tal vez reflejaban la pérdida del control político y económico de la élite teotihuacana. Alrededor del año 750 después de Cristo hubo un violento cataclismo social que llevó a Teotihuacán a su fin como ciudad y cultura dominante. El colapso no parece haber sido el resultado de la conquista o destrucción por una cultura rival sino que se habría iniciado desde el interior, como resultado de una lucha de facciones dentro de la ciudad.

¡A escribir!

Gramática en contexto: *descripción*

H Hechos recientes.

1. Cambié mi estéreo por una bicicleta.
2. Estudié para mi examen de historia.
3. Caminé por el parque central.
4. Llamé a mi amigo Rubén por teléfono.
5. Compré un regalo para mi novio(a).
6. Leí un libro interesante por dos horas.
7. Fui a la biblioteca para consultar una enciclopedia.

I De prisa.

1. Por
2. para
3. para
4. por
5. Por
6. por
7. para

J Atleta.

1. para
2. por
3. por
4. por
5. Para
6. para

K Palabras cruzadas.

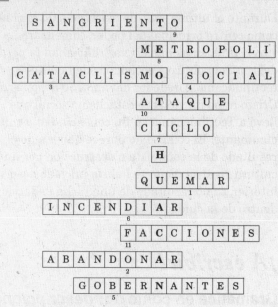

```
S A N G R I E N T O
              9
        M E T R O P O L I
        8
C A T A C L I S M O   S O C I A L
    3                 4
        A T A Q U E
        10
        C I C L O
        7
        H
        Q U E M A R
        1
  I N C E N D I A R
  6
      F A C C I O N E S
      11
A B A N D O N A R
2
    G O B E R N A N T E S
    5
```

¡N O   S A B E M O S
 6 9   4 10 5 8 1 9 4

D E F I N I T I V A M E N T E!
2 8 11 7 6 7 3 7   10 1 8 6 3 8

L Lógica.

1. élite
2. amplio
3. ciclo
4. situado
5. facciones

Unidad 4
Lección 1

¡A escuchar!

Gente del Mundo 21

A Reconocido bailarín cubano.

1. F
2. C
3. F
4. N/R
5. C
6. F

Gramática en contexto: *identificar objetos y narrar hechos históricos.*

B Herramientas.

1. F
2. C
3. B
4. E
5. A
6. D

C La constitución de Cuba.

1. c
2. a
3. c
4. a
5. b

Pronunciación y ortografía

D Pronunciación de letras problemáticas: *b* y *v.*

1. S
2. S
3. F
4. F
5. S
6. F
7. S
8. F

E Deletreo con la *b* y la *v.*

Regla Nº 1:
1. **br**isa
2. alam**br**e
3. **bl**anco
4. **bl**oque
5. **bl**usa
6. ca**bl**e
7. co**br**e
8. **br**uja

Regla Nº 2:
1. so**mb**ra
2. e**nv**iar
3. ta**mb**or
4. i**nv**encible
5. i**nv**entar
6. e**mb**lema
7. e**nv**enenar
8. ru**mb**o

Regla Nº 3:
1. o**bt**ener
2. su**bm**arino
3. a**bs**oluto
4. **b**isnieto
5. a**bs**tracto
6. a**dv**ertir
7. o**bs**ervatorio
8. a**dv**erbio

F Dictado.

Mientras que la mayoría de los territorios españoles de América lograron su independencia en la segunda década del siglo XIX, Cuba, junto con Puerto Rico, siguió siendo colonia española. El 10 de octubre de 1868 comenzó la primera guerra de la independencia cubana, que duraría diez años y en la cual 250.000 cubanos iban a perder la vida. En 1878 España consolidó nuevamente su control sobre la isla y prometió hacer reformas. Sin embargo, miles de cubanos que lucharon por la independencia salieron en exilio.

ANSWER KEY

¡A escribir!

Gramática en contexto: *describir un objeto y escribir en estilo periodístico*

G El coche de la profesora.

1. usado
2. fabricado
3. importado
4. instaladas
5. preferido

H Fidel Castro.

1. Fidel Castro fue encarcelado por Batista en 1955.
2. Fidel Castro fue puesto en libertad en 1957.
3. Fidel Castro fue desterrado más tarde.
4. Fidel Castro fue aplaudido por el pueblo cubano al derrocar a Batista en 1959.
5. Fidel Castro fue criticado posteriormente por muchos cubanos que viven en el exilio.

I Un fuerte cubano.

1. Está
2. fue
3. era
4. fueron
5. está

J Cultura cubana.

1. La esclavitud se abolió en Cuba en 1886.
2. La esclavitud se suprimió antes de 1886 en el resto del Caribe.
3. Lo africano se mantuvo en Cuba por mucho tiempo.
4. Muchos ritmos actuales se tomaron de la música africana.
5. La santería, mezcla de creencias católicas y yorubas, se practica entre las clases populares.

K Historia de Cuba.

1. Las costas de Cuba fueron recorridas por Sebastián de Ocampo en 1508.
2. Cuba fue conquistada por Diego Velázquez en 1511.
3. La Habana fue fundada por Diego Velázquez en 1515.
4. El cultivo de la caña de azúcar fue introducido por los españoles después de 1526.
5. La isla fue controlada por los ingleses entre 1762 y 1763.

L Relación.

1. d
2. h
3. a
4. j
5. b
6. i
7. e
8. f
9. c
10. g

M Lógica.

1. rostro
2. pesca
3. buque
4. lograr
5. escaso

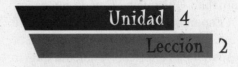

Unidad 4
Lección 2

¡A escuchar!

Gente del Mundo 21

A Político dominicano.

1. F
2. C
3. F
4. F
5. N/R

Gramática en contexto: *narración y comprensión de mandatos*

B Órdenes.

Fig. A: 3
Fig. B: 4
Fig. C: 1
Fig. D: 2
Fig. E: 6
Fig. F: 5

C Discurso político.

1. No
2. Sí
3. Sí
4. No
5. Sí
6. Sí
7. No

ANSWER KEY

Pronunciación y ortografía

D **Pronunciación y ortografía de las letras** *q, k* y *c.*

1. cone**x**ión
2. ar**que**ológi**co**
3. **c**omer**c**iante
4. magnífi**co**
5. **qui**ché
6. blo**quear**
7. derro**ca**do
8. **Que**tzalcóatl

E **Dictado.**

El 6 de diciembre de 1492, Cristóbal Colón descubrió una isla que sus habitantes originales, los taínos, llamaban Quisqueya. Con su nuevo nombre de La Española, dado por Colón, la isla se convirtió en la primera colonia española y cuna del imperio español en América. Se calcula que antes de la llegada de los españoles, había aproximadamente un millón de taínos en la isla; cincuenta años más tarde esta población había sido reducida a menos de quinientos.

¡A escribir!

Gramática en contexto: *hablar de esperanzas, dar instrucciones y hacer recomendaciones.*

F **Futuras vacaciones.**

1. Ojalá no llueva todo el tiempo.
2. Ojalá tenga tiempo para visitar muchos lugares.
3. Ojalá consiga boletos para el Teatro Nacional.
4. Ojalá pueda ver un partido de béisbol.
5. Ojalá haya conciertos de música popular.
6. Ojalá aprenda a bailar merengue.
7. Ojalá alcance a ver algunos museos coloniales.
8. Ojalá me divierta mucho.

G **Plátanos maduros fritos.**

1. Elija plátanos bien maduros.
2. Pélelos.
3. Córtelos a lo largo.
4. Fríalos en aceite.
5. Ponga atención y no los queme.
6. Sáquelos cuando estén ligeramente dorados.

H **Recomendaciones.**

1. Entrénate
2. faltes
3. llegues
4. Concéntrate
5. Haz
6. Sal
7. te desanimes

I **Consejos.**

1. Hagan una lectura rápida del texto.
2. Lean el texto por lo menos dos veces.
3. Tomen notas.
4. Resuman brevemente la lección.
5. Organícense en grupos de estudios de vez en cuando.

J **Dominicanos de gran fama.**

1. b
2. a
3. a
4. a
5. b

K **Relación.**

1. e
2. j
3. g
4. c
5. i
6. a
7. h
8. d
9. f
10. b

Unidad 4
Lección 3

¡A escuchar!

Gente del Mundo 21

A **Sila Calderón.**

1. F
2. F
3. N/R
4. C
5. F

Gramática en contexto: *entender opiniones expresadas*

B **El futuro de Puerto Rico.**

1. Sí
2. No
3. No
4. Sí
5. Sí
6. No

C **¿Estado número 51?**

1. Sí
2. Sí
3. No
4. Sí
5. Sí
6. No
7. No

Pronunciación y ortografía

D **Guía para el uso de la letra *c*.**

1. /s/
2. /s/
3. /k/
4. /k/
5. /k/
6. /s/
7. /k/
8. /k/
9. /s/
10. /k/

E **Deletreo con la letra *c*.**

1. es**c**enario
2. aso**c**iado
3. **c**olono
4. denomina**c**ión
5. gigantes**c**o
6. **c**aña
7. presen**c**ia
8. a**c**elerado
9. petroquími**c**o
10. farma**c**éutico

F **Dictado.**

En 1952 la mayoría de los puertorriqueños aprobó una nueva constitución que garantizaba un gobierno autónomo, el cual se llamó Estado Libre Asociado (ELA) de Puerto Rico. El principal promotor de esta nueva relación fue el primer gobernador elegido por los puertorriqueños, Luis Muñoz Marín.

Bajo el ELA, los residentes de la isla votan por su gobernador y sus legisladores estatales y a su vez mandan un comisionado a Washington D.C. para que los represente. Pero a diferencia de un estado de EE.UU., los residentes de Puerto Rico no tienen congresistas en el congreso federal ni pueden votar por el presidente, pero tampoco tienen que pagar impuestos federales.

¡A escribir!

Gramática en contexto: *expresar opiniones*

G **Vida de casados.**

1. Es esencial que se respeten mutuamente.
2. Es recomendable que sean francos.
3. Es mejor que compartan las responsabilidades.
4. Es necesario que se tengan confianza.
5. Es preferible que ambos hagan las tareas domésticas.
6. Es bueno que ambos puedan realizar sus ambiciones profesionales.

H **El béisbol en el Caribe.**

1. Es dudoso que muchos norteamericanos sepan lo importante que es el béisbol en el Caribe.
2. Es evidente que a los caribeños les gusta mucho el béisbol.
3. Es curioso que haya tantos beisbolistas caribeños talentosos.
4. Es fantástico que muchos jugadores profesionales de EE.UU. vengan del Caribe.
5. Es cierto que muchos jugadores caribeños triunfan en las grandes ligas.
6. Es increíble que los equipos de las grandes ligas mantengan academias de béisbol en la República Dominicana.
7. Es natural que muchos jugadores caribeños prefieran jugar en EE.UU.

I **Reacciones.**

Answers will vary slightly.

1. Es bueno que Enrique busque trabajo.
2. Es una lástima que Gabriela esté enferma.
3. Es sorprendente que Javier reciba malas notas.
4. Me alegra que Yolanda trabaje como voluntaria en el hospital.
5. Es triste que Lorena no participe en actividades extracurriculares.
6. Es malo que Gonzalo no dedique muchas horas al estudio.
7. Es estupendo que a Carmela le interese la música caribeña.

J **Explicación posible.**

Answers will vary.

1. Es probable que duerma poco.
2. Es posible que no estudie mucho.
3. Es posible que no le guste su trabajo.
4. Es probable que se levante tarde.
5. Es probable que no le interese la física.
6. Es posible que esté muy ocupada.

K Lógica.

1. denominación
2. muralla
3. permanecer
4. fútbol
5. presencia

L Relación.

1. f
2. h
3. e
4. g
5. a
6. j
7. c
8. i
9. b
10. d

Unidad 5
Lección 1

¡A escuchar!

Gente del Mundo 21

A Arzobispo asesinado.

1. F
2. C
3. F
4. N/R
5. F
6. C

Gramática en contexto: *narración descriptiva*

B Farabundo Martí.

1. c
2. b
3. a
4. a
5. c

C Pequeña empresa.

1. Sí
2. No
3. Sí
4. Sí
5. No
6. No

Pronunciación y ortografía

D Guía para el uso de la letra z.

1. zorro
2. venganza
3. fortaleza
4. azúcar
5. fuerza
6. garantizar
7. lanzador
8. forzado
9. mezclar
10. nacionalizar

E Deletreo con la letra z.

1. golpazo
2. escasez
3. Álvarez
4. González
5. golazo
6. pereza
7. garrotazo
8. López
9. espadazo
10. rigidez

F Dictado.

En 1984 el presidente de El Salvador, José Napoleón Duarte, inició negociaciones por la paz con el FMLN. En 1986, San Salvador sufrió un fuerte terremoto que ocasionó más de mil víctimas. Pero más muertos causó, sin embargo, la continuación de la guerra civil. Alfredo Cristiani, elegido presidente en 1989, firmó en 1992 un acuerdo de paz con el FMLN después de negociaciones supervisadas por las Naciones Unidas. Así, después de una guerra que causó más de 80.000 muertos y paralizó el desarrollo económico, el país se propone garantizar la paz que tanto le ha costado.

¡A escribir!

Gramática en contexto: *descripción*

G Explicaciones.

1. que
2. que
3. los cuales (los que)
4. que
5. cuyos
6. que
7. quien

H Juguetes.

1. Éstos son los soldaditos de plomo que mi tío Rubén me compró en México.
2. Éste es el balón que uso para jugar al básquetbol.
3. Éstos son los títeres con los que (con los cuales) juego a menudo.
4. Éste es un coche eléctrico que me regaló mi papá el año pasado.
5. Éstos son los jefes del ejército delante de los cuales desfilan mis soldaditos de plomo.

I Profesiones ideales.

1. permita
2. haya
3. gane
4. requiera
5. pueda

J Fiesta de disfraces.

1. sea
2. es
3. va
4. dé
5. parezca
6. tenga

K Definiciones.

1. asesinado
2. asociado
3. exigir
4. brillante
5. disperso

L Relación.

1. f
2. e
3. g
4. j
5. a
6. i
7. c
8. b
9. d
10. h

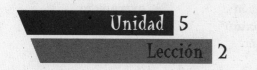

Unidad 5
Lección 2

¡A escuchar!

Gente del Mundo 21

A Lempira.

1. F
2. N/R
3. F
4. C
5. F
6. C

Gramática en contexto: *narración descriptiva*

B La Ceiba.

1. Sí
2. No
3. No
4. Sí
5. No
6. No
7. Sí
8. Sí

C León.

1. c
2. b
3. a
4. c
5. a

Pronunciación y ortografía

D Guía para el uso de la letra *s*.

1. asumir
2. acusar
3. victorioso
4. siglo
5. sandinista
6. abuso
7. serie
8. asalto
9. depresión
10. sociedad

E Deletreo con la letra *s*.

1. pianista
2. cordobés
3. explosión
4. perezoso
5. parisiense
6. gaseosa
7. leninismo
8. confusión
9. posesivo
10. periodista

F Dictado.

Como provincia perteneciente a la Capitanía General de Guatemala, Honduras se independizó de España en 1821. Como el resto de los países centroamericanos, se incorporó al efímero imperio mexicano de Agustín de Iturbide y formó parte de la federación de las Provincias Unidas de Centroamérica. En la vida política de la federación sobresalió el hondureño Francisco Morazán, que fue elegido presidente en 1830 y 1834. El 5 de noviembre de 1838 Honduras se separó de la federación y proclamo su independencia.

¡A escribir!

Gramática en contexto: *expresar condiciones, opiniones y esperanzas*

G Interesado.

1. No te lavo el coche a menos que me des cinco dólares.
2. Te compro el periódico con tal que yo pueda comprarme un helado.
3. No te llevo la ropa a la tintorería a menos que tú me lleves al cine.
4. Te doy los mensajes telefónicos con tal que tú me traigas chocolates.
5. Te echo las cartas al correo con tal que tú me lleves a los juegos de video.

H Reformas.

1. sean
2. está
3. consigan
4. sufra
5. ayuda

I Entrevista.

1. ponga
2. permita
3. tengo
4. ofrezca
5. es

J Relación.

1. triunfar
2. dirigir
3. pelear
4. retirar
5. comité

K Desarrollo y armonía.

```
U  C (M  O  N  E  D  A) T
N  (C  A  C  I  Q  U  E) E
I  N  M (A  C  U  S  A  R) R
(R  E  S  T  A  U  R  A  R) R
(R  E  T  I  R  A  R) (A) E
C (M  U  L  A  T  O) (B) M
(O  B  L  I  G  A  R) (U) O
(H  O  N  D  U  R  A  S) T
(P  A  Z) (Z  A  M  B  O) O
```

L A   E S T A B I L I D A D
E C O N Ó M I C A

C Tareas domésticas.

1. G
2. D
3. A
4. E
5. B

Pronunciación y ortografía

D Guía para el uso de la letra *x*.

1. /s/
2. /s/
3. /ks/
4. /s/
5. /ks/
6. /s/
7. /ks/
8. /s/
9. /ks/
10. /s/

E Deletreo con la letra *x*.

1. expulsar
2. exagerar
3. explosión
4. crucifixión
5. extraño
6. reflexión
7. examinar
8. extranjero
9. exterior
10. exiliado

F Dictado.

Debido a la acelerada deforestación de las selvas que cubrían la mayor parte del territorio de costa Rica, se ha establecido un sistema de zonas protegidas y parques nacionales. En proporción a su área, es ahora uno de los países que tiene más zonas protegidas (el 26% del territorio tiene algún tipo de protección, el 8% está dedicado a parques nacionales). Estados Unidos, por ejemplo, ha dedicado a parques nacionales solamente el 3,2% de su superficie.

Unidad 5
Lección 3

¡A escuchar!

Gente del Mundo 21

A Político costarricense.

1. C
2. N/R
3. F
4. C
5. F

Gramática en contexto: *narración descriptiva*

B Costa Rica.

1. b
2. a
3. b
4. c
5. a

¡A escribir!

Gramática en contexto: *expresar opiniones y hablar del pasado*

G ¿Cuándo es mejor casarse?

1. Cuando terminen la escuela secundaria.
2. Cuando se gradúen de la universidad.
3. Cuando tengan por lo menos veinticinco años.
4. Cuando estén seguros de que están enamorados.
5. Cuando sientan que pueden afrontar las responsabilidades.

H Paseo matutino.

1. salimos
2. vimos
3. caminábamos
4. alcanzamos
5. salimos
6. llegamos

I Alternativas.

1. Aunque Costa Rica sufre deforestación, existe también un programa de conservación de los recursos naturales.

2. Aunque Costa Rica es más grande que El Salvador, tiene menos habitantes.

3. Aunque Costa Rica no tiene ejército, tiene una guardia civil.

4. Aunque la pequeña población indígena costarricense goza de medidas de protección del gobierno, no vive en condiciones de vida muy buenas.

5. Aunque Costa Rica posee vastos depósitos de bauxita, no han sido explotados.

6. Aunque los parques nacionales son una gran atracción turística, muchos están localizados en lugares remotos.

J Mañana ocupada.

1. me levante
2. regrese
3. tomo
4. termine
5. juega
6. complete
7. llegue
8. llega

K Costa Rica.

1. AUMENTAR
2. ENTERRADO
3. EXPLOTAR
4. BENEFICIOSO
5. MARGINACIÓN
6. ABUNDANCIA
7. ESTABILIDAD

L Lógica.

1. meseta
2. plantación
3. enterrado
4. acomodado
5. presupuesto

Unidad 6
Lección 1

¡A escuchar!

Gente del Mundo 21

A Premio Nóbel de Literatura.

1. C
2. F
3. F
4. C
5. N/R
6. C

Gramática en contexto: *hablar del futuro*

B La catedral de Sal.

1. a
2. a
3. b
4. c
5. b

C Actividades del sábado.

Fig. A: –
Fig. B: 1
Fig. C: 4
Fig. D: –
Fig. E: 3
Fig. F: 5
Fig. G: 2
Fig. H: –

Pronunciación y ortografía

E Pronunciación de *ge* y *gi*.

1. obligar
2. gobierno
3. guerra
4. proteger
5. sagrado
6. negociar
7. gigantesco
8. prestigioso
9. gravemente
10. exagerar

F Deletreo con la letra *g*.

1. geología
2. encoger
3. surgir
4. genética
5. elegir
6. legítimo
7. güera
8. exigir
9. geografía
10. legislador

G Dictado.

Entre 1899 y 1903 tuvo lugar la más sangrienta de las guerras civiles colombianas, la Guerra de los Mil Días, que dejó al país exhausto. En noviembre de ese último año, Panamá declaró su independencia de Colombia. El gobierno estadounidense apoyó esta acción pues facilitaba considerablemente su plan de abrir un canal a través del istmo centroamericano. En 1914 Colombia reconoció la independencia de Panamá y recibió una compensación de 25 millones de dólares por parte de Estados Unidos.

¡A escribir!

Gramática en contexto: *hablar del futuro, predecir y hacer suposiciones*

H Deportes.

Answers may vary.

1. Nadaré en la piscina municipal.
2. Levantaré pesas.
3. Miraré un partido de béisbol.
4. Jugaré al tenis.
5. Pasearé en mi bicicleta.

I Predicciones.

1. Estarás
2. Obtendrás
3. Harás
4. Conocerás
5. Le propondrás
6. Tendrás
7. Deberás
8. Serás

J ¿Quién será?

1. ¿Vendrá de otro país?
2. ¿Hablará español muy rápido?
3. ¿Sabrá hablar inglés?
4. ¿Podrá entender lo que nosotros decimos?
5. ¿Tendrá nuestra edad?
6. ¿Nos dará una charla?
7. ¿Le gustarán los deportes?

K Opciones.

1. b   4. a
2. a   5. b
3. c

L Lógica.

1. mestizaje   4. sumergirse
2. escultor   5. aliado
3. disminuir

Unidad 6
Lección 2

¡A escuchar!

Gente del Mundo 21

A Líder panameña.

1. F   4. F
2. N/R   5. C
3. F

Gramática en contexto: *descripción*

B Los cunas.

1. b   4. c
2. a   5. a
3. c

C Sueños.

Fig. A: 3	Fig. E: –
Fig. B: –	Fig. F: 5
Fig. C: 2	Fig. G: –
Fig. D: 1	Fig. H: 4

Pronunciación y ortografía

D Guía para el uso de la letra *j*.

1. **j**unta   6. homena**j**e
2. fran**j**a   7. porcenta**j**e
3. extran**j**ero   8. **j**abón
4. lengua**j**e   9. tra**j**e
5. via**j**ero   10. **J**alisco

E Deletreo con la letra *j*.

1. conse**j**ero   6. condu**j**imos
2. redu**j**eron   7. paisa**j**e
3. di**j**o   8. relo**j**ero
4. relo**j**ería   9. tra**j**iste
5. mensa**j**e   10. mane**j**aron

F Deletreo del sonido /x/.

1. origen   6. trabajadora
2. jugador   7. ejército
3. tradujeron   8. exigen
4. recogimos   9. congestión
5. legítimo   10. encrucijada

G Dictado.

Panamá permaneció aislada de los movimientos independentistas ya que su único medio de comunicación por barco estaba controlado por las autoridades españolas. La independencia se produjo sin violencia cuando una junta de notables la declaró en la ciudad de Panamá el 28 de noviembre de 1821, que se conmemora como la fecha oficial de la independencia de Panamá. Pocos meses más tarde, Panamá se integró a la República de la Gran Colombia junto con Venezuela, Colombia y Ecuador.

¡A escribir!

Gramática en contexto: *probabilidad*

H Soluciones.

1. Defendería
2. Evitaría
3. Propondría
4. Daría
5. Sabría
6. Desarrollaría
7. Ofrecería
8. Haría

I Próxima visita.

1. iría
2. enviaría
3. tendría
4. saldría
5. visitaría

J Cliente descontento.

1. Querría
2. Preferiría
3. Desearía
4. gustaría
5. Debería

K Ausencia.

1. ¿Necesitaría ocuparse de su hermanito?
2. ¿Creería que la reunión era otro día?
3. ¿No podría salir del trabajo a esa hora?
4. ¿Tendría una emergencia?
5. ¿Se le descompondría el coche?

L ¿Parecidas u opuestas?

1. O
2. O
3. O
4. P
5. P
6. P

M Crucigrama.

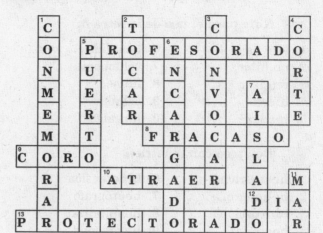

Unidad 6
Lección 3

¡A escuchar!

Gente del Mundo 21

A El Puma Rodríguez.

1. F
2. F
3. C
4. N/R
5. F
6. F

Gramática en contexto: *descripción e instrucciones*

B Colonia Tovar.

1. Sí
2. No
3. No
4. Sí
5. Sí
6. Sí
7. No
8. Sí

C Boleto del metro.

Fig. A: 6	Fig. E: 2
Fig. B: 4	Fig. F: 7
Fig. C: 1	Fig. G: 5
Fig. D: 8	Fig. H: 3

Pronunciación y ortografía

D Guía para el uso de la letra *h*.

1. **h**eredar
2. pro**h**ibir
3. re**h**usar
4. **h**ierro
5. **h**uelga
6. **ho**stilidad
7. ve**h**emente
8. **h**éroe
9. ex**h**alar
10. **h**ormiga

E Deletreo con la letra *h*.

1. **h**ectogramo
2. **h**elioterapia
3. **h**idrosoluble
4. **h**ospedar
5. **h**idrostática
6. **h**ipotensión
7. **h**ectógrafo
8. **h**ospitalizar
9. **h**exagonal
10. **h**ipoteca

F Dictado.

En la década de 1960, Venezuela alcanzó un gran desarrollo económico que atrajo a muchos inmigrantes de Europa y de otros países sudamericanos. En 1973 los precios del petróleo se cuadruplicaron como resultado de la guerra árabe-israelí y de la política de la Organización de Países Exportadores de Petróleo (OPEP), de la cual Venezuela era socio desde su fundación en 1960. En 1976 el presidente Carlos Andrés Pérez nacionalizó la industria petrolera, lo que proveyó al país mayores ingresos que permitieron impulsar el desarrollo industrial.

¡A escribir!

Gramática en contexto: *hablar del pasado y expresar condiciones*

G Padres descontentos.

1. distribuyera
2. leyera
3. ayudara
4. pusiera
5. me peleara

H Vida poco activa.

1. Jugaría al golf si tuviera dinero para el equipo.
2. Iría a pescar si viviera más cerca del río.
3. Correría por el parque si pudiera hacerlo con unos amigos.
4. Iría a acampar si soportara dormir sobre el suelo.
5. Me metería en una balsa si supiera nadar.

I Lógica.

1. pilotes
2. resentir
3. llanero
4. corrupción
5. apoderarse

J Opciones.

1. c
2. a
3. a
4. c
5. b
6. a

Unidad 7
Lección 1

¡A escuchar!

Gente del Mundo 21

A Una cantante sin fronteras.

1. F
2. F
3. F
4. N/R
5. C
6. F

Gramática en contexto: *narración y permisos*

B Perú precolombino.

1. Sí
2. Sí
3. No
4. Sí
5. Sí
6. No

C Abuelos tolerantes.

Fig. A: 3
Fig. B: 5
Fig. C: –
Fig. D: 2
Fig. E: 1
Fig. F: 4
Fig. G: –
Fig. H: –

Pronunciación y ortografía

D Guía para el uso de la letra *y*.

1. /y/
2. /i/
3. /y/
4. /y/
5. /i/
6. /y/
7. /i/
8. /i/
9. /y/
10. /y/

ANSWER KEY

E **Deletreo con la letra y.**

1. a**y**unas
2. ha**y**
3. ca**y**endo
4. bue**y**es
5. hu**y**an
6. Paragu**ay**
7. re**y**es
8. a**y**acuchano
9. va**y**an
10. a**y**udante

F **Dictado.**

Miles de años antes de la conquista española, las tierras que hoy forman el Perú estaban habitadas por sociedades complejas y refinadas. La primera gran civilización de la región andina se conoce con el nombre de Chavín y floreció entre los años 900 y 200 a.C. en el altiplano y la zona costera del norte del Perú. Después siguió la cultura mochica, que se desarrolló en una zona más reducida de la costa norte del Perú. Los mochicas construyeron las dos grandes pirámides de adobe que se conocen como Huaca del Sol y Huaca de la Luna. Una extraordinaria habilidad artística caracteriza las finas cerámicas de los mochicas.

¡A escribir!

Gramática en contexto: *expresar pedidos, temores y decisiones*

G **Tarea.**

1. repasaran
2. escribieran
3. leyeran
4. hicieran
5. trajeran
6. estuvieran

H **Temores.**

1. Pensábamos que alguien podría enfermarse.
2. Temíamos que el vuelo fuera cancelado.
3. Dudábamos que todos llegaran al aeropuerto a la hora correcta.
4. Estábamos seguros de que alguien olvidaría el pasaporte.
5. Temíamos que un amigo cambiara de opinión a última hora y decidiera no viajar.

I **Coches.**

1. daba
2. partía
3. hacía
4. fuera
5. estuviera
6. gastara
7. pidiera

J **Lógica.**

1. confianza
2. etiqueta
3. desierto
4. nitrato
5. seguidor

K **Opciones.**

1. b
2. a
3. b
4. c
5. b
6. a

Unidad 7
Lección 2

¡A escuchar!

Gente del Mundo 21

A **Escritor ecuatoriano.**

1. F
2. C
3. F
4. F
5. C
6. N/R

Gramática en contexto: *descripción*

B **Otavalo.**

1. C
2. F
3. F
4. C
5. C
6. C
7. F

C **Excursión.**

Fig. A: –	Fig. E: 2
Fig. B: –	Fig. F: 3
Fig. C: 5	Fig. G: 1
Fig. D: –	Fig. H: 4

Pronunciación y ortografía

E **Deletreo con la letra *ll*.**

1. rabillo
2. torrecilla
3. piloncillo
4. tortilla
5. rastrillo
6. conejillo
7. martillo
8. ladrillo
9. pajarillo
10. piececillo

F Deletreo con las letras *y* y *ll*.

1. orilla	6. caudillo
2. yerno	7. semilla
3. mayoría	8. ensayo
4. batalla	9. pesadilla
5. leyes	10. guayabera

G Dictado.

A partir de 1972, cuando se inició la explotación de sus reservas petroleras, Ecuador ha tenido un acelerado desarrollo industrial. Esto ha modificado substancialmente las estructuras económicas tradicionales basadas en la agricultura. Aunque la exportación de plátanos sigue siendo importante, la actividad económica principal está relacionada ahora con el petróleo. Se han construido refinerías, la más importante de las cuales es la de Esmeraldas. El desarrollo económico ha traído al país una mayor estabilidad política y desde 1979 se ha renovado el gobierno a través de elecciones democráticas.

¡A escribir!

Gramática en contexto: *condiciones y promesas*

H Invitación rechazada.

1. Ernestina dijo que iría con tal de que no tuviera que salir con una amiga.
2. Sergio dijo que vería la obra en caso de que el patrón no lo llamara para trabajar esa noche.
3. Pilar dijo que saldría conmigo con tal de que yo invitara a su novio también.
4. Pablo dijo que no saldría de su cuarto sin que el trabajo de investigación quedara terminado.
5. Rita dijo que me acompañaría a menos que su madre la necesitara en casa.

I Promesas.

1. me bañara; me arreglara	3. leyera
2. me entregara	4. terminara
	5. volviera

J Ayuda.

1. se desocupara	4. trabajaba
2. se sentía; necesitaba	5. comenzaran
3. terminaran	6. hicieran

K Lógica.

1. pigmento	4. coincidir
2. refinería	5. enviar
3. petrolero	

L Ecuador independiente.

1. COSMOPOLITA	5. COINCIDIR
2. HACENDADO	6. RIVALIDAD
3. AMAZÓNICO	7. OPONERSE
4. RECLAMAR	8. EMPRESA

E N   U N A   L Í N E A
I M A G I N A R I A

Unidad 7
Lección 3

¡A escuchar!

Gente del Mundo 21

A Actor y activista boliviano.

1. F	4. C
2. C	5. C
3. N/R	6. F

Gramática en contexto: *narración descriptiva y descripción de lo que no se ha hecho*

B El lago Titicaca.

1. c	4. b
2. a	5. a
3. b	

C Encargos.

Fig. A: –	Fig. E: 5
Fig. B: 4	Fig. F: 2
Fig. C: 1	Fig. G: –
Fig. D: –	Fig. H: 3

Pronunciación y ortografía

D Guía para el uso de la *r* y la *rr*.

1. /r̃/
2. /r̃/
3. /r̃/
4. /r̃/
5. /r̃/

6. /r̃/
7. /r̃/
8. /r̃/
9. /r̃/
10. /r̃/

E Deletreo con los sonidos /r̃/ y /r̃/.

1. territorio
2. Enriqueta
3. irreverente
4. prosperar
5. ferrocarril

6. revolución
7. interrumpir
8. fuerza
9. serpiente
10. enriquecerse

F Deletreo de palabras parónimas.

1. pero / perro
2. corral / coral
3. ahorra / ahora
4. para / parra

5. cerro / cero
6. hiero / hierro
7. caro / carro
8. forro / foro

G Dictado.

La independencia trajo pocos beneficios para la mayoría de los habitantes de Bolivia. El control del país pasó de una minoría española a una minoría criolla muchas veces en conflicto entre sí por intereses personales. A finales del siglo XIX, las ciudades de Sucre y La Paz se disputaron la sede de la capital de la nación. Ante la amenaza de una guerra civil, se optó por la siguiente solución: la sede del gobierno y el poder legislativo se trasladaron a La Paz, mientras que la capitalidad oficial y el Tribunal Supremo permanecieron en Sucre.

¡A escribir!

Gramática en contexto: *hablar de lo que has o no has hecho y reaccionar a lo recién ocurrido*

H Obligaciones pendientes.

1. he hablado
2. he ido
3. he escrito
4. he resuelto

5. he organizado
6. he visto
7. he hecho

I Buenas y malas noticias.

Answers will vary.

1. Es fantástico que hayas encontrado un trabajo a tiempo parcial.
2. Es una lástima que no te hayas sentido muy bien ayer.
3. Es importante que te haya ido bien en el examen de español.
4. Me alegra que hayas recibido un regalo de tu mejor amigo(a).
5. No es bueno que hayas tenido una discusión con tus padres.
6. Es terrible que anoche no hayas podido ir al concierto de tu grupo favorito.

J Visita a Bolivia.

1. han visitado
2. han estado
3. hayan podido
4. han sufrido

5. haya afectado
6. han conocido
7. han paseado

K Opciones.

1. c
2. a
3. c

4. b
5. a
6. b

L Bolivianos.

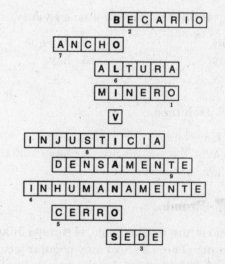

¿Qué tiene Bolivia que no tiene ningún otro país latinoamericano?

¡ D O S   C A P I T A L E S !
  3 1 8   5 7   4 9 7 6 2 8

Unidad 8
Lección 1

¡A escuchar!

Gente del Mundo 21

A Escritor argentino.

1. C	4. F
2. F	5. F
3. C	6. N/R

Gramática en contexto: *narración informativa y explicación de lo que habría hecho*

B El tango.

1. c	4. c
2. b	5. b
3. a	

C Planes malogrados.

Fig. A: 4	Fig. E: 5
Fig. B: –	Fig. F: –
Fig. C: 1	Fig. G: –
Fig. D: 3	Fig. H: 2

Pronunciación y ortografía

D Palabras parónimas: *ay* y *hay*.

1. hay	4. hay que
2. ay	5. hay
3. ay	

E Deletreo.

1. ¡Hay	4. ¡Ay!
2. ¡Ay!	5. hay
3. hay	

F Dictado.

Como ministro de trabajo, el coronel Juan Domingo Perón se hizo muy popular y cuando fue encarcelado en 1945, las masas obreras consiguieron que fuera liberado. En 1946, tras una campaña en la que participó muy activamente su segunda esposa María Eva Duarte de Perón, más conocida como Evita, Perón fue elegido presidente con el 55% de los votos. Durante los nueve años que estuvo en el poder,

desarrolló un programa político denominado justicialismo, que incluía medidas en las que se mezclaba el populismo (política que busca apoyo en las masas con acciones muchas veces demagógicas) y el autoritarismo (imposición de decisiones antidemocráticas).

¡A escribir!

Gramática en contexto: *hablar de lo que había, habrá y habría ocurrido*

G Escena familiar.

1. había cenado
2. había practicado
3. había visto
4. había leído
5. había salido

H Antes del verano.

1. habré organizado
2. habré planeado
3. habré obtenido
4. me habré graduado
5. me habré olvidado

I Deseos para el sábado.

1. Si no hubiera estado ocupado(a), habría ido a la playa.
2. Si no hubiera tenido tanto que estudiar, habría asistido a la fiesta de Aníbal.
3. Si hubiera hecho mi tarea, habría jugado al voleibol.
4. Si hubiera terminado de lavar el coche, habría dado una caminata por el lago.
5. Si lo hubiera planeado con más cuidado, habría salido de paseo en bicicleta.

J Lógica.

1. autoritarismo	4. congelado
2. mercadeo	5. restaurar
3. red	

K Definiciones.

1. b	4. b
2. c	5. a
3. a	6. a

¡A escuchar!

Gente del Mundo 21

A Dictador paraguayo.

1. C
2. C
3. F
4. N/R
5. C
6. F

Gramática en contexto: *narración informativa y descripción del pasado*

B Música paraguaya.

1. F
2. C
3. F
4. C
5. F
6. C
7. F

C Recuerdos del abuelo.

Fig. A: -
Fig. B: -
Fig. C: 2
Fig. D: 3
Fig. E: -
Fig. F: 4
Fig. G: 1
Fig. H: 5

Pronunciación y ortografía

D Palabras parónimas: *a, ah* y *ha*.

1. ha
2. a
3. ah
4. a
5. ha
6. ah

E Deletreo.

1. ha
2. a
3. a
4. ah
5. ha

F Dictado.

Paraguay se distingue de otras naciones latinoamericanas por la persistencia de la cultura guaraní mezclada con la hispánica. La mayoría de la población paraguaya habla ambas lenguas: el español y el guaraní. El guaraní se emplea como lenguaje familiar, mientras que el español se habla en la vida comercial. El nombre de Paraguay proviene de un término guaraní que quiere decir "aguas que corren hacia el mar" y que hace referencia al río Paraguay que, junto con el río Uruguay, desemboca en el Río de la Plata.

¡A escribir!

Gramática en contexto: *comparar, predecir y hablar de lo que se había hecho*

G Comparación.

1. Creo que antes veía más programas en la televisión.
2. Tengo la impresión de que antes estudiaba menos.
3. Me dicen que antes era más cortés.
4. Pienso que antes iba al gimnasio más a menudo.
5. Creo que antes aprendía más rápidamente.
6. Opino que antes sufría menos de alergia.

H Visita a Paraguay.

1. había aprendido
2. había asistido
3. había viajado
4. había probado
5. había descubierto

I El siglo XXI.

1. obtendremos
2. haremos
3. descubriremos
4. resolveremos
5. viviremos

J Lógica.

1. esplendor
2. abundar
3. cantidad
4. enfrentar
5. cosechar

K Definiciones.

1. a
2. a
3. c
4. b
5. b

¡A escuchar!

Gente del Mundo 21

A Escritora chilena.

1. F
2. C
3. F
4. N/R
5. F
6. C

Gramática en contexto: *narración informativa y emociones*

B Isla de Pascua.

1. a
2. c
3. b
4. b
5. a

C Alegría.

Fig. A: –
Fig. B: 1
Fig. C: 4
Fig. D: 5
Fig. E: 2
Fig. F: –
Fig. G: 3
Fig. H: –

Pronunciación y ortografía

D Palabras parónimas: *esta, ésta* y *está.*

1. ésta
2. está
3. esta
4. esta
5. ésta
6. está

E Deletreo.

1. esta
2. está
3. esta
4. está
5. ésta
6. ésta

F Dictado.

A finales de la década de 1980 Chile gozó de una intensa recuperación económica. En 1988 el gobierno perdió un referéndum que habría mantenido a Pinochet en el poder hasta 1996. De 1990 a 1994, el presidente Patricio Aylwin, quien fue elegido democráticamente, mantuvo la exitosa estrategia económica del régimen anterior, pero buscó liberalizar la vida política. En diciembre de 1993 fue elegido presidente Eduardo

Frei Ruiz-Tagle, hijo del presidente Eduardo Frei Montalva quien gobernó Chile de 1964 a 1970. Chile se ha constituido en un ejemplo latinoamericano donde florecen el progreso económico y la democratización del país.

¡A escribir!

Gramática en contexto: *emociones.*

G Lamentos.

1. lo inviten
2. se enfade
3. lo comprendan
4. le den
5. le preste

H Viejos lamentos.

1. lo invitaran
2. se enfadara
3. lo comprendieran
4. le dieran
5. le prestara

I Recomendaciones médicas.

1. se haga
2. volviera
3. trabajara
4. reduzca
5. coma
6. disminuyera
7. usara

J Opiniones de algunos políticos.

1. hubieran apoyado
2. eligen
3. llegara
4. desean
5. dieran
6. hubiera sido
7. respaldaran

K Desafío al futuro.

```
R  P  E  G  R  A  S  A  L  T  O
I  O  B  T  E  N  E  R  R  P  R
N  D  S  U  C  E  D  E  R  R  E
T  E  A  J  U  N  T  A  B  E  F
E  R  L  E  P  S  O  D  O  C  E
R  R  D  M  E  O  C  R  I  E  R
R  T  E  R  R  E  N  O  C  D  E
U  C  A  N  A  V  E  A  O  E  N
M  O  C  I  C  A  O  S  T  N  D
P  R  O  H  I  B  I  R  E  T  U
I  R  E  V  O  C  A  R  O  E  M
R  E  A  A  N  A  L  O  G  I  A
```

Lo que más impresiona de Chile ahora es ... ¡el R E G R E S O a la D E M O C R A C I A !